Slí an Eolais

agus

Eagna an Ghaeil

Slí an Eolais

agus

Eagna an Ghaeil

Cormac Ó Cadhlaigh
a scríobh

Aibhistín Ó Duibh
Donncha Ó Riain
Seán Ó Riain
a chóirigh an t-eagrán seo

evertype
2013

Arna fhoilsiú ag Evertype, Cnoc Sceichín, Leac an Anfa, Cathair na Mart, Co. Mhaigh Eo, Éire. *www.evertype.com.*

Bunteideal: *Sliġe an Eólais: Cúrsaí an tSaoġail i nÉirinn*, Baile Átha Cliath, Béal Feirste, Corcaigh, Port Láirge: Brún agus Ó Nóláin, [192?].
Bunteideal: *Eagna an Ġaeḋil*, Baile Átha Cliath: Brún agus Ó Nóláin, [1925].

Tá taifead catalóige don leabhar seo le fáil ó Leabharlann na Breataine.
A catalogue record for this book is available from the British Library.

ISBN-10 1-78201-049-1
ISBN-13 978-1-78201-049-4

Dearadh agus clóchur: Michael Everson.
Warnock Pro agus **Gadget** na clónna.

Clúdach: Michael Everson.

Arna chlóbhualadh ag LightningSource.

Clár an Leabhair

Cormac Ó Cadhlaigh

(1884–1960)

"Fowler na Gaeilge" a thug Séamas Daltún, Príomh-Aistritheoir Rannóg Aistriúcháin Thithe an Oireachtais, air. Ag cuimhneamh a bhí sé ar a phéire leabhar: *Ceart na Gaedhilge* (1922) agus *Gnás na Gaedhilge* (1940).

I gCionn tSáile a rugadh Cormac Ó Cadhlaigh ar 26 Aibreán 1884. Bhí gnó gréasaíochta i Sráid an Mhargaidh ann ag a athair Jeremiah, cúigear ag obair dó ina cheardlann agus gréasaithe eile ag obair dó ina dtithe féin. Gréasaí sa tsráid chéanna a athairsean freisin, fear ar chainteoir dúchais Gaeilge é. Ní raibh focal Gaeilge ag Jeremiah. In "An Mhuintir s'againne", *Scéala Éireann* 28 Márta 1959, deir sé go raibh roinnt Ghaeilge ag a mháthair ach nár labhair sí riamh leis í. Ó Chonn Ó Floinn, seanduine i gceantar Chionn tSáile, a d'fhoghlaim sé rince agus tosach a chuid Ghaeilge. Ba í Marianne McCarthy máthair Chormaic. Bhí a tuismitheoirí ina múinteoirí i Spuncán in aice leis an gCoireán i gCiarraí. Bhí seisear deirfiúracha agus deartháir amháin aici. Oileadh na cailíní uile ina múinteoirí ach níor chleacht Marianne an cheird riamh. I gCionn tSáile bhí sí i gceannas i siopa tobac Clarke & Co. Bhí a deirfiúr Nóra pósta ar Mhicheál Ó Dochartaigh, múinteoir i gCill Orglan, deirfiúr eile May arbh é Fionán Mac Coluim a mac, agus deirfiúr eile Ellie a bhí pósta ar Fhionán Ó Loingsigh agus a raibh Fionán Ó Loingsigh T.D., an tAthair Seán Ó Loingsigh, údar, agus Eibhlín bean Uí Mhóráin (máthair Dhónaill Uí Mhóráin) sa chlann aici. B'fhéidir gurbh í Myra an duine ba cháiliúla de na deirfiúracha. Is ina teach ag 44 Cearnóg Mountjoy a d'fhanadh Micheál Ó Coileáin nuair ba mhó a bhí sé i gcontúirt a anama. Ba é Cormac an ceathrú duine de sheachtar clainne, ceathrar buachaillí agus triúr cailíní.

B'fhéidir gur mar gheall ar na gaolta sin a thosaigh Cormac ag foghlaim Gaeilge as leabhair Uí Ghramhnaigh nuair a bhí sé 17 mbliana d'aois agus é réidh leis an meánscolaíocht i Mainistir Fhear Maí (1895–1897) agus i gCarraig an Tobair (1897–1901). Agus é ag Feis Bhaile an Mhairtéalaigh in Iúil 1901 is beag má thuig sé rud ar bith dá rabhthas a rá ón ardán seachas an focal "agus". Chuir an fheis sin cor ina shaol. Go nuige sin is ag díriú ar phost státseirbhíse a bhí sé agus bhí an oiread sin duaiseanna agus scoláireachtaí gnóthaithe aige gur ródhócha go n-éireodh leis a leithéid de phost a fháil.

Ba é Fionán Mac Coluim a mhol dó dul go dtí an Blascaod agus mhaíodh sé gur túisce ná na scoláirí móra a chuir sé eolas ar an oileán. Fuair sé post faoi Chonradh na Gaeilge i nGráig na Manach i 1905. I Samhradh na bliana sin bhain sé amach lánteastas múinteora Gaeilge i gColáiste na Mumhan. An Fómhar sin fuair sé post i gColáiste Sheosaimh i mBéal Átha na Sluaighe. Dhá bhliain ina dhiaidh sin bhí sé ag timireacht don Chonradh i gContae an Chláir. Timpeall an ama seo bhíodh sé i láthair ag feiseanna na Mumhan, an filleadh beag air agus é ag baint duaiseanna sna comórtais rince.

Faoi 1908 bhí post aige i gColáiste Cholmáin i Mainistir Fhear Maí. Is ann a bhunaigh Cormac féin, Tomás Mac Donnchadha (1878–1916) agus Pádraig Ó Cinnéide an ceardchumann Cumann na Meánmhúinteoirí (ASTI). An Ghaeilge agus an Fhraincis na hábhair a bhí aige ach bhíodh an Spáinnis agus an tráchtáil á múineadh aige tamaill freisin. Scríobh sé leabhar ar an gcuntasaíocht i 1925.

Ó 1914 go 1917 bhí baint aige leis na cúrsaí samhraidh i gCathair Dónall agus i 1921 le cúrsa Chraobh na Trá Móire de Choláiste na Rinne.

Toisc gurbh ón Ollscoil Ríoga a bhí an Máithreánach aige bhí cead aige dul faoi scrúdaithe céime gan freastal a bheith déanta aige ar léachtaí. Bhain sé B.A. amach i 1912 agus M.A. an bhliain dár gcionn. I 1909 bhí an leagan de "Parliament na mBan" sa lámhscríbhinn i gColáiste Cholmáin i gcló aige in An Lóchrann agus san iris chéanna "Eachtra Chondla Mhic Chuinn Chéadchathaigh" i 1911 agus "Ceisneamh Inghine Ghoil Átha Lóigh" i 1912–13. Thugadh sé cuairt ar an Athair Peadar le linn dó bheith ag déanamh domhanstaidéir ar a shaothar. *Ceart na Gaedhilge* (1922) toradh na hoibre sin. Bhí de cháil air gur rómheas a bhí aige ar shaothar liteartha an tsagairt.

Ceapadh é ina chúntóir i Roinn na Gaeilge agus sa leabharlann i gColáiste Ollscoile Chorcaí i 1923 agus ina léachtóir i 1930. Bhí sé ina eagarthóir ar An Lóchrann i 1930–31. Toghadh é ina Ollamh le Nua-Ghaeilge i gColáiste Ollscoile Bhaile Átha Cliath in Iúil 1932 nuair a d'éirigh an Craoibhín as an bpost sin. Chuir sé isteach ar uachtaránacht Choláiste Ollscoile Chorcaí i 1943 ach is ag Alfred Ó Rathaille a bhí an lá.

Chuaigh Cormac amach ar pinsean i 1954 agus chaith fuílleach a shaoil i gCill Orglan. B'as an mbaile sin dá bhean Esther Nic Chormaic (d'éag ar 21 Lúnasa 1947). Ba lena muintir Teach Ósta an Bhóthair Iarainn ann. Phós siad i 1913 agus bhí triúr iníonacha agus mac acu. D'éag Cormac ar 1 Nollaig 1960. Scríobh an tAthair Tadhg Ó Murchú cuntas ar a shaol in Feasta Feabhra 1961.

Slighe an Eólais ba mhó a chuir a ainm i mbéal an phobail bhí sé ar an oiread sin cúrsaí scoile. Rinne sé roinnt mhaith aistriúcháin: *Aindeise Shiobhán* (1928) ar *Les Malheurs de Sophie* leis an gCuntaois de Ségur; *Colombo* (1929) ar scéal le Prosper Merimee; *Rí na gCnoc* (1931) ar *Le Roi des Montagnes* le Edmond About; aistriúcháin ar *De Bello Gallico* 11 (1922) agus *Rerum Novarum* (Staid an lucht saothair) i 1926. Tá go leor dá dhéantús bunaithe ar an tseanlitríocht: *Cormac Mac Airt* (1927), *Guaire an Oinigh* (1939); *An Fhiannaidheacht* (1936); *Diarmuid Mac Cearbhaill* (1950); *An Rúraíocht* (1956). Maíodh gurbh é *Cormac Mac Airt* an chéad leabhar dár fhoilsigh an Gúm, ach is é a thabharfá leat ón liosta in *Foilseacháin an Ghúim 1926–2003* (2003) gur túisce ná é a foilsíodh *Beagnach Fíor* (1927) le Pádraic Ó Conaire agus *Lorgaireacht* (1927) le Micheál Ó Gríobhtha. Cnuasach seanfhocal is ea *Eagna an Ghaedhil* (1925). Bhí tosaithe aige ar a dhírbheathaisnéis a scríobh.

Le caoinchead Cló Iar-Chonnacht (www.cic.ie). Diarmuid Breathnach agus Máire Ní Mhurchú a scríobh.

Tá an bheathaisnéis seo le fáil sa bhunachar beathaisnéisí www.ainm.ie (suíomh gréasáin de chuid Fiontar, Ollscoil Chathair Bhaile Átha Cliath).

Réamhrá an Eagráin seo

Sna heagráin nua seo de *Slí an Eolais* agus *Eagna an Ghaeil* tá litriú agus gramadach Ghaeilge an lae inniu curtha i bhfeidhm againn ar bhuntéacsanna Chormaic Uí Chadhlaigh. D'fhonn beagán de bhlas na mbuntéacsanna a chaomhnú, áfach, úsáideadh, nuair ba chuí, an fhoirm chanúnach de roinnt dobhriathra agus aidiachtaí taispeántacha, mar atá, "anso", "ansan", "ansúd", "so", agus "san" ("anseo", "ansin", "ansiúd", "seo" agus "sin" faoi seach sa Chaighdeán). Ina theannta sin, in ionad nós an Chaighdeáin nach + urú a bheith ag tús fochlásal diúltach (mar shampla "nach mbeidh", "nach n-ólfaidh"), cloíodh san eagrán seo le nós Muimhneach na mbunsaothar, mar atá, ná + consan lom i gcás briathra dar tús consan (mar shampla, "ná beidh") agus ná + "h" i gcás briathra dar tús guta (mar shampla, "ná hólfaidh").

Le hais na n-athruithe a rinneadh ar chorp an dá théacs, is lú an caighdeánú a rinneadh ar na seanfhocail, ar na giotaí cainte, agus ar na rainn a luaitear, ó tharla gur den chaint bheo iad. Maidir le caighdeánú na seanfhocal, ba mhór an cuidiú agus an treoir dúinn na heagráin nua de *Seanfhocail na Mumhan* leis an Seabhac (An Gúm, 1984, Pádraig Ua Maoileoin a chóirigh) agus *Seanfhocla Chonnacht* le Tomás S. Ó Máille (Cois Life, 2010, Donla uí Bhraonáin a chóirigh).

Tá roinnt mhaith blúirí filíochta in *Slí an Eolais* agus in *Eagna an Ghaeil* ach i bhformhór mór na gcásanna níor thug an Cadhlach na tagairtí a ligfeadh dúinn féachaint le leagan iontaofa nuachóirithe díobh a aimsiú don eagrán seo, agus dá bhrí sin, chinneamar ar gan aon athrú a dhéanamh orthu. Ní dhearnamar aon athrú ach chomh beag ar na sleachta sa dá leabhar nach bhfuil sa Nua-Ghaeilge; i gcás trí shliocht den sórt sin, ámh, chuireamar leagan Nua-Ghaeilge ar fáil don léitheoir i bhfonóta.

Maidir le téarmaíocht, i gcás téarmaí "teicniúla" chuireamar téarma an lae inniu in áit théarma an bhuntéacs (mar shampla, "meánchiorcal" in ionad "meánlíne an domhain"); i gcás gnáth-théarmaí d'fhágamar téarma an bhuntéacs gan athrú bunús mór an ama, ach de ghrá na soiléire, chuireamar téarma an lae inniu idir lúibíní ar a lorg (mar shampla, "macdhual (spúinse)") nuair ba ghá sin, dar linn.

Rinneamar athrú ó bhonn ar an ngluais atá ag gabháil leis an mbuneagrán de *Slí an Eolais*: neart focal a bheadh sothuigthe, dar linn, ag gnáthléitheoirí an lae inniu bhaineamar aisti iad, agus neart focal eile nach raibh míniú tugtha orthu agus nach mbeadh sothuigthe acu, chuireamar léi iad. Is ón *Foclóir Beag* (An Gúm, 1991) a tógadh an chuid is mó de na mínithe nua.

In *Slí an Eolais*, chuireamar fotheideal le roinnt sleachta a mheasamar a bheith rófhada, á roinnt de réir téama, agus d'fhágamar ar lár na ceisteanna atá ag deireadh gach caibidle sa bhuneagrán agus a ceapadh don seomra ranga. D'fhágamar ar lár, leis, na ceisteanna atá ag deireadh an bhuneagráin de *Eagna an Ghaeil*.

Ní dhearnamar aon choigeartú chun eolas ná fíricí sa dá leabhar a d'fhéadfadh a bheith míchruinn a cheartú ná a thabhairt bord ar bhord leis an aimsir.

Ar deireadh, d'athraíomar chun simplíochta an córas uimhríochta a cuireadh leis na seanfhocail in *Slí an Eolais* agus a úsáideadh mar chrostagairt do na seanfhocail sin in *Eagna an Ghaeil*.

Na heagarthóirí,
An Bhruiséil, Nollaig 2013.

Slí an Eolais

1
Castar na Daoine ar a chéile

Nuair a chastar na Gaeil ar a chéile, beannaíonn siad dá chéile mar seo:

Dia duit (daoibh)   Dia is Muire duit (daoibh)
Dia is Muire duit   Dia is Muire duit is Pádraig
Dia is Muire duit is Pádraig   Dia is Muire duit is Pádraig is
                                 Mícheál

Tá seandaoine ann agus nuair a bheannaíonn siad don duine aonair féin, deir siad "Dia daoibh" nó "Dia is Muire daoibh", ag beannú don duine féin agus dá aingeal coimhdeachta. Is minic, leis, a deirtear in ionad "Dia duit" ⁊rl., "Bail ó Dhia ort (oraibh)". "Dia is Muire duit" ⁊rl., a déarfaí mar fhreagra air sin (mar chomaoin na beannachta san), nó "an bhail chéanna ort (oraibh)".

Go dianmhoch ar maidin, déarfaí "Mora duit (ar maidin)". Agus déarfaí mar fhreagra air sin "Mór is Muire duit" nó "Dia is Muire duit".

Nuair a bhítear ag gabháil thar dhuine ag obair, nó nuair a thagtar i measc gasra ag obair, deirtear "Bail ó Dhia ar an obair". Agus deirtear dá fhreagra san "Dia is Muire duit", nó "An bhail chéanna ort".

Má théann duine isteach i dteach, cuirtear fáilte roimhe, mar seo "Dé do bheathasa"; nó má thagann beirt nó triúr, deirtear leo "Dé bhur mbeatha". Is é freagra a thugtar air sin "Go maire tú (sibh) i bhfad".

Deirtear, leis, "Fáilte (céad míle fáilte, fáilte is fiche) romhat (romhaibh)" leis an té (na daoine) a thagann i dteach ar cuairt.

3

Ach má bhíonn tosach cainte ag an té (na daoine) a thagann isteach, deir siad "Dia anso isteach" nó "Bail ó Dhia anso isteach" nó "Go mbeannaí Dia daoibh". Deir fear (bean, muintir) an tí dá fhreagra san "Dia is Muire duit (daoibh) agus Pádraig" nó "Dé do bheathasa (bhur mbeathasa) chugainn".

An té a bhíonn ag imeacht ó theach, tar éis bheith ar cuairt ann, fágann sé slán (beannacht) ag fear (bean, muintir) an tí, mar seo: "Slán agat (agaibh)", nó "Beannacht Dé agat (agaibh)".

Cuireann muintir an tí slán leis an té (na daoine) a bhíonn ag imeacht uathu, mar seo: "Slán leat (libh)", nó "Beannacht Dé leat (libh)", nó "Slán abhaile", nó "Go dté tú (sibh) slán", nó "Go n-éirí do bhóthar leat (bhur mbóthar libh)" nó "Go n-éirí do thuras leat (bhur dturas) libh".

Agus mar chomaoin na mbeannachtaí sin, deir an té (na daoine) a bhíonn ag imeacht "Gurab amhlaidh duit (daoibh)", nó "Gurab é do dhála (bhur ndála) é", go mór mór má ráiníonn sé go dtéann siad cuid den bhóthar leis (leo).

Na freagraí deiridh sin, is iad a deirtear i gcónaí ag gabháil buíochais. Beannachtaí eile is iad seo: "(Go dtuga Dia) Nollaig mhaith duit"; "Oíche mhaith duit"; "Lá maith duit"; "Nollaig faoi shéan agus faoi mhaise duit"; "Bliain nua faoi mhaise duit".

Bíonn an bheannacht i mbéal an Ghaeil i gcónaí agus is róbhinn leis í a chloisteáil ag daoine eile. Bíonn súil aige léi, agus mura gcloiseann sé agat í, is dóigh leis gurb amhlaidh atá drochaigne agat chuige nó gur fonn leat mallacht a thabhairt dó. Tá an seanfhuath aige don mhilleadh a thiocfadh ó dhrochmhéin na comharsan trí dhúil a chur ina chuid: agus, mar sin, má mholann tú aon rud is leis, nó má dhéanann tú ionadh de, ba cheart duit i gcónaí beannacht ó Dhia a ghuí ar an ní a mhol tú.

Más leanbh deas é, abair "Dia á bheannú (beannú)"; nó, más ag moladh an linbh leis (léi) féin a bhíonn tú, abair "Is maith an garsún (cailín) tú, Dia do do bheannú".

An bhó féin, nó an capall, nó aon ní beo mar sin, is ceart é a bheannú. Bíonn coinne leis an mbeannacht le heagla roimh an tsúil mhillteach agus "ná bris reacht".

Nuair a bhímid ag moladh duine ná fuil i láthair, ba cheart dúinn "Beo a shamhlófar é" a rá; agus más duine marbh atá againn á mholadh mar gheall ar ghníomh fónta éigin a rinne sé le linn a bheatha, ba cheart dúinn a rá "Gura maith an mhaise dó é".

Nuair a bhíonn tú ag caint i dtaobh duine atá marbh, abair i gcónaí tar éis a ainm (hainm) a lua "Beannacht Dé lena anam (hanam)". Nuair a gheobhaidh tú pinse snaoisín ó dhuine, nó, nuair a bhíonn tú ag gabháil thar reilig, abair "Beannacht Dé le hanamacha na marbh"; agus an té a chuireann sraoth as, deir sé i gcónaí "Dia linn"; nó mura gcuimhníonn sé féin ar a rá, deir duine eile sa chuideachta thar a cheann é. Ansan deir duine eile "Dia linn is Muire"; deirtear sin, leis, tar éis an dara nó an tríú sraoth.

Má bhítear ag caint i dtaobh duine anbhás a fháil, mar atá, é a mharú, nó é a thitim marbh, nó aon bhás tobann mar sin a theacht air, deirtear "Slán mar a insítear é"; agus má thaispeántar cneá nó créacht, nó, má labhraítear ina thaobh, deirtear "Slán an comhartha" nó "Slán mo chomhartha".

Nuair a thagann duine slán ó chontúirt a bháis nó a bhasctha, deirtear, leis, "Bhí Dia buíoch díot", is é sin, mura mbeadh go raibh ní éigin fónta déanta aige roimhe sin, ná tiocfadh sé slán gan chréacht ón gcontúirt. Nuair a bhítear ag teacht thar rud uafásach a dhéanfadh milleadh agus marú agus nárbh fhearrde an chuideachta é a lua féin, deirtear "I bhfad uainn an t-olc".

Is maith le gach éinne an dea-scéal a chloisteáil, agus mar sin, nuair a thagann duine chugat agus an scéal maith aige, abair leis mar bhuíochas "Gura slán an scéalaí".

Nuair a bhítear ag déanamh comhghairdis le duine mar gheall ar ní éigin a éirí leis, nó mar gheall ar aon ní a bhaint amach lena shaothar féin deirtear "A chonách san ort". Deirtear an focal san, leis, le duine a d'fhulaingeodh cruatan trína locht féin. Is ionann 'conách' ansúd agus toradh, agus d'fhéadfadh toradh an ghnímh fhónta a bheith ag duine chomh maith le toradh an drochghnímh. Moladh agus comhghairdeas don ghníomh fónta agus spídiúchán is cáineadh don drochghníomh.

Nuair a bhíonn beirt nó triúr nó níos mó (gasra) ag ól i gcuibhreann a chéile, ólann siad sláintí a chéile (ar a chéile), is é sin, nuair a bhíonn siad ag ól, guíonn siad an tsláinte mhaith agus fad saoil dá chéile, mar seo:

Siúd ort; faoi thuairim do shláinte; sláinte mhaith chugat (chugaibh); sláinte chugat agus cabhair agus dealbh go deo ná rabhair; sláinte chun na bhfear agus go maire na mná go deo; sláinte an bhradáin chugat, croí folláin agus gob fliuch; saol fada chugainn agus bás in Éirinn, 7rl.

Agus más ar fhleá a bhítear agus más le barr gairdis is ardáthais a dhéantar an fhleá a chomóradh, deirtear "Go mbeirimid slán ar an am seo arís". Deirtear sin leis nuair a chloiseann an duine an chuach den chéad uair nó nuair a chíonn sé na huain óga ag damhsa ar na bánta.

Nuair a dhéanann duine rud dúinn, nuair a chuireann sé comaoin orainn, nuair a thugann sé aon rud, dá laghad, dúinn, is ceart dúinn bheith buíoch beannachtach, is é sin, ár mbuíochas (buíochas an ghnímh nó an tabhartais) a ghabháil leis agus ár mbeannacht a thabhairt dó i dteannta an bhuíochais. Tá a lán focal buíochais sa Ghaeilge. "Go raibh maith agat (agaibh)" agus "go raibh míle maith agat" na focail is coitianta a chloistear; ach tá a lán eile ann.

Má théann duine ag cuardach ruda duit agus é a thabhairt chugat ansan, is ceart a rá leis "ná raibh a fhad san luíochán bliana ort", is é sin gan é bheith ina luí breoiteachta i rith na bliana chuige an fad féin a bhí sé ag lorg an ruda a fuair sé duit.

Nuair a thugtar deoch bhainne duit, abair "Gura slán a mháithreacha"; nó, "Go méadaí Dia im is bainne (bainne agus a mháithreacha) chugaibh"; agus nuair a bhíonn tú ag ól an bhainne, abair "Seo sláinte na bó". "Sonuachar maith chugat" a deirtear le fear nó cailín inphósta mar bhuíochas. Agus is minic a deirtear na focail seo: "Go bhfága Dia an tsláinte agat"; "Go méadaí Dia do stór"; "Go soirbhí Dia thú". Nuair a fhiafraítear díot i dtaobh do shláinte, abair mar bhuíochas "Slán go raibh tú".

Agus ní nach ionadh, is ceart dúinn bheith buíoch de Dhia i gcónaí, mar is É a thugann gach tabhartas is gach maith dúinn; agus dá bhrí sin, nuair a bhímid ag maíomh as an dea-shláinte nó ag moladh na haimsire, ba cheart dúinn a rá i gcónaí "Buíochas mór le Dia".

6

Nuair a ghabhann duine buíochas linn ba cheart dúinn a rá "Tá fáilte romhat".

Tá ainm na féile riamh ar mhuintir na hÉireann. Daoine fiala flaithiúla is ea iad agus nuair a thagann duine chucu ar cuairt, "is túisce deoch ná scéal", is é sin, is fearr leo cóir bhia agus dí a chur ar dhuine sula bhfiafraítear scéala de. Mar sin, má bhíonn duine ag gabháil thar theach a charad, níor cheart dó gan bualadh isteach chucu, mar ní haon mhaith a rá ina dhiaidh sin a rá leo ná raibh sé d'uain aige, ná go raibh deabhadh rómhór air, mar déarfaí leis "Teach i mbéal bóthair ní haistear é ach cóngar", is é sin, ní chuirfeadh an chuairt aon mhoill air, ach is amhlaidh a bhainfí a thuirse de sa teach agus is mirede a d'fhéadfadh sé an bóthar a chur de ina dhiaidh sin.

Ná bí go dúr doicheallach roimh do chara mar sin, ach bíodh "Fáilte Uí Cheallaigh" agat roimhe i gcónaí, ar eagla go ndéarfaí leat an rud a dúradh le duine doicheallach fadó ó ná ligfeadh an fear isteach sa teach:

Mo chreach, a Dhiarmuid Uí Fhloinn,
Nách tú atá ar dhoras ifrinn;
Ó's tusa nach leigfeadh neach ad chóir
'San áit a mbeitheá ad dhoirseoir.

Ach, mar sin féin, ná téigh rómhinic chun teach do charad gan chuireadh gan iarraidh:

Téir go hannamh go tigh do charad
Is beidh romhat fáilte;
Téir go minic ann agus téir gan choinne leo,
Is beidh an ghráin ort.

Agus nuair a théann tú ar cuairt, ná fan rófhada mar "cuairt ghearr is í is fearr"; agus téigh abhaile go luath, ar eagla go ndéarfaí leat mar a dúradh le duine eile "Fan má tá dithneas ort, agus ar ndóigh tá. Ach dá mbeinnse i do thighse mar ataoise i mo thighse, rachainn abhaile—ach mar sin féin fan go lá".

Ba chóir dúinn bheith go dea-bhéasach dea-nósmhar i gcónaí, go mór mór nuair a bhímid i láthair seanóirí mar is é is lú is gann dúinn urraim a thabhairt don aois. Agus níl tréith is fearr sa duine ná é a bheith i dtaithí na ndea-bhéas. Mar sin, nuair a iarrann tú rud ar dhuine nó nuair a fhiafraíonn tú aon ní de, ná dearmad gan "le do thoil" nó "más é do thoil é" a rá leis. "Ná bí luath chun labhartha ná leasc chun éisteachta"; agus má chuireann tú isteach ar dhuine i ngan fhios duit féin, abair leis "Gabhaim pardún agat" nó "Gabh mo leithscéal".

"Mol an óige agus tiocfaidh sí" a deir an seanfhocal; ach ní hiad na daoine óga amháin ar binn leo na focail mholta. Is maith le gach éinne iad a chloisteáil. Is olc an díol ar dhuine, tar éis a lán saothair a chur air chun rud a dhéanamh agus tar éis a lán dua a fháil, gan éinne á mholadh agus gan feabhas a ghnímh a thréaslú dó. "Níor bhris focal maith fiacail riamh" agus mar sin níor mhiste focal de na focail mholta so a rá leis "Dia leat!"; "Mo ghraidhin (go deo) thú!"; "Maith an fear (bhean, ⁊rl.)"; "Saol fada chugat"; "Mo cheol thú!" ⁊rl.

Ná bíodh sé le rá leatsa mar a bhí le rá ag duine bocht éigin fadó:

Táimse cortha is ní mholtar mo shaothar
Is tar éis mo dhíchill, ní bhítear buíoch díom.

Nuair a bhíonn tú ag déanamh comhghairdis le lánúin nuaphósta, abair "Sliocht sleachta ar shliocht bhur sleachta". Má chíonn tú culaith nua nó aon ní nua ar do chara, abair leis "Go maire tú (agus go gcaithe tú) í". Ach ná bí tugtha don phlámás, mar sin féin. Ná bí ag moladh daoine ar mhaithe leat féin agus le súil le tairbhe duit féin as an moladh.

Bí go séimh caoin cneasta le do chomharsa agus ná bí borb drochiompair. Bí go humhal agus go hurramach roimh d'athair agus do mháthair, agus roimh d'uachtaráin. Ná bíodh éirí in airde ná díomas gan chúis ná móráil ort; ach, ag an am céanna ná bí i do mhaidrín lathaí ag lútáil ar dhaoine, mar "ní seirbhe an sú ná an umhlaíocht gan iarraidh". Bíodh meas agat ort féin agus beidh meas ag daoine eile ort. Go mór mór bíodh grá agat do do thír dhúchais agus bród is móráil ort gur Gael tú:

Is Gael mise, agus mise im Ghael
Ní thuigim gur náir dom é;
Ní chasfainn mó chúl le fearaibh an tsaoil;
Is ní fearr d'fhear cách ná mé.

2
Baill Bheatha an Duine

An ceann, an chabhail, is na géaga (na cosa is na lámha), is iad baill bheatha an duine. Nuair a chruthaigh Dia an duine, thug Sé a lán buanna dó nár thug sé don bheithíoch éigiallta, mar atá: an aigne agus an intinn chun machnaimh; an chúiléith chun nithe a scrúdú; an mheabhair chun foghlama; an chiall chun an ceart a aithint thar an éigeart; agus an meon is an mheanma.

Leis an inchinn atá i gcloigeann an chinn a dhéantar na buanna san go léir a oibriú.

Bíonn a bheag nó a mhór de na buanna san ag gach éinne ach ní féidir do gach éinne an fheidhm chéanna a bhaint astu. Tá an oiread céanna saorthola ag gach éinne; ach, mar sin féin, ní neart do gach éinne gach aon ní a fháil chun a thola. An té a fhaigheann, bíonn gach ní ar a thoil aige. "Beatha duine a thoil", a deir an seanfhocal; ach ní fhágann san ná gur fearr go minic a d'oirfeadh sé do dhuine gan a thoil a bheith aige. An té a mbíonn intleacht aibí léir aige, bíonn cúiléith is éirim aigne aige—bíonn sé go héirimiúil. An té a mbíonn meabhair chinn aige, bíonn sé cliste; agus an té ná bíonn, is dúr a bhíonn sé. "Ní thagann ciall roimh aois", a deirtear mar leithscéal do bhaois na hóige. An té a mbíonn a lán céille aige is ciallmhar an duine é.

Nuair a chailleann a mheabhair agus a chiall ar dhuine, bíonn sé as a mheabhair, ar dhíth céille, ar buile. Gealt (duine buile) is ea é ansan. Agus bíonn go minic fonn fáin is fiarlaoide is seachráin ó dhaoine air; agus, mar sin, deirtear go n-imíonn sé le craobhacha, nó, go dtéann sé chun cnoic, toisc dúil a bheith ag a leithéidí sin dul in uaigneas coille is fásaigh. Ní bhíonn a fhios acu cad a bhíonn á dhéanamh acu, na daoine bochta, agus mar sin, is mór an díol trua iad. Bíonn an bhuile ar dhaoine ó dhúchas, agus deirtear go mbíonn straidhn bhuile iontu. Cuireann a lán nithe daoine as a meabhair: an iomad buartha is bróin, an iomad saothair ar an inchinn, easpa sláinte, nó faraor, an iomad dúile san ól.

Is minic le déine galair nó tinnis go n-imeodh (rachadh) de chiall (de mheabhair) an duine, agus go mbeadh sé ar mearbhall is ar díchuimhne agus go mbeadh caint gan éifeacht ar siúl aige le linn a mhearbhaill. Deirtear go mbíonn speabhraídí ar a leithéid sin de dhuine agus go mbíonn sé ag rámhaille.

Rachadh de chiall an duine, leis, trí gheit thobann a bhaint as, nó, b'fhéidir gurb amhlaidh a bheadh sé ar mearbhall aigne ar feadh tamaillín trí thionóisc a bhaint dó, mar atá: é a thitim ar bharr a chinn, nó, é a leagan ar a bhaithis ar an talamh, agus go mbeadh sé gan aithne gan urlabhra (is é sin, gan chaint) go ceann tamaill.

Bíonn daoine ann, leis, agus gan aon chiall in aon chor (gan splanc céille ina gceann acu). Amadáin (óinseacha ban) is ea iad sin. Duine mar sin ná bíonn aon díobháil ann ach a bhíonn mothaolach gan tuiscint, gan chruinneas intinne, is "duine le Dia" é, agus bíonn trua ag gach éinne dó.

Ciall agus míchiall,
Dís ná gabhann le chéile;
Is dóigh le fear gan aon chéill
Gurb é féin fear na céille.

Bíonn gruaig nó folt (donn, rua, fionn, bán, órga, dubh, liath) ar bharr (bhaithis, mhullach) agus ar chúl an chloiginn. An té ná bíonn aon ghruaig aige ar a chloigeann, bíonn sé maol. Plait (plaitín) a thugtar ar an bpaiste lom a bhíonn i lár chloigeann an duine. Is mór an aithis í an mhaoile don duine óg, agus is minic a bhíonn peiriúic ar dhuine maol chun an mhaoile a cheilt. Nuair a thagann an tseanaois ar dhuine, téann a ghruaig i léithe. Is annamh gan gruaig liath ar sheanduine, mura mbíonn sé maol ar fad, chomh maol le blaosc as an uaigh.

Sa tseanaimsir in Éirinn, ligeadh gach éinne, idir fhir is mhná, fás fada leis an ngruaig (leis an bhfolt); ach, anois, nuair is dóigh leis na fir go bhfuil an ghruaig rófhada acu, téann siad chun an bhearbóra á gearradh nó á lomadh, is é sin, á gearradh lom.

Chífear ó na véarsaí seo síos cad iad na buanna áilleachta a mheas na filí a bheith i bhfolt fada na mban:

> *Ba bhúclach péarlach cas buidhe*
> *A tláthfholt léi go halt síos;*
> *Ba tiugh mar fhéar an teasmhaighe,*
> *Nó mar lomra-fhlíos an óir.*

> *Ba chíordhubh crathach cuachach*
> *A dlúthfholt dathach dualach*
> *Síos le hais a gualann*
> *Ar luasgadh go sáil.*

Ar an aghaidh atá na ceannaithe, mar atá: an t-éadan (an clár éadain), na súile (glasa, gorma, dubha, donna), an tsrón (fhada, ghairid, chaol, leathan, gheancach, bhachallach), an béal, na beola (an béal uachtair agus an béal íochtair), an smig, an giall, an corrán géill, an leaca (na leicne), nó an ghrua (na gruanna), na huisinní agus na cluasa.

Leis an tsúil a chítear. An té ná feiceann aon rud (dada, splinc), ní bhíonn aon radharc aige, bíonn sé dall. Bíonn daoine dall ó bheirtear iad, agus daoine eile a chailleann a radharc trí ghalar súl (cailicín), nó trí thionóisc, leis an tsúil a ghortú go holc; ach, is cuma cathain nó conas a dhalltar daoine, is fíor é an seanfhocal nach martraithe go daille. Bíonn daoine eile agus drochradharc acu nó lagradharc, nó mallachar radhairc (gan a bheith ábalta ar rudaí a fheiceáil i bhfad uathu) agus is caoch a bhíonn siad. Daoine eile agus fiarshúile acu, is é sin, súile ná feiceann díreach ach fiarthreasna. Má bhíonn duine agus gan radharc aige ach in aon súil amháin, bíonn sé ar leathshúil.

Leathann na súile ar dhuine le hionadh agus le halltacht. Tagann míogarnach sna súile le tuirse codlata. Bíonn sram sna súile tar éis dúiseacht ar maidin.

Bíonn fabhraí ag cosaint na súl agus nuair a bhíonn duine ina chodladh bíonn na fabhraí dúnta anuas ar na súile aige. Os cionn

na súl atá na malaí nó na braoithe. I mogall na súile atá an radharc.
Mac imrisc ainm eile ar an mogall. Nuair a bhíonn mogall na súile
go mór bolgach agus, mar a bheadh bolgáin fúthu, is bolgshúilí a
bhíonn ag duine. Súile glasa is mó a bhíonn ag muintir na hÉireann.
Seo mar a mholtar súile na mban:

> *Ba ghlaise ná búgha ceachtar a dhá súl.*
> *A súil ba ghlaise ná an drúcht ar feór.*
> *A rinn-ruisg ghlasa mar dhrúcht ghil na máighe.*
> *Bhí a reamhar-ruisc réidh mar chriostal na mbraon*
> *Ar sheamair ghlais ghéir roimh ghréin go moch.*

Leis an tsrón a fhaightear boladh. Polláirí a thugtar ar an dá
pholl sróna. Droichead na sróine a thugtar ar an gcuid chaol di ar
a barr idir an dá shúil. Bachall—sin srón mar a bheadh gob iolair.
Geanc—sin srón agus a bun in airde. Caincín—ainm grinn ar
shrón é sin.

Tá an béal uachtair idir an tsrón agus an béal. Laistigh den bhéal
atá na fiacla (an déad). Sé cinn déag d'fhiacla sa charball (charbad)
uachtair agus an líon céanna sa charball íochtair. Cíor fiacla a
thugtar ar na fiacla in aon charball díobh. Trí shórt fiacaile atá ann:
cúlfhiacail (i gcúl an bhéil), clárfhiacail (i dtosach an bhéil) agus
starrfhiacal (fiacail fhada i dtosach an bhéil). Mant a thugtar ar an
mbearna a bhíonn idir na fiacla tar éis fiacla díobh a stoitheadh
nó a bhriseadh. An té a mbíonn na fiacla ar easnamh aige, téann
sé chun an fhiaclóra chun cíor bhréige a fháil.

Leis na fiacla is ea a dhéantar an bia a bhriseadh agus a
dhéanamh mion agus a chogaint chun é a ithe agus a shlogadh
síos. Seo mar a dhéantar fiacla na mban a mholadh:

> *A déid mhiona ghléigeala léirchurtha i gcrích,*
> *'Na béal mhiochair mhín gan mhagadh gan mhóid.*

> *A déid mar chailc 'na dlúthchíor*
> *Gan smúit bhí go néata i gcóir.*

Dar leat ba fhras de néamhainn a caitheadh ina ceann (a fiacla). Clab a thugtar ar bhéal mór míchumtha gránna. Pus—béal an duine i bhfeirg. Tá pus air—a deirtear nuair a bhíonn dhá bhéal an duine ina bholg anuas ar a chéile le feirg. Gob—focal magaidh ar bhéal an duine; is é ainm bhéal an éin é. Meill—an saghas béil a bhíonn ar dhuine is é ag magadh faoi dhuine eile. Bearna mhíl a thugtar ar an aithis ghránna úd sa bhéal uachtair—scoilt ann mar a bheadh ar bhéal giorria—uaireanta. Liobar—an béal íochtair a bheith ina liobar.

Is leis an teanga agus leis an gcogansach (ar bharr an bhéil, laistigh), a dhéantar an bia agus an deoch a bhlaiseadh; agus le taitneamh don dea-bhlas, bíonn duine ag blasachtach, is é sin, ag bualadh a dhá bheol ar a chéile. Go minic nuair a chíonn duine bia nó deoch blasta, tagann dúil aige iontu agus cuireann an dúil sin uisce faoina fhiacla; agus má choimeádtar ansúd iad ar aghaidh a bhéil agus gan aon fháil aige orthu, is "bia ó bheola" dó iad. Ach, nuair a fhaigheann sé le hithe nó le hól iad, ligeann sé siar a scornach agus a chraos le fonn iad. Ach más dobhlasta a bhíonn an bia nó an deoch tagann gramhas air.

Ag béal na scornaí, atá an sine siain ar crochadh den teanga bheag. Is leis an mbéal agus go mór mór leis an teanga a ardú nó a ísliú agus a chur leis na fiacla, a labhraítear (a dhéantar caint, urlabhra). An té ná fuil aon chaint aige, tá sé balbh, is balbhán é. An té a mbíonn stad nó snagadh ina ghlór, bíonn sé briotbhalbh.

Seo mar a mholtar glór binn na mban:

> *Ba bhinne a béilín ná na ceólta sidhe.*
> *Ba bhinne guth caomh a béil le sult*
> *Ná Orphéus do léig go faon na tuirc.*

Ag gach fear bíonn fionnadh (gruaig) ag fás ar a aghaidh. Is é sin, ar a ghruanna agus ar a bhéal uachtair, agus ar a smig. Ulcha nó féasóg a thugtar ar an bhfionnadh san. An t-óganach ná bíonn aon fhéasóg ag fás ar a leiceann, tugtar óganach amhulchach air. Nuair a bhíonn ulcha ag fás ar dhuine, is comhartha é go bhfuil sé in aois fir.

Croiméal a thugtar ar an ngruaig a bhíonn ar bhéal uachtair an duine, agus meigeall ar an ngruaig a bhíonn ar a smig, agus féasóg a bhíonn ar a ghruanna.

An poillín beag a chítear i ngruanna an duine in aice chúinne a bhéil nuair a bhíonn sé ag gáire (nuair a bhriseann a ghean gáire air), tobairín a thugtar air.

Ainm eile ar na gruanna is ea pluca, go mór mór nuair a bhíonn siad ramhar beathaithe.

Tá cluas ar gach taobh den cheann. Is leis na cluasa a chloistear (éistear). An té ná féadann aon ní a chloisteáil, bíonn sé bodhar. Deirtear go mbíonn "Bodhaire Uí Laoghaire" ar an té ná cloiseann ach an ní is maith agus is binn leis a chloisteáil. Allaíre a thugtar ar an bhfothram mearbhaill a chuireann frithbhualadh sna cluasa a ndéanann tinneas cinn de.

Bíonn bun na gcluas go bog feolmhar agus is minic a dhéantar iad a pholladh ansúd, go mór mór ag na mná, chun fáinní a chur tríothu mar ornáidí.

Tá an muineál idir an ceann agus an chabhail. An bhráid a thugtar ar aghaidh an mhuiníl agus baic an mhuiníl nó an braiciol ar a chúl. Úll na scornaí a thugtar ar an meall beag atá le feiceáil i scornach an fhir. Tugtar céas cinn ar bhun chúl an chloiginn.

Tá na guaillí ar gach taobh den mhuineál in airde ar an gcabhail. An brollach (an cliabh, an t-ucht), an droim, agus an bolg atá sa chabhail. Sa bhrollach atá an croí agus na scamhóga. Ar gach taobh den chabhail atá na heasnacha. Laistiar den ucht atá na slinneáin nó na formnaí, agus an droim. Laistiar den bholg atá caol an droma. Sa bholg atá an goile, na duáin, na hionathair, na haenna, agus na putóga. An té a bhíonn ar cromadh toisc a dhroim a bheith míchumtha bíonn dronn (cruit) air. Is cruitíneach nó dronnóg a leithéid sin de dhuine.

An té a mbíonn a cheann ina luí anuas ar cheann dá ghuaillí in ionad a bheith díreach, deirtear go mbíonn leathcheann air.

Leis an úll, a cheanglaíonn an lámh den ghualainn, is féidir an lámh a bhogadh síos agus suas nó í a chasadh timpeall. Faoi bhun na gualainne, idir an lámh agus an chabhail (na heasnacha) atá an ascaill. Is féidir don duine rud a iompar leis faoina ascaill leis an lámh a choimeád teann i gcoinne na n-easnacha. An roinnt den lámh is gaire don ghualainn is í an chuisle a thugtar uirthi. Laistíos den chuisle atá an uillinn (na huilleannacha). Alt atá san uillinn agus is féidir an lámh a lúbadh ansúd.

Laistíos den uillinn atá an rí agus idir an rí agus an lámh atá caol na láimhe.

Baclainn a thugtar ar an gcuisle nuair a bhíonn sí lúbtha i dtreo na cabhlach. Bacóg a thugtar ar an méid d'aon earra a bhíonn sa ghreim sin. Gabháil a thugtar ar an ngreim a bheireann duine leis idir a dhá chuisle agus a chabhail.

Nuair a bhíonn an lámh dúnta, ní bhíonn le feiceáil di ach a droim agus na méara. Sin dorn dúnta. Bíonn barra na méar ina luí anuas isteach ar an dearna (ar an mbos). Ar chroí na dearnan a deirtear; ach i lár na boise.

Cúig mhéar atá ar gach lámh: an ordóg, an chéad mhéar, an mhéar láir, an tríú méar agus an lúidín (an laidhricín).

Dhá lámh a bhíonn ar gach éinne, an lámh dheas agus an lámh chlé (an chiotóg). An lámh dheas is mó agus is coitianta a úsáidtear. An té arb í a lámh chlé is mó a bhíonn á húsáid aige, is duine ciotach é. Toisc gur neamhchoitianta an ní é úsáid a dhéanamh den lámh chlé agus nach rófhurasta don ghnáthdhuine feidhm a bhaint aisti chun a thola agus é ag déanamh oibre, is cuma a bheith ciotach nó a bheith tuathalach. Mar an gcéanna, is ionann a bheith deaslámhach agus a bheith aclaí cliste in úsáid na lámh. An té ar comhfhurasta dó ceachtar den dá lámh a úsáid, is comhdheas dó deas agus clé. An ghreim a gheobhadh duine lena lámh oscailte idir a ordóg agus a mhéara is ladhar é sin. Nuair a bheadh a dhá ladhar le chéile aige, sin mám. Is leis na méara a mhothaítear rud le baint leis. Agus is leo a bheirtear greim; agus nuair a bhíonn greim ag duine ar rud agus é idir a mhéara aige agus a bhos, bíonn sé ina ghlac aige.

Bíonn ionga (ingne) ar gach méar. An beo a thugtar ar an áit a mbaineann bun na hiongan leis an méar.

Is féidir na méara a lúbadh leis na hailt (alt ar bharr gach méire mar a mbaineann sí leis an lámh, agus dhá cheann laistíos de sin arís sa mhéar féin,—níl ach aon cheann amháin san ordóg ina lár).

An té ná bíonn aige ach aon lámh amháin, bíonn sé ar leathláimh. Is ionann a bheith leathlámhach agus a bheith go tuathalach nó go cásmhar ag déanamh oibre. Is é rud é lámh gan tapa ná lámh ná fuil aon lúth inti ach í marbh gan mhothú. Dhá chos atá ag gach éinne, an chos dheas agus an chos chlé. An té ná bíonn aige ach aon chos amháin, bíonn sé ar leathchois. Bíonn a leithéid sin nó éinne a mbíonn cos thinn nó lag aige, bíonn sé bacach. Bíonn coiscéim bhacaí aige.

Úll atá ag ceangal na gcos den chabhail i dtreo gur féidir don duine iad a bhogadh síos agus suas nó iad a chasadh timpeall ag an bpointe sin, faoi mar is féidir a dhéanamh leis an lámh ag úll na gualainne.

An cheathrú a thugtar ar an gcuid is airde den chos; ansan an tsliasaid; an ghlúin, mar ar féidir an chos a lúbadh, faoi mar a lúbtar an lámh ag an uillinn; an lorga agus an colpa laistiar di; agus ansan an troigh. Ag bun na lorga agus ar an taobh amuigh di atá an rúitín. Trácht na coise a thugtar uaireanta ar an mbonn, is é sin, an taobh di a bhaineann leis an talamh. Is ar bhoinn na gcos a sheasaimid. An tsáil agus na méara ag dhá cheann an bhoinn. Ard na coise nó bráid na coise a thugtar ar an taobh uachtair den troigh idir an lorga agus na méara.

Leis na cosa a shiúlaimid agus a rithimid agus is ar ár mboinn a sheasaimid. Nuair a bhímid ag rá na bpaidreacha, téimid ar ár nglúine (ar scáthán ár dhá nglún). Feacaimid ár nglúine le hurraim don Naomhshacraimint ar an altóir nuair a théimid isteach in eaglais nó i séipéal. Nuair is maith linn siúl go haclaí, gan aon fhothram a dhéanamh, is ar bharraicíní ár gcos a shiúlaimid.

Truslóg nó céim a thugtar ar an spás (aga) slí atá idir éirí ar bharr coise agus tuirlingt ar bharr na coise eile ar an talamh nuair a bhíonn duine ag rith nó ag siúl. Léim is ea an t-éirí ó lár na talún a dhéantar ó bharraicíní an dá chos in éineacht. Cosabacóid a thugtar ar an éirí is tuirlingt chéanna de bhonn na haon choise.

Duine fadrítheach is ea duine a bhfuil na cosa fada aige. Spág a thugtar ar throigh mhór leathan thuathalach. Cam reilige a thugtar ar chois a bhíonn iompaithe isteach agus a taobh anuas ar an talamh in ionad a boinn.

An té ná bíonn lúth a chos in aon chor aige, is cláiríneach nó mairtíneach é. Nuair a bhíonn duine ar leathchois ní foláir maide croise bheith aige chun cabhrú leis sa siúl.

Má luíonn tú do mhéara go héadrom ar chaol do láimhe ón taobh istigh nó ar d'uisinní ar leataobh do chlár éadain nó ar gach taobh de do mhuineál, nó má chuireann tú méara do dhá lámh go dlúth lena chéile, mothóidh tú frithbhualadh socair cothrom. Rith na fola ón gcroí faoi deara an frithbhualadh san. Tiomáineann cuisle an chroí an fhuil amach trí uimhir iliomad píobán ar a dtugtar féitheacha. Tá na féitheacha san ar fud na colainne go léir, in airde sa cheann, ar fud na cabhlach agus sna géaga, agus beireann siad leo an fhuil a choimeádann an t-anam ionainn go dtí gach páirt den chorp, ó bhaithis an chinn go bonn na gcos.

Nuair a shroicheann gach sruthán díobh san a bhall féin, bíonn an fhuil i ndeireadh a cumais agus i ndeireadh a maitheasa, mar bíonn caite aici a mbíonn inti d'ábhar cothaithe na mball beatha. Ní bhíonn sí dearg a thuilleadh ansan ach is amhlaidh a bhíonn sí dubh beagnach. Filleann sí ansan trí píobáin bheaga eile, a dtugtar féitheoga orthu, ar ais chun an chroí. Nuair a shroicheann an fhuil ídithe, an fhuil dhubh sin, an croí, le cuisle an chroí cuirtear an fhuil in airde sna scamhóga (scairteacha) atá lán d'aer. Téann cuid den aer san isteach san fhuil agus déanann fuil dhearg láithreach arís di. Déantar mar a bheadh athnuachan uirthi le haer (le géar-ábhar) na scamhóg. Tagann sí anuas sa chroí arís ina dhiaidh sin bealach eile, agus cuireann an croí an fhuil dhearg, an fhuil nua, amach trí na féitheacha, ag gluaiseacht léi ina caisí beatha mar a dúradh cheana.

Lastuas den chroí agus anuas ar gach taobh de is ea atá na scamhóga. Iontu san isteach a théann an t-aer gach aon uair a tharraingímid anáil. Ansan scaoileann na scamhóga amach arís é, an túisce a bhíonn a ghnó déanta aige, is é sin nuair a bhíonn an fhuil dearg glan aige agus súnn na scamhóga a thuilleadh den aer chucu.

Nuair a théann an t-aer isteach sna scamhóga, líonann sé iad agus atann sé iad agus éiríonn an brollach leis an at san. Nuair a imíonn an t-aer, bíonn na scamhóga folamh agus titeann an brollach.

Siúd ag at is ag titim leis an análú iad agus ní túisce istigh ná amach arís leis an aer, agus sin é faoi deara don bhrollach bheith ag éirí is ag titim i gcónaí.

Laistíos den chroí agus trasna na cabhlach atá saghas póca nó mála a dtugtar an goile air. Síos sa ghoile sin a théann an bia agus an deoch go léir a chaithimid agus a ghabhann siar an scornach agus an craos ón mbéal. Cuireann an goile an bia is an deoch san chuige agus déanann sé atéamh agus athbheiriú, mar a déarfá, orthu go leáitear iad agus go gcuirtear sna putóga isteach iad. Baintear an mhaitheas go léir—an cothú—astu ansan (rud i bhfoirm dí báine is ea an méid is cothú díobh) agus tarraingítear iad trí phíobán mar a measctar iad ar an bhfuil dhubh úd, agus as san tugtar sa chroí iad agus as san isteach sna scamhóga mar a ndéantar fuil dhearg díobh, tar éis iad a ghlanadh le haer na scamhóg; agus ansan gluaiseann an fhuil sin timpeall na colainne arís á cothú.

Nuair a itear torthaí ná fuil aibí, cuireann sé tinneas ar an ngoile, mar faigheann an goile an iomad dá ndua á dhíleadh. Is bia iad nach féidir a dhíleá. Mar an gcéanna, nuair a itear an iomad d'aon sórt bia, cuirtear oiread tuirse ar an ngoile agus a chuirfí ar fhear oibre a gheobhadh an iomad le déanamh. Agus mar sin, nuair a dhéanaimid craos bia nó dí, bímid breoite mílítheach. Ní féidir dúinn sinn féin a choimeád go díreach daingean ar bhoinn ár gcos; bíonn meadhrán sa cheann againn agus an bia nach féidir don ghoile a dhíleá, ní foláir dúinn é a aiseag (urlacan) chun faoiseamh a fháil, nó caithimid cúnamh a thabhairt don ghoile chun a ghnó a dhéanamh le purgóid a ghlacadh.

3
Sláinte, Breoiteacht, Galair, Leigheas, Bás

3.1. Sláinte

Is mór an tabhartas ó Dhia an tsláinte agus sin é a chúis do na daoine buíochas a ghabháil Leis i gcónaí mar gheall ar an tsláinte a bheith go maith acu. "Is fearr an tsláinte ná na táinte", a deir an seanfhocal; agus is fíor é, mar is mó duine a bhfuil saibhreas mór thar na bearta aige gan puinn de shólás an tsaoil aige toisc galar nó breoiteacht éigin a bheith ag goilleadh air de ghnáth, nó toisc aithis éigin choirp a bheith air. Agus is beag duine ná luíonn tinneas nó galar nó breoiteacht de shaghas éigin air uaireanta, dá threise ná dá shláintiúla é. Agus maidir le haithis choirp, nach mór an díol trua (an trua Mhuire) an dall bocht nó an duine caoch (ar leathshúil), an balbhán, nó an duine bodhar, an bacach nó an cláiríneach (mairtíneach), nó an duine ar leathláimh. Tá na daoine bochta san go léir faoi ainnise atruach agus ba cheart dúinn go léir bheith buíoch de Dhia toisc gan aon bhárthainn mar sin a thitim anuas orainn.

Is mó sórt breoiteachta (tinnis, galair) atá ann. Cuid acu agus nach fiú biorán iad agus galair eile agus nach aon dóithín don tsláinte iad. Níl aon ghalar ná fuil a leigheas féin dó; ach más ea is fearr aireachas maith a thabhairt don tsláinte sula dtaga aon bhreoiteacht ar dhuine. Is annamh a bhíonn breoiteacht ar dhuine a thugann aireachas dá shláinte. An té ná tugann, is beag lá a bhíonn sé ar fónamh. Bíonn tinneas cinn air nó tinneas fiacaile nó tinneas ina bholg air nó slaghdán.

Níl aon bhreoiteacht is coitianta ar an duine ná an slaghdán, agus is é an neamhaireachas is mó faoi deara é. Má bhíonn duine amuigh faoin mbáisteach agus go bhfliuchtar go holc é agus ná déanann sé a chuid éadaigh a bhaint de tar éis teacht isteach, is mairg dó. Nó, an té a mbíonn bróga briste air agus é ag siúl sa bháisteach; nó an té a shuíonn idir dhá fhuinneog nó dhá dhoras oscailte, nó in aon áit a mbíonn séideán gaoithe, is baol dó; nó, an té a bhíonn ina shuí nó ina luí ar an bhféar fliuch, agus is rómhairg don té a luífeadh idir braillíní taise ar leaba codlata. An té a fhaigheann fuacht, mar sin, ón bhfliuchras, tagann na daitheacha (tinneas cnámh) air agus bíonn sé ina chrunca acu mar a bheadh seanduine críonna caite. Leanann an chasachtach agus an ciachán an slaghdán, agus is minic, nuair a bhíonn slaghdán trom ar dhuine, a théann sé in achrann sna scamhóga aige agus bíonn tinneas cléibh air agus tagann racht casachtaí air agus ní stadann sé ach ag casachtach agus ag sraothartach. Is minic a thagann múchadh as slaghdán agus bíonn an duine bocht leathmhúchta agus gan ar a chumas a anáil a tharraingt leis an bhfáscadh a bheadh air. Is minic, leis, a thagann an eitinn as agus is annamh a thagann duine slán ón ngalar uafásach san.

Nuair a bhíonn slaghdán trom ar dhuine, níorbh fhearr dó rud a dhéanfadh sé ná fanacht ina luí sa leaba, agus, má leanann den bhreoiteacht, fios a chur ar an dochtúir agus a ghearán a dhéanamh leis sula mbeadh sé ródhéanach aige. "I dtús an ghalair, ná bí mall; níl brí sa luibh ná faightear in am".

Nuair a thagann an dochtúir chun duine bhreoite, féachann sé an bhfuil coirt ar a theanga, braitheann sé frithbhualadh a chuisle, agus más dóigh leis ón dá fhéachaint sin gur baol don duine breoite, féachann sé frithbhualadh a chroí leis an steiteascóp. Tugann sé oideas dó ansan á leigheas agus téitear chun an phoitigéara agus faightear oideas an dochtúra a dhéanamh ina dheoch leighis, agus tugtar don duine breoite í oiread san uaireanta sa lá, lán spúnóige di nó mar sin gach re cúpla uair an chloig.

Mura mbíonn aon bhiseach ag teacht ar an othar (duine breoite), b'fhéidir le déine an ghalair go rachadh dá chiall agus go mbeadh speabhraídí ar an duine bocht.

Nuair a chítear gur ag dul in olcas atá an duine breoite, cuirtear fios ar an sagart. Tagann sé sin láithreach ar an nglaoch ola, agus, más dóigh leis an sagart go bhfuil an duine bocht i mbaol báis, cuireann sé an ola dhéanach air. Ach, is minic a cuireadh an ola ar othar a bheadh i mbaol báis mar sin, agus é i ndeireadh a anama, dar lena mhuintir, agus gur tháinig sé slán ón ngalar a ceapadh a bheadh ina thrúig bháis dó; agus ba ghearr go mbeadh sé ina tháinrith sláinte arís, chomh maith agus a bhí sé riamh.

Nuair a bhíonn duine ag teacht chuige féin (ag téarnamh) tar éis breoiteachta (taom breoiteachta) a chur de, ní foláir dó bheith go han-aireach air féin, ar eagla go bhfaigheadh sé athiompú agus ná tiocfadh leis gan géilleadh dó.

Tá galair ann agus is ar leanaí is mó a bhíonn siad, mar atá, an craos galair, an triuch, an bhruitíneach agus an leicneach (plucamas).

Tá galair eile ann agus is é an salachar faoi deara iad: an borradh péist, an tochas, agus an tine Dhia.

Nuair a thugann duine faillí ina shláinte le gan cothú maith folláin a chaitheamh, tagann neascóidí agus goiríní ar a aghaidh agus ar a mhuineál, agus is minic a bhíonn gríos trína chneas amach. Tagann sleamhnán ar na súile ar an gcúis chéanna.

Is mó tinneas agus ní gá do dhuine ach fanacht sa leaba lá nó dhó, nó purgóid a chaitheamh, agus sin é ina shláinte féin arís é. Bíonn daoine sláintiúla ann agus is annamh a bhuailtear breoite iad agus daoine leice ná bíonn lá dá shaol gan gearán éigin sláinte acu. Ach sláintiúil nó leice dóibh, nuair a bhíonn galar tógálach ann, is an-deacair dóibh dul uaidh gan togha an aireachais a thabhairt. Is iad galair iad san ná an bhruitíneach, an eitinn, an fiabhras dearg, an bholgach, an triuch agus éagruas de gach sórt.

An té a mbíonn galar díobh san air, ní foláir é a chur in áit faoi leith láithreach agus gach ní a bhain leis a ghlanadh go maith ó gach rian den ghalar le níochán maith i ndeoch choiscthe ghalair a d'imreodh bás agus beagshaol ar fhrídíní an ghalair. Bolgach na bó a ghearradh, a deirtear, is maith an chosaint ar an mbolgach. Dá bhrí sin, déantar san le gach leanbh go grod tar éis an leanbh a bhreith.

Uaireanta, in ionad an t-othar a choimeád ina theach féin, cuirtear chun ospidéil (otharlainne) é, mar is ann is fearr a gheobhaidh sé aireachas ó mhná friothála deaslámhacha agus ó dhochtúirí a bhíonn eolach i ngach galar faoin ngrian. Bíonn gach cóir dá fheabhas agus dá ghlaine sna hospidéil chun na hothair a leigheas agus seomraí faoi leith iontu agus iad gléasta go healaíonta innealta chun gach sórt sceanairt a dhéanamh ar chorp an duine chun é a leigheas.

Sa tseanaimsir bhíodh an-eolas ag na daoine ar luibheanna agus ar na leigheasanna ab fhéidir a dhéanamh leo. Bhí roinnt daoine ann agus ba mhó é a n-eolas san ná eolas cách i ndéanamh leighis. Deirtí go mbíodh fios acu. Uaireanta thugtaí duine nó ainmhí breoite chucu á leigheas. Tar éis comharthaí an ghalair a iniúchadh agus tar éis "dul ar a gcliathaibh fis" (féach lch 202), ag iarraidh leigheas an ghalair agus ná tagadh leo an leigheas a dhéanamh, deirtear le muintir an duine bhreoite, dá mbeadh luibh (ná raibh le fáil) acu, b'fhurasta an galar a leigheas.

Tháinig as an leithscéal san an seanfhocal "an luibh ná faightear is í a fhóireann"; agus nuair a thagadh an t-othar abhaile agus é chomh dona céanna, agus nuair a d'insítí dá mhuintir sa bhaile cad a dúirt an fear feasa (ná raibh aige, dála na mná úd a tháinig chun teach Dhiarmada léith) is é a deiridís ná "dá mbeadh fios aige, bheadh leigheas aige".

An duine a bhíonn go luath láidir agus go slán folláin, itheann sé a bhéilí le fonn agus faigheann sé "blas na meala ar gach aon ghreim agus gan aon ghreim tur". Bíonn sé go dathúil dea-chraicinn. Bíonn sé go bríomhar beathaithe, lúth is neart ina ghéaga, a bhrollach is a ghuaillí go leathan láidir, agus é go cumtha córach. Is comhdheas dó teas is fuacht, saothar agus suaimhneas. Ní haon ní dó gach cruatan dá dhéine a fhulaingt agus bíonn sé go haerach gealgháireach i gcónaí agus é go sona sásta leis an saol.

An duine a bhíonn leice drochshláintiúil, ní bhíonn aon ghoile (fonn ite) aige. Bíonn a ghruanna go bán mílítheach. Ní bhíonn aon neart sna géaga aige ach bíonn sé go lag (chomh lag le sop), agus ní féidir dó aon obair throm a dhéanamh. Tagann néal air go minic leis an laige agus titeann sé i bhfanntais ina chnap ar an urlár. Ní fhaigheann a leithéid sin de dhuine aon suaimhneas sa saol agus ní haon ionadh é bheith go gruama brónach agus go cas cancrach.

Seachas taom breoiteachta a theacht ar dhuine, b'fhéidir gurb amhlaidh a ghearrfaí nó a ghortófaí go holc é ag imirt pheile nó ag iománaíocht, nó ag fiach, mar atá, a mhéara nó a lámh nó a aghaidh a ghearradh, nó a ghualainn a bhriseadh nó cnámh a mhuiníl nó a cheann a scoilteadh nó cos leis a leonadh nó a chur as alt. Is é chéad ní is gátaraí ná a chéile nuair a ghearrtar duine ná an chréacht a ní agus a ghlanadh go maith sular gcuirtear ceirín leis an mball gearrtha, ar eagla nimh an tsalachair a dhul isteach sa chréacht, agus leis sin bheadh othras agus gor sa chneá agus bheadh sí an-tinn. Is minic leis an bhfuacht sa gheimhreadh a thagann fuachtáin ar lámha duine agus go scoilteann siad i gceann tamaill le déine an fhuachta agus go mbíonn méirscrí móra ar na lámha. Níor mhór do dhuine bheith go han-aireach agus gan aon salachar a bhaint leis na méirscrí sin mar dhéanfadh an salachar an donas orthu.

Nuair a bhristear géag duine ní foláir go minic an duine a thabhairt chun ospidéil mar a dtabharfaí gach aireachas dá fheabhas dó, idir lianna agus mhná friothála. Ní foláir cliath a chur leis an ngéag bhriste á neartú go gcloíonn sí ina chéile arís.

Mo chreach is mo chás, 'sé an bás a thagann go trom
Nuair a leagtar ar lár an cara ba mhaith linn bheith buan.

Nuair a fhaigheann duine bás i dteach—i bhfad uainn an t-olc— bíonn muintir an tí go léir go buartha brónach ag gol is ag caoineadh is ag bualadh a mbos de chumha an duine mhairbh. Déantar an duine marbh a thonach ansan agus cuirtear taisléine (aibíd an bháis) air agus síntear ar chlár nó ar leaba é agus cuirtear ceithre choinneal ag a cheann. Tagann na comharsana ansan chun an tí á thórramh. De réir mar a thagann siad isteach, téann siad chun muintir an tí ag déanamh comhbhróin leo is ag déanamh trua dóibh.

"Is trua liom do chás, a bhean bhocht", deir siad le bean an tí, agus bíonn siad ag moladh an fhir mhairbh léi agus ag guí na bhflaitheas dá anam.

Tar éis beagán cainte a dhéanamh le muintir an tí mar sin, téann an chomharsa chun na háite ina bhfuil an duine marbh sínte agus téann sé ar a ghlúine agus deir sé cúpla paidir lena anam. Fanann na comharsana sa teach i rith na hoíche go léir ag caint is ag seanchas cois tine is ag trácht ar an tseanaimsir. Ar uair an mheán oíche deir siad go léir an Choróin Mhuire le hanam an duine mhairbh. Tugann muintir an tí lón bia agus dí dóibh go fial agus go flaithiúil agus go neamh-mhion.

Sa tseanaimsir bhíodh mná caointe i ngach teach tórraimh ag na huaisle ag moladh thréithe agus bhéasa an mhairbh agus ag an am céanna ag plámás lena mhuintir. Agus gach comharsa, de réir mar a thagadh sé isteach, chaoineadh sé a dhreas féin. I gceann dhá lá bíonn an tsochraid ann, is é sin, tugtar an duine marbh chun na reilige á chur. "An timpeall chun an teampaill agus an cóngar chun an aifrinn", deir an seanfhocal; agus téitear gach seanbhóthar dár ghabh a sheacht sinsear rompu nuair a bhítear ag cur duine.

Deirtear nuair a chastar sochraid ar dhuine gur cheart dó "trí choiscéim na trócaire" a shiúl le cois na sochraide. Beannaíonn gach duine don duine marbh nuair a ghabhann an chónra thairis ar shráid nó ar bhóthar lena cheann a nochtadh agus "beannacht Dé le hanamacha na marbh" a rá.

Nuair a thagtar chun na reilige (chun an teampaill) tógtar an chónra as an bhfuad (den chróchar) agus ardaítear é ar ghuaillí ceathrar fear (muintir an duine mhairbh) chun na huaimhe. Téitear timpeall na reilige chun na huaimhe. Nuair a thagtar chun na huaimhe, leagtar an chónra ar lár ar a leataobh go mbíonn na paidreacha ráite ag an sagart (ag an gcléir). Ansan déantar an uaigh a choisreacan le huisce coiscrithe a chroitheadh uirthi. Íslítear an chónra isteach san uaigh ansan agus caitear na seacht sluasaid den chré anuas uirthi agus ansan líontar an uaigh arís. Nuair a bhíonn an uaigh líonta, cuirtear fód fada d'fhéar glas anuas uirthi.

"Doghnítear a fheart, agus clanntar a lia agus scríobhtar a ainm i nógham agus doghnítear a ghairm dochum a adhnacail agus fearthar a ghubha."[1]

---

[1] "Déantar a fheart, agus greantar a lia agus scríobhtar a ainm in ogham agus déantar é a ghairm chun a adhlactha agus feartar a ghubha."

25

3.2. Seanfhocail i dtaobh na sláinte

3.2.1. Is fearr an tsláinte ná na táinte.

3.2.2. Tosach sláinte codladh—deireadh sláinte osna.

3.2.3. Is lia gach othar tar éis a leighis.

3.2.4. Caitheann gach éinne deachú na sláinte a íoc.

3.2.5. Is fadsaolach iad lucht múchta.

3.2.6. Is measa an t-athiompú ná an chéad fhiabhras.

3.2.7. Níl luibh ná leigheas in aghaidh an bháis.

3.2.8. Galar fada, ní abrann síoraí bréag.

3.2.9. Deartháir don bhás an codladh.

3.2.10. Breitheamh ceart cothrom an t-éag.

3.2.11. Is fearr súil le béal an chuain (ghlais) ná súil le béal na huaighe.

3.2.12. I dtosach na haicíde is fusa í a leigheas.

3.2.13. Maireann an chraobh ar an bhfál, ach ní mhaireann an lámh a chuir.

3.3. Cainteanna a bhaineann leis an tsláinte

3.3.1. Nuair a bhíonn an tsláinte go maith ag duine

Dia duit, a Sheáin (a bhean uasal, a dhuine uasail). Conas taoi (tánn tú, tá tú)/ Cé an nós a bhfuil tú/ Cén chaoi a bhfuil tú/ Cad é an bhail atá ort/ Goidé mar atá tú?

Táim go maith, buíochas le Dia/Táim go maith, slán go raibh tú/Táim go maith, conas taoi féin?/Táim go maith moladh le Dia.

Conas tá an tsláinte agat?
Go breá láidir/Go groí/Níl aon chúis ghearáin agam/Ní gearánta dom.

Conas táthar agat?
Táthar go maith.

Cad tá ort?
Níl aon rud (faic).

Conas tá an goile agat?
Tá sé go han-mhaith le tamall.

An bhfuil tú ag dul i bhfeabhas?

Táim ag dul i bhfeabhas in aghaidh an lae, buíochas le Dia.

An mbíonn an tsláinte go maith agat?

Bíonn, moladh le Dia dá chionn.

3.3.2. Nuair nach maith (nó nach mó ná maith) í an tsláinte

Conas taoi ⁊rl.? Conas táthar agat ⁊rl.?

Cuíbheasach/Cuíbheaseach gan bheith maíteach/Nílim ach leathchuíbheasach/Ag sracadh leis an saol/Ag sracadh liom/Go dona, go lag, go breoite/Go hainnis/Nílim ar fónamh in aon chor/Táim gan a bheith ar fónamh.

Cad tá ort?

Tá tinneas cinn (cluaise, cléibh, i mo bholg, i mo dhroim) orm/Tá slaghdán orm/Tá na daitheacha orm arís.

Cad tá sa tsúil agat?

Cáithnín, blúire de cheo an bhóthair (cuil).

Tá tú ag féachaint go hainnis, go mílítheach.

Ní haon ionadh san agus an diabhal de thinneas fiacaile atá orm le dhá lá.

3.3.3. Ceisteanna i dtaobh duine ná fuil i láthair

Conas tá sé féin?

Tá sé chomh láidir le capall, Dia á bheannú.

Níl baol air. Tá an tsláinte ar fheabhas (go groí) aige. Tá sláinte an bhradáin aige.

Ní raibh sé riamh ní b'fhearr.

Is minic a bhí sé ní ba mheasa.

Tá sé ag dul i bhfeabhas anois, buíochas mór le Dia.

Tá sé ó bhaol (ar lámh shábhála).

Tá sé ag teacht chuige féin.

Tá an t-aothú curtha de aige.

Tá sé go breá láidir groí arís.

3.3.4. Nuair is lag í an tsláinte

D'ainneoin a bhfuil d'aireachas á thabhairt di, níl sí go maith in aon chor.

Tá sí ag dul i laige in aghaidh an lae.

Tá a phort seinnte is baolach.

Tá ag dul dá shláinte, i gcónaí.

Is baol(ach) liom ná téarnóidh sé.

Is beag an seans atá aige; bhí an eitinn ag goilleadh air le fada.

Ní chuirfidh sé an bhreoiteacht de, is baolach.

Ní chuirfidh sé an geimhreadh de.

Tá sé tugtha suas ag na dochtúirí.

Tá sé i mbéala báis.

Fuair sé an lón bóthair inné.

Cuireadh an ola dhéanach air aréir.

Tá a ré caite.

Tá sé gan aithne gan urlabhra.

Tá na speabhraídí air le dhá lá.

Tá sé ag fáil bháis.

Tá sé i riocht bháis.

Tá ainriochtaí an bháis air.

Tá sé ag tabhairt na gcor.

Tá sé i ndeireadh a anama.

Tá sé díreach tar éis bháis.

Cailleadh (fuair sé bás) aréir é, beannacht Dé lena anam.

3.3.5. Focail eile

Nach breá groí ataoi ag féachaint, Dia do do bheannú.

Nach ainnis an driuch atá air.

Tá driuch (lí) an bháis air.

Tá sé ag féachaint go bán mílítheach.

Níl spide fí air.

B'fhearr duit dul ag féachaint dochtúra.

Abair leis mionscrúdú a dhéanamh ort.

Tabhair aireachas duit féin.

Ná bí do do mharú féin.

Tá do shláinte ag dul i laige.

Feicim do theanga.

Tá an fiabhras (an t-éagruas) air.

Téigh a chodladh duit féin láithreach.

Fan sa leaba ar feadh cúpla lá.

Is oth liom a chloisteáil ná fuil tú ar fónamh.

Gura éirí slán duit.

Bíodh misneach agat.

Níl baol ort.

Ní baol duit.

Tá baol ort.

Is deacair an drochrud a mharú.

Ní foláir duit éirí as an tobac a chaitheamh.

4
Am agus Aimsir

4.1. Lá agus oíche

Bíonn an domhan ag casadh deiseal (ó iarthar go hoirthear) i gcónaí agus ós meall cruinne é bíonn a leath faoi sholas na gréine agus an leath eile i ndorchadas i gcónaí; i dtreo, in aghaidh gach casaidh a dhéanann sé, go mbíonn solas agus dorchadas ag gach aon áit faoin ngrian i ndiaidh a chéile. A fhad a bhíonn solas na gréine in áit bíonn an lá ann; nuair a imíonn an ghrian tagann dorchadas na hoíche. "Lá" a thugtar ar an spás a bhíonn an domhan ag casadh mar sin ar a fhearsaid féin.

Ós é an domhan a bhíonn ag casadh agus an ghrian ina stad, is dóigh linn go dtagann an ghrian anoir agus go n-imíonn sí uainn siar. Sin é a chúis a ndeirimid go n-éiríonn an ghrian thoir agus gur thiar a luíonn sí nó a théann sí faoi.

Tá gluaiseacht eile ag an domhan ar nós gach rinn neimhe eile, .i. timpeall na gréine. Ní foirm ciorcail atá ar an rian san an domhain in aon chor ach foirm uibhe (éilips), i dtreo go mbíonn an domhan níos giorra don ghrian uaireanta seachas a chéile. Bliain a thugtar ar an spás aimsire a bhíonn an domhan ag dul timpeall na gréine. Agus is ón ngluaiseacht san a bhíonn na séasúir againn de réir fhad an domhain ón ngrian.

Ní díreach atá an domhan ina sheasamh in aon chor ach é go claon—trí chéim fichead go leith—as a dhíreach. Mar sin, bíonn an ghrian ag taitneamh díreach anuas dhá uair sa bhliain ar an méid de atá idir 23 ½ céim lastuaidh den mheánchiorcal agus 23 ½ céim laisteas den mheánchiorcal, is é sin, idir an Portán agus an Gabhar.

Bíonn an ghrian ag taitneamh díreach anuas ar an meánchiorcal dhá uair sa bhliain—an 21 Márta agus an 21 Meán Fómhair—agus is comhfhad lá agus oíche againn an dá lá san. Nuair a bhíonn an ghrian os cionn an Phortáin—an 21 Meitheamh—bíonn an lá is sia againn; agus nuair a bhíonn sí díreach os cionn an Ghabhair— an 21 Nollaig—is ea a bhíonn an lá is giorra againn. Ón lá san amach bíonn na laethanta ag dul i bhfad. De réir an tseanfhocail: "Fad coiscéim coiligh Oíche Chaille; beiriú spóla lá Nollag beag; agus cóir fir nó capaill lá Fhéile Bríde", is é sin, bíonn fad dá réir sin tagtha sa lá.

Bíonn na laethanta ag dul i bhfad ón 21 Nollaig go dtí an 21 Meitheamh agus bíonn siad ag dul i ngiorracht ón lá san go dtí an 21 Nollaig arís.

Mar sin, claonadh an domhain as a dhíreach faoi deara fad leathbhliana a bheith sa lá agus san oíche i bhfíorthuaisceart agus i bhfíordheisceart an domhain.

4.2. An ré

Is é rinn neimhe is giorra don domhan an ré. Téann sé timpeall an domhain faoi mar a théann an domhan féin timpeall na gréine. Mí a thugtar ar an tréimhse aimsire a bhaineann sé den ré a cúrsa a dhéanamh. Is ón ngrian a fhaigheann an ré a solas. Nuair a bhíonn an ré ar thaobh den domhan agus an ghrian ar an taobh eile bíonn lánsolas na gréine ag taitneamh uirthi agus is ansan a bhíonn an ré lán. Nuair a bhíonn ré eadrainn agus an ghrian, bíonn an taobh di dorcha agus an taobh eile geal ón ngrian. Ansan is ea a bhíonn an duibhré, an ré nua, againn. De réir mar a fhágann an ré an t-ionad san agus mar a thagann sí i ndiaidh a chéile soir, tagann solas na ré i ndiaidh a chéile siar, go n-imíonn dá solas arís.

Nuair a bhíonn an domhan díreach idir an ré agus an ghrian, bíonn urú ar an ré, is é sin, baineann an domhan solas na gréine den ré.

Nuair a luíonn an ré eadrainne agus an ghrian déantar urú ar an ngrian go léir nó ar chuid di, is é sin, baineann sí solas na gréine ar fud nó cuid di dínne.

"Tá an ré sa spéir" a deirtear. Bíonn gealach ann nuair a bhíonn an ré sa spéir. "Éirí na ré", nó "Éirí na gealaí" a thugtar ar an tráth a bhíonn an ré le feiceáil ar dtús oíche. "An duibhré" a thugtar ar an gcuid sin den oíche nuair ná bíonn an ré le feiceáil tar éis bheith sa spéir ar feadh tamaill. "Oíche spéirghealaí" a thugtar ar oíche gheal nuair a bhíonn a lán réaltaí sa spéir gan aon ré. "Goin na ré" a thugtar ar an tréimhse aimsire nuair a bhíonn solas na ré ag dul i laghad. Ainm eile ar an ré is ea "éasca".

4.3. Na réaltaí

Tá a lán eile reann neimhe sa spéir seachas an ghrian agus an ré. Réaltaí a thugtar orthu san go léir. Is ón ngrian a fhaigheann siad a solas, leis. Ní fheicimid ag taitneamh iad ach san oíche nuair ná bíonn sé geal toisc gan solas na gréine a bheith againn. Tá cuid acu san go han-mhór, i bhfad níos mó ná an domhan féin (tá an ré níos lú go mór ná an domhan) ach tá cuid de na réaltaí chomh fada san ar fad uainn go bhféachann siad an-bheag.

Bíonn na réaltaí sin go léir ag dul timpeall na gréine ar nós an domhain. Na hardreanna nó ardreanna neimhe a thugtar ar an ngrian agus ar an ré agus na réaltaí go léir i dteannta a chéile.

Tá aon réalta amháin díobh sin, an réalta thuaidh, agus tá sí díreach os cionn fhíorthuaisceart (ingearach leis) an domhain. De réir mar a thagann duine aduaidh i dtreo an mheánchiorcail bíonn an réalta thuaidh ag teacht i ndiaidh a chéile in ísle sa spéir, go dtí, nuair a shroicheann sí an meánchiorcal go luíonn an réalta thuaidh ag bun na spéire ó thuaidh. Agus nuair a théitear ó dheas thar an meánchiorcal ní bhíonn an réalta thuaidh le feiceáil a thuilleadh.

Dá réir sin, is féidir a mheas an mó céim lastuaidh den mheánchiorcal aon áit le hairde na réaltaí sin sa spéir.

Réalta eolais is ea an réalta san mar is féidir soir seachas siar a aithint le féachaint ar an réalta san a bhíonn thuaidh i gcónaí. Tá roinnt eile réaltaí i bhfochair a chéile i bhfoirm céachta—trí réalta mar hanlaí, agus ceithre cinn ina dhá gcúpla tamall ó chéile mar choltar is soc an chéachta—agus is é ainm a thugtar ar an roinnt réaltaí sin ná an céachta. Má dhéantar an dá réalta is sia amach den roinnt réaltaí sin a cheangal agus a leanúint den líne tiocfar ar an réalta thuaidh.

"Síog na Spéire" a thugtar ar an gcosán bán de réiltíní beaga atá le feiceáil sa spéir oíche gheal.

4.4. Teacht agus imeacht na taoide

Bíonn an fharraige ag tuilleadh (líonadh) is ag trá i gcónaí. Tagann sí isteach i dtreo na tíre in airde ar an trá agus ansan filleann sí arís. Taoide a thugtar ar an ngluaiseacht san na farraige. Nuair is airde í an fharraige, tá sé ina lán mara (bharr taoide). Nuair is ísle í, tá sé ina thrá mhara (lag mara). Díreach mar a tharraingíonn an adhmaint an t-iarann chuici, tá tarraingt ag gach ardrinn neimhe ar a chéile. Tá tarraingt ag an ré agus ag an ngrian ar an domhan; ach ós í an ré is giorra dúinn, is ag an ré is mó é an tarraingt.

Is í an tarraingt sin na ré faoi deara an tsíorghluaiseacht, an síor-éirí agus an tsíorthitim ag an bhfarraige de réir mar a théann an ré timpeall an domhain. Agus is é cúis a mbíonn dhá thaoide sa lá, mar, nuair a tharraingíonn an ré farraige agus talamh an domhan chuici ar an taobh abhus, fágtar ar an taobh thall an fharraige ina tulach, i dtreo go mbíonn barr taoide gach áit dhá uair sa lá. Tuilleann an taoide, ó thrá mhara go lán mara, le feidhm tharraingt na ré, agus nuair a scarann an ré den tarraingt, de réir mar a théann sí timpeall an domhain, iompaíonn an fharraige chun a hionaid féin arís, titeann nó tránn sí, ó lán mara go trá mhara (lag mara).

Bíonn an barr taoide caoga (leathchéad) nóiméad níos déanaí gach aon lá, mar a fhad a bhíonn an domhan ag casadh, bíonn an ré ag gluaiseacht ina thimpeall, agus ó bhaineann sé ocht lá fichead den ré chun cuairt an domhain a dhéanamh, déanann sí an t-ochtú cuid fiche den chuairt (turas) san in aghaidh an lae, agus baineann sé caoga nóiméad den domhan an méid sin a dhéanamh, is é sin, ní mór caoga nóiméad de bhreis ar an lá d'aon áit sa domhan chun teacht faoin ré arís.

Nuair a bhíonn an ré agus an ghrian ag tarraingt le chéile ar an domhan nó nuair a bhíonn siad díreach ar aghaidh a chéile, is ea is airde an taoide. Bíonn san amhlaidh le linn na duibhré agus nuair a bhíonn an ré lán. Rabharta a thugtar ar an taoide sin. Bíonn trá mór tar éis gach rabharta.

Nuair a bhíonn an ré agus an ghrian ag tarraingt i gcoinne a chéile, is é sin, le linn chorrán na gealaí, is ea a bhíonn an lán mara is ísle. Mallmhuir a thugtar ar an taoide sin. Bíonn trá beag tar éis na mallmhara.

4.5. Ranna ama

Ceithre huaire an chloig fichead a chomhairtear sa lá; seasca (trí fichid) nóiméad san uair an chloig agus seasca soicind sa nóiméad. Seacht lá sa tseachtain; dhá sheachtain sa choicís; ceithre seachtaine sa mhí. Trí chéad seasca is cúig lá atá sa bhliain agus tá dhá shaghas bliana ann, mar atá, bliain choitianta agus bliain bhisigh. Trí chéad seasca is sé lá atá sa bhliain bhisigh, is é sin, lá sa bhreis thar an mbliain choitianta. Is bliain bhisigh gach ceathrú bliain (ach amháin sna céadta) agus ní mór an bhliain a bheith inroinnte ar cheithre chéad. Mar sin is bliain bhisigh gach bliain a bhfuil a dhá fhigiúr deiridh inroinnte ar cheathair, mar seo; bliain bhisigh ba ea 1884, 1896, 1904, 1908, 1920, agus bliain bhisigh is ea 1924. Bliain bhisigh ba ea 1600 agus ní bheidh bliain bhisigh eile sna céadta go dtí an bhliain 2000.

Seacht lá sa tseachtain. Seo iad seacht lá na seachtaine: an Luan, an Mháirt, an Chéadaoin, an Déardaoin, an Aoine, an Satharn agus an Domhnach.

Níl aon Satharn sa bhliain ná spalpann an ghrian.

Bíonn an Aoine bun os cionn leis an tseachtain.

Bhí an Domhnach go han-fhliuch ach bhí an Luan go hálainn.

Ach nuair is mian linn a insint cathain a thit rud amach, deirimid: Dé Luain, Dé Máirt, Dé Céadaoin, Déardaoin, Dé hAoine, Dé Sathairn, Dé Domhnaigh.

Rachaimid abhaile Dé Máirt agus tiocfaimid ar ais arís Dé hAoine.

Lá saoire is ea an Domhnach i ngach tír Chríostaí. Ní bhíonn aon obair ar siúl an lá san ach an méid nach foláir a dhéanamh ar chúis mhaith.

Dhá mhí dhéag atá sa bhliain, mar atá: Eanáir, Feabhra, Márta, Aibreán, Bealtaine, Meitheamh, Iúil, Lúnasa, Meán Fómhair, Deireadh Fómhair, Samhain, Nollaig.

Tá tríocha lá (deich lá fichead) in Aibreán, Meitheamh, Meán Fómhair agus Samhain. Aon lá tríochad (aon lá dhéag ar fhichid) sna míonna eile ach amháin i bhFeabhra. Níl ach ocht lá fichead sa mhí sin, ach sa bhliain bhisigh, bíonn naoi lá fichead (lá sa bhreis) ann.

Is minic a théann cuimhneamh an lae a bhíonn aige amú ar dhuine, agus mar sin, déantar rudaí a dtugtar "féilirí" orthu a mbíonn an t-eolas san iontu, agus is minic a bhíonn insint, i gcuid de na féilirí sin, ar nithe a thit amach an lá céanna sna blianta roimhe sin.

Seachas na féilirí sin a bhíonn ar crochadh den bhalla in oifigí nó i siopaí tá a leithéidí le fáil i bhfoirm leabhráin, agus spás iontu in aghaidh gach lae chun go scríobhtar síos iontu an ní a thit amach (don duine féin ar leis an leabhrán, nó aon rud in aon chor a tharla) an lá san. "Cín lae" a thugtar ar a leithéid sin de leabhrán agus is maith agus is taitneamhach an ní a leithéid a choimeád.

4.6. Cainteanna a bhaineann leis na nithe sin

Cad é an lá an lá inniu? Inniu an Aoine
Cad é an lá den mhí é seo? Inniu an cúigiú lá déag de Bhealtaine.
Cad é an lá an lá amárach? Cad é an lá a bheidh againn amárach?
Cad é an difríocht atá idir "Oíche Dhomhnaigh" agus "Oíche Dé Domhnaigh"?
Cad is féilire ann? Cad is cín lae ann?

4.7. Abairtí deasa i dtaobh lae agus oíche as na seanleabhair

Abairtí deasa i dtaobh lae agus oíche as na seanleabhair
Cá tráth do lá anois ann?
Cabhur dorcha tosaigh na hoidhche.
Ag cabhur dorcha deiridh na hoidhche.
Mar sin dóibh gur éirigh an ghrian glanruithneach.
Ag éirighe gréine gnúis-tsoillsighe ar na bhárach.
Gur éirigh an ghrian go lán-tsolasta ar na bhárach.
Gur nocht an ghrian ghlan-radharcach gnúis-sholuis í féin.
Gur éirigh an lá léirghlan ar na bhárach.
Tráth eadarscartha dorchadais deiridh na hoidhche le bánsoillse tosaigh an lae.
Do chuadar dobhur-shoillse na maidne muiche leis sin.

Ó tháinig dobhur-shoillse na maidne muiche ar na bhárach agus nuair a chonnacadar deallradh agus saighneáin na gréine glan soillse 'na ruithnibh briste le mórthonnaibh na mara agus nuair do chuadar ceatha anfadhacha na hoidhche ar gcúl.

Níor chian dóibh iar sin gur foilgeadh réaltanna nimhe ortha agus gur éirigh an ghrian ina cruinn-mhill cró agus ina pupaill teinntidhe ós dreich na talmhan dóibh.

I gcreipeascal na maidne muiche, tráth eadarscartha lae agus oídhche.

Tháinig mochneóil na maidne muiche annsin agus do ghabh treise ar bhánsoillse na réaltann agus na reann oidhche.

Nuair tháinig soillse agus mochdháil na maidne muiche.

I mochdháil na maidne.

Go moch do lá agus do lántsoillse ar na bhárach.

I moch na maidne ar na bhárach.

Go moch lae agus lántsoillse.

Ar an gcéad amharc don lá.

Go mochdháil na maidne.

Nuair a d'éirigh luathghaotha rófhuara imluatha agus glansoillse utmalla eadarbhuasacha na maidne.

Nuair a tháinig an mhaidin dóibh d'éirigh an ghrian áluinn órdha agus do ruamuigh a ruithne rómpa an fhairrge, óir ba chaomh corcordha a dath. Dob áluinn an mhaidin sin. Ba raethineach aer agus ba faethamhail fairrge.

Ó thosach an chomhlaoi go meadhon.

Ó sholastráth éirghe do lá go meadhon laoi.

'Sa mheadhon lae indiu.

Ó mheadhon lae go crích fuine nóna.

Le fuine néal nóna.

Ba thosach don oidhche agus ba dheire don lá an tam san.

Nuair a thángadar duibhnéall dorcha na hoidhche.

Tháinig fordorcha na hoidhche agus deire lae annsin.

Deire lae atá ann, óir dochuadar neóil áilne éadtrochta an laoi agus thángadar damh-alta na hoíche chugainn.

I gcomhdháil na hoidhche.

Nár éirigh an t-éasga fós? D'éirigh gurab comhsholas muir agus tír de.

Ó fhuine néal nóna go meadhon oidhche.
Ó fhuine néal nóna go críochaibh na maidne muiche ar na bhárach.
Nó gur éirigh an ghrian as a ciorcaill teinntidhe agus gur líon dá soillse an domhan.

4.8. Seanfhocail

4.8.1. Amárach an Domhnach, beimid ag foghlaim;
Amárach an Luan, beimid i bhfuath;
Amárach an Mháirt, beimid i bpáirt;
Amárach an Chéadaoin, beimid ag ól dí;
Amárach an Déardaoin, beimid díomhaoin;
Amárach an Aoine, beimid i gcuibhreann;
Amárach an Satharn, beimid ag achrann;
Cad a bheidh eadrainn? Cat agus madra;

4.8.2. Ná déan imirce an Domhnaigh uainn,
Is ná héirigh Dé Luain go moch;
Fan againn Dé Máirt agus lig an lá san thart;
Bíonn an Chéadaoin gan a bheith ar fónamh;
Agus an Déardaoin bíonn sé fliuch;
Faightear guch trí shiúl na hAoine;
Is bíonn an Satharn aoibhinn ait.

4.8.3. Dhá lá soineann is saoire;
Dhá lá gaoth is fearthainn;
Dhá lá sioc agus sneachta;
Mar sin ab fhearr liom an tseachtain.

4.8.4. Ní théann doineann thar Domhnach ná rabharta thar Céadaoin.

4.8.5. Níochán an tSathairn bíonn sé geal Dé Domhnaigh.

4.8.6. Níl Satharn sa bhliain ná spalpann an ghrian.

4.8.7. Aifreann an Domhnaigh ná lig uait.
Más fliuch fuar a bheidh an mhaidin,
Ar eagla ná mairfeá Dé Luain,
Is gurb í an uaigh do leaba.

4.8.8. Gionbhair gruama dorcha duairc;
Feabhra fliuch, gach lá neamhshuairc;
Márta meirgeach, gaofar crua;
Aibreán meidhreach, braonach nua;
Bealtaine bóbhreith, liúireach lao;
Mí Mheán mheidhreach is meadhraí lí;
Iúil bíogach brothallach, biaghann;
Lúnasa líonmhar lánteann;
Féile Mhichíl fial, déantar stácaí;
Fuíoll Fómhair, baintear tátaí;
Samhain síleach, díon bhur dtithe;
Nollaig oighreach, déan ól síthe.

4.8.9. Geanaire glas gáifeach garbh,
deireadh bliana go bithgharbh.

4.8.10. Na Faoilligh a mharaíonn caoirigh,
An Márta a mharaíonn daoine.

4.8.11. Mura líona na Faoillí na fuarlaigh,
Líonfaidh an Márta go dtí an bruach iad.

4.8.12. Márta dubh gaofar;
Aibreán bog braonach;
Bealtaine béalfhliuch,
Gan angar in aon rud.

4.8.13. Is mó cor a chuireann lá Márta de.

4.8.14. Chomh corrthónach leis an ngaoth Mhárta.

4.9. Tomhas an ama

Is féidir an t-am a insint aon nóiméad sa lá nó san oíche le féachaint ar uaireadóir nó ar chlog. Sa tseanaimsir is é rud a bhíodh ann chuige sin ná solam nó soiléir nó caidíol (grianchlog) agus níorbh fhéidir an t-am a insint leis sin ach sa lá amháin nuair a bhíodh an ghrian sa spéir. Agus uaireanta ní bhíodh an solam

38

féin ag daoine agus bhídís i dtaobh leis an ngrian sa lá agus ó ná bíodh aon obair puinn ar siúl acu istoíche, ní dhéanadh an t-am aon bhuairt dóibh.

Thoir is ea a éiríonn an ghrian agus thiar is ea a luíonn sí, agus de réir mar a thaitníonn sí díreach os cionn áite is meán lae san áit sin é. Is féidir meán lae de réir na gréine in aon áit a dhéanamh amach mar seo: cipín a shá isteach sa talamh agus é a chur ina sheasamh díreach glan, agus an t-am is giorra scáth an cipín ón ngrian is meán lae san áit sin é. Má dhéantar ciorcal timpeall an chipín le bun an chipín mar phonc láir an chiorcail agus an ciorcal a roinnt ina cheithre chuid fichead go cothrom, an uimhir 12 a chur ag an gceann de dheireadh scátha an chipín nuair is lú é agus ar a aghaidh díreach anonn, agus ansan na huimhreacha a scríobh deiseal ón dá 12, agus an fad céanna idir na huimhreacha go léir, is féidir an t-am de lá, de réir na gréine, a dhéanamh amach a fhad a bhíonn scáth ón ngrian. Is ar an gcuma san a rinneadh an solam. Ach níor mhór a lán dua a fháil leis an ngléas san a dhéanamh i dtreo gurbh fhéidir na huaireanta an chloig a roinnt ina nóiméid. Mar sin b'éigean gléasanna eile a dhéanamh. Ceann díobh san ba ea an "gloine uaire" (orláiste).

Ba é rud é an ghloine uaire ná dhá bhuidéal agus iad anuas ar bhéala a chéile agus píobáinín beag caol eatarthu, agus oiread áirithe de ghaineamh nó de mhearcair nó d'uisce sa cheann thuas, oiread áirithe tomhaiste, i dtreo gurbh fhios cad é an fad aimsire a bheadh an gaineamh nó an mearcair nó an t-uisce ag dul ó bhuidéal díobh isteach sa cheann eile. Ansan nuair a bhí an buidéal thuas folamh gan aon rud ann ní raibh le déanamh ach iad a chasadh agus an buidéal folamh a líonadh arís.

Céad agus ceithre bliana fichead sular rugadh Críost ceapadh clog uisce a dhéanadh ceithre huaire fichead an lae a chomhaireamh. Timpeall na bliana seacht gcéad is trí fichid AD is ea a ceapadh an chéad chlog le rothaí. As san amach bhíothas ag cur feabhais ar an saghas san cloig agus ansan tosaíodh ar na huaireadóirí a dhéanamh.

Is annamh a d'fheicfí solam ná gloine uaire ná clog uisce anois, mar is beag duine ná bíonn uaireadóir de shaghas éigin aige, uaireadóir airgid, nó ceann óir, nó ceann déanta de mhiotal éigin eile, i dtreo ná bíonn daoine ag brath ar an ngrian féachaint cad é an t-am den lá é. Agus dála na n-uaireadóirí tá cloig flúirseach go maith, leis, anois. Is beag teach ná bíonn clog nó dhó ann agus is beag baile, a bhfuil aon toirt ann, ná bíonn clog mór poiblí in airde ar theach éigin sa tsráid, agus is mó siopa a mbíonn clog mór ar an taobh amuigh de.

Is mar a chéile an gléas oibre a bhíonn sna huaireadóirí agus sna cloig, ach gléas oibre an chloig a bheith níos mó agus níos láidre ná gléas an uaireadóra. Seo iad na ranna oibre a bhíonn acu: luascadán a dhéantar a theannadh le tochras eochrach agus cuireann sé sin roithíní ag casadh ar a chéile. Cuireann na roithíní sin na snáthaidí ag casadh. Bíonn na snáthaidí ar aghaidh an chloig nó an uaireadóra—ceann fada agus ceann gairid. An ceann fada ag taispeáint na nóiméad agus an ceann gairid ag taispeáint na n-uaireanta an chloig. Tá an aghaidh roinnte ina trí fichid roinnt, .i. ceann i gcomhair gach nóiméid san uair an chloig, agus cuireann an tsnáthaid mhór an timpeall go léir di in uair an chloig. Gach re cúig roinnt bíonn na figiúirí 1, 2, 3, ⁊rl., go dtí 12, agus ní théann an tsnáthaid bheag ach ó fhigiúr go chéile díobh san a fhad a bhíonn an tsnáthaid fhada ag dul timpeall ar fad. Tugtar snáthaid na nóiméad ar an tsnáthaid fhada agus snáthaid na n-uaireanta an chloig ar an tsnáthaid eile. Nuair a bhíonn an tsnáthaid ghairid ag an trí agus an tsnáthaid fhada ag an dó dhéag bíonn sé a trí a chlog. Nuair a bhíonn an tsnáthaid fhada ag an sé agus an tsnáthaid ghairid tar éis an cheathair, bíonn sé leathuair tar éis a cheathair; agus mar sin de.

Ar an lán uaireadóirí bíonn snáthaidín beag eile, ag bun aghaidh an uaireadóra, agus é ag casadh timpeall ar fháinne roinnte ina trí fichid cuid, sin í snáthaid na soicindí, agus is soicind gach cuid den fháinne. "Giolla an tsodair" is ainm don snáthaidín bheag sin.

An áit a mbíonn an tsnáthaid fhada, sin é an méid nóiméad atá sé tar éis na huaire an chloig atá an tsnáthaid tar éis a fhágáil. Nuair a théann an tsnáthaid fhada thar an sé, in ionad an oiread san nóiméad tar éis a ceathair nó a cúig a rá, deirtear go bhfuil sé oiread chun a cúig nó a sé.

Nuair a bhíonn an tsnáthaid fhada ag an trí, deirtear, "ceathrú tar éis"; nuair a bhíonn sí ag an sé, deirtear "leathuair tar éis"; agus nuair a bhíonn sí ag an naoi, deirtear "ceathrú chun". Cúig nóiméad déag, sin ceathrú d'uair an chloig. Tríocha nóiméad (deich nóiméad fichead), sin leathuair an chloig.

I bhformhór na gclog bíonn cóir a dhéanann bualadh ar chloigín laistigh de in aghaidh gach uaire an chloig, buille in aghaidh a haon a chlog, dhá bhuille ar a dó, agus mar sin de. Tá cuid acu agus buaileann siad in aghaidh gach leathuair an chloig agus cuid eile a bhuaileann in aghaidh gach ceathrú d'uair an chloig. Bíonn fuaim bhreá cheolmhar ó chuid acu agus cloig eile a bhíonn go neamhbhinn gránna. Mar a dúirt an seanrann:

> *Do bhuail an clog sa chill*
> *Agus níor bhinn é an clog;*
> *Do bhuail clog eile sa chill*
> *A dhein clog binn den chlog.*

Tá cloig eile ann a dhéanann an-chliotar ar aon uair is maith le duine ach iad a shocrú roimh ré i gcomhair na huaire sin. Déantar úsáid díobh chun duine a dhúiseacht as a chodladh ar maidin. Bíonn cuid díobh a bhuaileann gach re cúpla soicind ar feadh nóiméad nó dhó ar an uair áirithe agus cuid eile díobh a dhéanann aon chling fhada amháin. Is é ainm a thugtar ar a leithéidí sin de chloig ná cloig phreabacha (aláraim).

I bpóca dá veist a bheireann an fear a uaireadóir timpeall leis, agus is ar chaol a láimhe clé a bhíonn an t-uaireadóir ag na mná agus ag cuid de na fir. Chun nach baol don uaireadóir titim ar an talamh agus é a bhriseadh nó chun ná sciobfaidh lucht pócaí a phiocadh uaidh é, bíonn slabhra (óir, airgid, miotail) nó iall leathair leis an uaireadóir á cheangal.

Ní foláir uaireadóir a thochras gach lá nó stopfaidh sé. Le heochair bheag a dhéantar iad a thochras ach tá cuid díobh agus is féidir iad a thochras le pionna ar a mbarr. Nuair a dhéantar clog a thochras fanann sé ag obair níos sia, cuid acu go ceann ocht lá, nó coicíse, agus tá cloig ann a d'fhanfadh ag obair go ceann ceithre chéad lá.

Dé réir na gréine is ea a dhéantar uair an mheán lae a cheapadh. Chun ná beadh am faoi leith ag gach baile i dtír, déantar am an bhaile is mó sa tír a choimeád ar fud na tíre go léir. Toisc a ndéanadh san de chiotaí do dhaoine a bhíonn ag síorthaisteal ó thír go tír, socraíodh cúpla bliain ó shin aon am amháin, .i. am lár na hEorpa a bheith sna tíortha seo; an Ghearmáin, an Ostair, an Bhoisnia, an tSeirbia, an Pholainn, agus Críoch Lochlann is an Danmhairg, an Iodáil agus an Tuirc thiar. Is é sin am an cúigiú fadlíne soir ó Londain. Am na hEorpa thoir, .i. an deichiú fadlíne fichead soir ó Londain is é a bhíonn ag an Rómáin agus ag an mBulgáir, is ag an Tuirc thoir is ag an Éigipt. Am iarthar na hEorpa is é a bhíonn againn anso in Éirinn agus i Sasana, san Ísiltír agus sa Spáinn. Is é am é sin ná am Londain Shasana.

Tá ní eile fós, .i. am samhraidh agus am geimhridh. I ndeireadh an earraigh, nuair a bhíonn fad maith tagtha sna laethanta agus mar sin, i ngile an lae, cuirtear gach clog uair an chloig chun tosaigh i dtreo go dtosaítear ar obair an lae uair an chloig níos túisce ná mar a dhéanfaí de réir an ama ghnáthaigh, agus go mbíonn deireadh le hobair an lae uair an chloig níos luaithe istoíche.

Sábhálann an tseift sin costas solais de gach aon sórt toisc gur féidir déanamh ina éagmais a fhad a bhíonn an ghrian sa spéir. Rud eile de, tugann sé breis ama chun aeraíochta do lucht oibre faoi sholas na gréine um thráthnóna. Ach is fearr a thaitníonn sé le muintir na mbailte ná le muintir na tuaithe. Agus in a lán áiteanna anso in Éirinn ar an tuath ní dhéantar an t-athrú san ar na cloig in aon chor.

4.10. Cainteanna a bhaineann leis sin

Cad a chlog é? Cad é an t-am é?

Gabhaim pardún agat a dhuine uasail, cad a chlog é?

Cad a chlog é, le do thoil?

An bhféadfá a insint dom cad a chlog é?

An bhfuil an t-am (ceart) agat?

Cad a chlog é, an dóigh leat?

Cad a chlog a bhuail sé anois?

Cad a chlog (cad é an t-am) a bhí sé nuair a tháinig tú abhaile aréir?

4.11. Freagraí

Tá sé a haon, a dó, a trí, ⁊rl., a chlog.

Tá sé deich nóiméad tar éis a ceathair.

Tá sé fiche nóiméad tar éis a ceathair.

Tá sé cúig nóiméad fichead (is fiche) tar éis a sé.

Tá sé ceathrú (cúig nóiméad déag) tar éis a hocht.

Tá sé leathuair tar éis a naoi.

Tá sé cúig nóiméad fichead chun a haon déag.

Tá sé sé nóiméad chun a trí.

Tá sé buille a chlog, an dá bhuille dhéag.

Tá sé timpeall deich nóiméad tar éis a seacht.

Tá sé buailte leis an naoi.

Tá sé a cúig ar an gcuid is déanaí de.

Tá sé a sé ar an gcuid is luaithe de.

Tháinig sé ar a haon, a dó, a trí ⁊rl.

Rachaidh sé abhaile leathuair tar éis a hocht.

Beidh mé ag imeacht ar traein a seacht.

Tiocfaidh sé fiche nóiméad chun a ceathair.

Beidh an traein ag imeacht ceathrú tar éis a cúig.

Cad é an t-am is gnách dó teacht?

Ag an am céanna. Ar an am céanna.

Tháinig sé an t-am céanna a tháinig mise.

Ní dhearna mé m'uaireadóir a thochras in aon chor. Tá sé ina stad.

Tá m'uaireadóir mall, mear, cúig nóiméad chun tosaigh, chun deiridh, ag breith (na haimsire) leis.

Tá gloine m'uaireadóra briste. Ná dearmad d'uaireadóir a chur chun tosaigh anocht, beidh am an tsamhraidh i bhfeidhm amárach.

Uair an chloig roimh ré.

Uair an chloig i ndiaidh láimhe.

Tháinig sé in am, go tráthúil.

Bíonn sé déanach i gcónaí.

4.12. Teocht agus fuacht

Deirimid gur teo lá samhraidh ná lá geimhridh nó gurb airde teocht an tsamhraidh ná teocht an gheimhridh. Ós teo dúichí dheisceart na hEorpa ná dúichí thuaisceart na hEorpa, deirimid gurb airde teocht an deiscirt ná teocht an tuaiscirt. Mar sin nuair a bhímid ag caint i dtaobh teochta lae nó áite is amhlaidh a bhímid ag cur an lae nó na háite i gcomparáid le lá nó le háit eile. Dá dtabharfaimis beirt fhear go Corcaigh an lá céanna, duine acu ón Iodáil agus an duine eile ó thuaisceart na Rúise, déarfadh an fear aneas go raibh an aimsir fuar i gCorcaigh, agus déarfadh an fear aduaidh gur teasaí a bhí sí.

Mar sin ní dhéanfadh barúil an duine féin an gnó in aon chor chun teocht dúiche a mheas. Is minic beirt san ionad céanna ag an am céanna agus an t-ionad go fuar dar le duine acu agus an duine eile á rá nárbh ea in aon chor.

Dá bhrí sin, d'oirfeadh uirlis éigin a d'inseodh cad é an méid teasa a bheadh in aon áit mar nach féidir bheith ag brath orainn féin chuige sin. Agus tá a leithéid d'uirlis ann, leis, agus is é ainm atá air ná teirmiméadar, is é sin, gléas chun teocht a thomhas.

Is é ní é teirmiméadar ná píobán (feadán) gloine agus bolgán ar cheann de agus an ceann eile de dúnta go daingean. Istigh sa bholgán agus i roinnt den fheadán, bíonn rud leachtach, .i. mearcair nó biotáille. Ar an teirmiméadar féin, nó ar an bhfráma ina mbíonn sé, tá a lán scór agus figiúirí ina scála. Éiríonn an bhiotáille nó an mearcair leis an teas agus titeann siad leis an bhfuacht agus mar sin is féidir an teocht a insint aon uair is mian linn.

Nuair a chuirtear an teirmiméadar i ngloine lán de shioc titeann sé go dtí an comhartha 32 grád; agus nuair a chuirtear os cionn gaile as uisce beirithe éiríonn sé go dtí comhartha 212 grád.

Bíonn an teocht ag brath ar (1) leithead an bhaill féin, a fhad ón meánchiorcal; (2) a ghiorracht don aigéan; (3) a airde os cionn na farraige; (4) aghaidh an bhaill; (5) sruthanna an aigéin; (6) cnoic agus sléibhte á bhfothainiú ar an bhfuacht nó ar an ngaoth aduaidh.

4.13. Aer

Is féidir siúl chomh héasca aclaí sin gur beag má thugaimid faoi deara aon mheáchan a bheith san aer inár dtimpeall; ach mar sin féin tá. Dá mbeadh bosca agat agus a bhonn aon orlach cearnach amháin agus a thaobhanna chomh hard le hard na spéire, bheadh cúig phunt déag meáchain d'aer sa bhosca sin. Is é sin, tá cúig phunt déag meáchain d'aer in aghaidh an orlaigh chearnaigh. Dála theocht an aeir, ní hionann troime an aeir i ngach aon bhall ná i ngach aon tráth. Tá gléas ann chun é a thomhas, .i. an baraiméadar, is é sin, gléas tomhaiste mheáchan an aeir. Is é ní é sin ná feadán sé horlaí déag ar fhichid ar fad, ceann de dúnta, agus ansan é a líonadh le mearcair. Tar éis é a líonadh, é a iompú isteach ar a bhéal faoi ar bháisín mearcair. Titeann an mearcair san fheadán beagáinín. Ritheann cuid de amach ar an mbáisín ach i gceann tamaill fanann sé socair. Ní thagann a thuilleadh mearcair amach as an bhfeadán d'ainneoin an feadán a bheith ar oscailt. Mar dá rithfeadh sé amach as an mbáisín, bheadh ar mhearcair an bháisín éirí agus le héirí bheadh uirthi an t-aer atá ina luí anuas uirthi a thógáil.

Nuair is mó meáchan mhearcair an fheadáin ná meáchan an aeir, ritheann cuid den mhearcair amach.

Nuair is troime an t-aer ná an mearcair san fheadán, tiomáineann sé cuid den mhearcair isteach san fheadán.

Nuair is cothrom iad, fanann an mearcair socair.

Bíonn meáchan an aeir, ar nós theocht an aeir, ag athrú go minic. Dhá chúis faoi deara an t-athrú san de ghnáth:

1. An teas. Nuair a théitear an t-aer, leathann sé agus mar sin, is éadroime aer tirim ná aer fuar. Agus mar sin, is troime an t-aer fuar. Bíonn athrú an mheáchain mar sin de réir athrú an teasa.

2. Fliuchras. Is éadroime aer fliuch ná an oiread céanna d'aer tirim den teocht chéanna. Má bhíonn mórán fliuchrais san aer, laghdaíonn ar an meáchan agus titeann an mearcair sa bharaiméadar. Má bhíonn an t-aer fuar tirim, is móide an meáchan agus éiríonn an mearcair.

Seachas baraiméadar úd an mhearcair tá ceann eile agus is é is gnáthaí a úsáidtear. Is é baraiméadar é sin ná an baraiméadar tirim. Bosca cruinn miotail is ea é, gan aon aer in aon chor ann agus a bharr déanta de mhiotal tanaí rágach, agus é chomh solúbtha san go n-athraíonn sé go héasca faoi mheáchan an aeir.

Nuair a mhéadaíonn ar mheáchan an aeir, tiomáintear barr an bhosca isteach; nuair a laghdaíonn ar mheáchan an aeir, toisc sholúbthacht an mhiotail, léimeann sé amach arís. Cuireann an ghluaiseacht san ag barr an bhosca, le cúnamh biríní beaga istigh, snáthaid ag bogadh anonn is anall ar aghaidh an bhosca ag taispeáint mheáchan an aeir ó thráth go chéile. Bíonn an baraiméadar os cionn 30 orlach le linn aimsire breátha, agus bíonn sé faoi bhun an phointe sin nuair a bhíonn báisteach nó sneachta, nó gaoth nó anfa ann; agus nuair a bhíonn sé díreach 30 orlach bíonn oiread laethanta breátha agus a bhíonn de laethanta fliucha.

Dá bhrí sin bíonn an t-eolas so ar an mbaraiméadar:

Airde	Aimsir
31 orlach	an-tirim
30 ⅔ orlach	aimsir shocair
30 ⅓ orlach	aimsir bhreá
30 orlach	aimsir an-socair
29 ⅔ orlach	gaoth nó báisteach
29 ⅓ orlach	a lán báistí
29 n-orlach	anfa

Is féidir an aimsir a mheas, leis, de réir éirí agus thitim an mhearcair nó de réir mhéadú nó laghdú mheáchan an aeir sa bharaiméadar tirim.

Titim diaidh ar ndiaidh—drochaimsir. Dá fhad é an titim is ea is measa an uain.
Titim le linn gaoithe aniar aneas nó aneas—báisteach.
Titim thobann—anfa.
Éirí tobann—aimsir anacair.
Éirí diaidh ar ndiaidh—aimsir bhreá shocair.

4.14. Comharthaí eile ar athrú na haimsire

4.14.1. Na spéartha dearg suas fearthainn agus fuacht;
Na spéartha dearg soir sneachta go glúin fir;
Na spéartha dearg siar triomach agus grian;
Na spéartha dearg síos fearthainn agus gaoth.

4.14.2. Ceo soininne ar aibhneacha—ceo doininne ar chnoic.

4.14.3. Ceo ar Mhuisire agus Clárach lom an comhartha soininne is fearr ar domhan.

4.14.4. Ceo i ndeireadh na gealaí fearthainn i ndeireadh an lae.

4.14.5. Tráth a bhíonn sé dearg thoir ar maidin, sin comhartha báistí is gaoithe; tráth a bhíonn sé dearg thiar ag luí na gréine, sin comhartha lae álainn arna mhárach.

4.14.6. Tua cheatha ar maidin cith um thráthnóna.

4.14.7. Tráthnóna dearg is maidin ghlas comhartha d'áilleacht is teas.

4.14.8. Ná creid feannóg is ná creid fiach;
Is ná creid briathra mná;
Más moch mall a éireoidh an ghrian;
Is mar is toil le Dia a bhéas an lá.

4.15. Gaoth

Nuair a thagann teas in aon bhall méadaíonn sé agus leathann sé agus éiríonn sé agus ansan tagann aer fuar ó áit éigin lasmuigh den bhall san isteach in ionad an aeir a d'éirigh leis an teas. Is é an ghluaiseacht san an aeir an ghaoth. Dá mhéad é an t-ábhar faoi deara an ghluaiseacht is ea is mó agus is tréine an ghaoth.

4.15.1. An ghaoth aduaidh bíonn sí cruaidh is cuireann sí gruaim ar dhaoine;
An ghaoth aneas bíonn sí tais is cuireann sí rath ar shíolta;
An ghaoth anoir bíonn sí tirim is cuireann sí brat ar chaoirigh;
An ghaoth aneas bíonn sí fial is cuireann sí iasc i líonta.

4.15.2. Gaoth aneas teas is toradh;
Gaoth aniar iasc is bainne;
Gaoth aduaidh fuacht is feannadh
Gaoth anoir meas ar chrannaibh.

4.15.3. Gaoth an earraigh anoir aduaidh;
Gaoth an fhómhair taobh ó dheas;
Gaoth an gheimhridh ar gach aird;
Gaoth an tsamhraidh is cuma ann nó as.

4.15.4. Ní anfa go gaoth aneas.

4.15.5. Is teo aon phuth amháin den ghaoth aneas ná tinte ceap an domhain.

4.15.6. Cuirfidh an ghaoth aduaidh an bháisteach ar gcúl.

4.15.7. Is maith an bhean cháite an ghaoth.

4.15.8. Is olc an ghaoth ná séideann do dhuine éigin.

4.15.9. An té a mbíonn long is lón aige gheobhaidh sé cóir uair éigin.

4.15.10. Is mairg a bháitear in am an anfa, is go dtagann an ghrian i ndiaidh na fearthainne.

4.15.11. Ní hé lá na gaoithe lá na scolb.

4.16. Scamaill, néalta, báisteach, fearthainn

Nuair a bhíonn duine báite fuar fliuch tar éis a bheith amuigh faoin mbáisteach, baineann sé a chuid éadaigh de agus cuireann sé leis an tine iad chun iad a thriomú. De réir mar a bhíonn siad á dtriomú bíonn gal ag éirí as na héadaí fliucha. Sin mar a bhíonn á dhéanamh i gcónaí ag an ngrian. Bíonn sí ag triomú fhliuchras an domhain agus téann an ghal a éiríonn as na háiteanna fliucha—as linnte is as lochanna, as aibhneacha is as cuanta—in airde sa spéir agus nuair a shroicheann sí cleitheanna neimhe déanann scamaill nó néalta den ghal. Ina dhiaidh sin, nuair a éiríonn na scamaill níos airde sa spéir, dlúthaítear iad agus ligeann siad cuid dá bhfliuchras uathu anuas arís. Sin mar a thagann an bháisteach chugainn.

An áit inarb iomadúla uisce, .i. an fharraige mhór, is ann is mó a dhéantar an triomú san ag an ngrian; agus mar sin, is os cionn na farraige is mó a bhíonn na néalta. Ach beireann na gaotha leo na scamaill i dtreo na tíre agus má bhuaileann na scamaill i gcoinne cnoc, tiomáintear in airde sa spéir iad agus ansan déantar uisce arís díobh agus titeann siad i bhfoirm báistí nó fearthainne. Sin é a chúis ar fliche na cnoic ná an talamh mín réidh. Sin é a chúis, leis, arb í an ghaoth aneas nó an ghaoth aniar aneas is mó a thugann an bháisteach léi anso in Éirinn.

4.17. Drúcht

I rith an lae bíonn an talamh go te agus téitear an t-aer os a chionn le teas an talaimh. Bailíonn an t-aer te sin a lán fliuchrais chuige féin. San oíche fuaraíonn an talamh agus leis sin fuaraíonn an t-aer, leis, agus mar sin ní féidir don aer a thuilleadh fliuchrais a choimeád. Titeann cuid den fhliuchras a bhíonn san aer roimhe sin ar an talamh. Drúcht a thugtar ar an bhfliuchras san a thiteann. Má bhíonn an t-aer go fuar oighreata nuair a thiteann an sneachta, tugtar cuisne ar an drúcht.

Ar fhéar agus adhmad agus ar bhileoga na gcrann is mó agus is troime a thiteann an drúcht.

Má bhíonn an oíche scamallach, ní bhíonn oiread drúchta ann agus a bhíonn ann an oíche bhreá gheal.

Má bhíonn an oíche gaofar, ní bhíonn oiread drúchta agus a bhíonn ann an oíche chiúin.

4.18. Ceo

Ní féidir an fliuchras san aer a fheiceáil de ghnáth ach má bhíonn an t-aer go fuar agus an fliuchras go dlúth is sofheicthe é agus ansan tugtar ceo air. Má bhíonn braonta an uisce níos mó ná mar a bhíonn sa cheo is ceobhrán é.

4.19. Sneachta agus sioc

Má bhíonn an t-aer go fuar oighreata le linn na scamaill a dhlúthú, déanann sneachta den fhliuchras agus titeann sé ina chalóga móra boga bána. Nuair a thiteann an bháisteach agus an sneachta i dteannta a chéile, tugtar flichshneachta ar an bhfearthainn. Uaireanta, titeann na braonacha báistí ar a slí anuas trí roinnt den aer a bhíonn fuar oighreata agus déanann clocha sneachta díobh. Is minice a thiteann clocha sneachta sa samhradh ná sa gheimhreadh, agus san oíche níos minice ná sa lá.

Nuair a bhíonn an aimsir go han-fhuar tagann sioc (reo) ar an talamh agus ar an uisce agus déanann sé iad chomh crua le cloch. Nuair a thagann an sioc trom ar an uisce, deirtear go mbíonn leac oighir air. Bíonn an sioc sleamhain agus bíonn a lán daoine ag sleamhnú air.

Nuair a dhéantar leac oighir den uisce, méadaítear ar thoirt an uisce—déanann aon troigh déag de throithe ciúbacha d'oighear de dheich dtroithe ciúbacha d'uisce. Sin é faoi deara do na píopaí uisce a phléascadh le linn aimsire seaca sa gheimhreadh.

4.20. Tintreach agus toirneach

Is é rud é an tintreach ná an splanc ruithneach a léimeann as néalta neimhe nuair a bhíonn siad lán dingthe den fheidhm aibhléise. In íochtar an aeir bíonn dath geal bán ar an splanc nó ar an saighneán ach in ard na spéire, i gcleith neimhe, bíonn dath gorm air. Bíonn aibhleacha nó tintreach sa spéir i gcónaí ach ní bhíonn splancacha ann ach le linn anfa agus doininne.

An fhothramáil mhór a chloistear i ndiaidh an tsaighneáin tintrí, toirneach a thugtar uirthi; ach is le linn na haon uaire a tharlaíonn an tintreach agus an toirneach. Is amhlaidh a ghluaiseann an solas ó áit go chéile, dá fhad ó chéile iad, láithreach bonn baill; ach baineann sé soicind den fhuaim 1,100 troigh a chur de.

4.21. Cainteanna a bhaineann leis an aimsir

Cad é an saghas aimsire (lae, tráthnóna, oíche, maidine) atá ann (é)?

Aimsir bhreá chrua; tráthnóna aoibhinn álainn; lá brothallach teasaí; lá fuar fliuch fiáin; oíche ghaofar gharbh; maidin thais cheoch; aimsir uafásach.

Tá an aimsir go dona mar le haimsir gheimhridh féin.

Tá an aimsir go breá bog cneasta, buíochas le Dia.

Tá sé ag fearthainn, ag báisteach, ag sneachta go trom.

An bháisteach ag titim ar nós uisce trí chriathar; ar nós na díleann.

An fhearthainn ag titim ina taoisceanna.

Clagarnach bháistí—sin báisteach an-trom a dhéanann fothram mór nuair a thiteann sí. Ag clascairt bháistí.

Dealramh báistí ar an lá.

Lá ceathach.

Níl ann ach cith.

An ndéanfaidh sé báisteach? Ní dhéanfaidh. Déanfaidh sé lá breá le cúnamh Dé.

Rinne sé sioc, sneachta, aréir.

"Mo chreach is mo chás ná caitheann sé sneachta agus sioc!"

An dóigh leat go mbeidh sioc againn anocht?

Ní móide go mbeidh.

"A shúil ba ghlaise ná an drúcht ar féar!"

"Ag siúl an drúchta go moch ar maidin
Is ag bailiú galair ráithe."

Tá anfa gaoithe ann. Tá stoirm uafásach ann.

Conas tá an ghaoth ag séideadh? Tá an ghaoth aneas, anoir, aniar, aduaidh.

Gaoth fhuar oighreata; gaoth nimhneach; gaoth bhog chneasta; leoithne dheas ghaoithe.

Ar crith leis an bhfuacht; ar ballchrith; m'fhiacla ag déanamh cheol an ghearra goirt; fuairnimh orm; barrliobar ar mo mhéara.

Fuachtáin ar mo lámha; méirscre; leadhb.

Táim báite fuar fliuch; táim i mo líbín báite.

Fliuch go craiceann; an t-uisce ag sileadh leo; na héadaí greamaithe díobh; an t-uisce agus an lathach ag plobarnach ina mbróga.

Ag cur allais; "oiread fraocháin i ngach braon allais a bhí leis". Ag cur a theanga amach leis an teas.

Tá an aimsir ag dul i mbreáthacht, i ngile, i bhfuaire, i gcneastacht, i mboige.

Tá an aimsir ag dul i bhfliche, i dtriomacht, i bhfeabhas, in olcas.

Tá an lá ag glanadh suas.

Tá an donas ar an aimsir le fliche, le sioc, le fuacht.

4.22. Seanfhocail i dtaobh na haimsire

4.22.1. Is fearr sioc ná síorbháisteach

4.22.2. Is fuar gach fliuch.

4.22.3. Báisteach ó Dhia chugainn, ach gan é bheith fliuch agus cuid an lae amáraigh go ndéana sé anocht.

4.22.4. Ní bheidh sé ag báisteach i gcónaí.

4.22.5. Mura mbeidh sé tirim is fliuch is fearr é.

4.22.6. Ní torann tréan go toirneach.

4.22.7. Aithrí thoirní.

4.22.8. Díogha gach síne an sioc.

4.23. Séasúir na bliana

Tá ceithre shéasúr (ráithe) sa bhliain, mar atá: an t-earrach ó Lá Fhéile Bríde (an chéad lá d'Fheabhra) go dtí Lá Bealtaine (an chéad lá de Bhealtaine): an samhradh ó Lá Bealtaine go dtí Lá Lúnasa; an fómhar ó Lá Lúnasa go dtí (an chéad) lá de mhí na Samhna; agus an geimhreadh ó Lá na Samhna go dtí Lá Fhéile Bríde.

"Ní thig an fuacht go dtí an t-earrach" a deir an seanfhocal; agus bíonn tosach an earraigh go fuar fliuch fiáin agus go crua gaofar garbh. Ach de réir mar a bhíonn an t-earrach ag imeacht bíonn an aimsir ag dul i mboige agus i mbreáthacht. Mar a deir an seanfhocal: "gach re lá go maith óm lá-sa amach", arsa Bríd; agus "gach lá go maith óm lá-sa amach", arsa Pádraig, "agus leath mo lae-sa, leis".

Is gearr go mbíonn an ghrian ag dul i bhfeidhm ar an talamh a bhí ina chodladh suan le linn an gheimhridh, gan rian anama ann, agus, leis sin, tosaíonn bláthanna an earraigh ar a nduilleoigíní a oscailt le gréin. An nóinín is túisce a thaispeánann é féin, agus ansan an buíocán cumhra agus lus álainn buí an chromchinn, an míosach agus an tsailchuach. Tagann fás nua faoin bhféar agus ní fada go mbíonn an talamh faoi aon bhrat d'fhéar glas úr. Bíonn na crainn ag sceitheadh agus roimh dheireadh an earraigh bíonn siad go léir faoi dhuilliúr breá tiubh trom agus bíonn na crainn torthaí sna húlloird clúdaithe le bláthanna bána agus le bláthanna dearga. Na beithígh nárbh fholáir a choimeád istigh sa dúluachair bíonn siad ar a gcúilín seamhrach ag iníor (fosaíocht) dóibh féin sna páirceanna glasa a bhí go lom lándóite i rith an gheimhridh. Bíonn na huain óga agus na meannáin go haoibhinn ag damhsa ar na bánta. Ansan is ea a thosaíonn na héin ar chanadh go ceolmhar is ar cheiliúir "ar aon chraobh amháin", agus is gearr go bhfeictear iad, ag tabhairt brobh féir is tuí leo agus cleití is fionnaidh is olla is caonaigh, ag déanamh a nead sna crainn agus sna scairteacha, sna sceacha agus i bpoill na mballaí agus faoi dhíonta an dtithe.

Bíonn an feirmeoir gnóthach ag saothrú na talún, á leasú is ag cur síl; bíonn an fiach agus an t-iascach faoi lán seoil ag lucht spóirt, is lucht na gcleas lúith ag taithí iománaíochta is peile agus ag déanamh comórtas báire ar fud na dúiche.

Ó lá Bealtaine amach bíonn breis teasa ag teacht san aimsir; bíonn boladh cumhra le fáil ón sceach gheal agus ón bhféithleann ar leataobh na mbóithre ar fud na tuaithe. Bíonn na gairdíní lán de bhláthanna milse cumhra ildathacha agus gach coill is garrán go binn ceolmhar le guth síreachtach sí na n-éan.

Bíonn an uain go breá brothallach agus gach aon ní faoin spéir ag féachaint go hálainn is go haoibhinn. Uaireanta bíonn an teas go han-mhór agus bíonn an-ghealán ón ngrian. Bíonn muintir na gcathracha agus na mbailte móra múchta marbh ag an teas míchuibhseach; agus bailíonn siad leo féin cois na farraige nó amach faoin tuath. Is breá an ní ansan suí i gciumhais trá ag sú aer glan na farraige nó dul ag snámh sa tsáile bhríomhar. B'aoibhinn don té a d'fhéadfadh dul faoi scáth na gcrann i lúb na coille craobhaí ag éisteacht le binnghuth na n-éan nó dul sna gairdíní agus na caora milse is an sú craobh suáilceach is na spíonáin bhoga bhlasta a ithe.

Bíonn an féar fásta sna móinéir i lár an tsamhraidh, agus roimh dheireadh an Mheithimh, bíonn a lán de bainte agus, roimh dheireadh an tsamhraidh, bíonn an t-arbhar go breá buí agus é á shuaitheadh anonn is anall le leoithní beaga gaoithe.

Is é an samhradh tráth na haeraíochta is na seilgí agus níl aon lá ná feictear gasraí ag dul in áit éigin ag déanamh áthais dóibh féin cois trá na dtonn nó in imeall coille cois abhann, ar imeallbhord locha linn-fhiachlaigh nó ar mhullach cnoicín fraoigh.

Baintear na barra go léir san fhómhar. Bíonn na húlla is na piorraí aibí agus cnuasaítear iad sula dtagann gaoth is garbhshíon an gheimhridh.

Leanann teas an tsamhraidh go minic go lár an fhómhair agus bíonn an aimsir de ghnáth go bog cneasta go deireadh an fhómhair. Tagann éagsúlacht gach datha ar dhuilliúr na gcrann sula dtiteann na bileoga agus is aoibhinn an radharc iad le feiceáil. Ach má bhíonn aon ghaoth in aon chor ann is beag den duilliúr a bhíonn le feiceáil ar na crainn lá Samhna.

Bíonn na laethanta ag dul i ngiorracht ó Lá Fhéile tSin Seáin (an ceathrú lá fichead de Mheitheamh) amach, agus ó lá Samhna go Nollaig bíonn na laethanta an-ghairid agus titeann an oíche go mórluath sa tráthnóna. Bíonn an uain go garbh agus go fliuch. Ní chloistear glór binn na n-éan a thuilleadh, ná ní bhíonn aoibhneas ar bith sa dúiche ach é go léir marbh gan anamúlacht gan áilleacht. Bíonn sioc agus sneachta uaireanta agus báisteach coitianta, tuillte doimhne donna sna haibhneacha, pluda ar bhóithre, agus fuacht ar dhaoine.

Ach mar sin féin, ní bhíonn an geimhreadh gan a bhuanna féin. Sin é tráth an spóirt go léir—fiach an mhadra rua is an ghiorria agus lámhach gunnaí tréana ar éanlaith coille agus réisc. Agus sna hoícheanta fada is ea a bhíonn na scoraíochtaí is na céilithe ag comharsana i dtithe a chéile, ag imirt chártaí is ag rince, ag amhrán is ag insint scéalta. Má bhíonn an t-aer amuigh go fuar is go fiáin, bíonn spórt agus scléip agus siamsa sna tithe muintire sa chathair agus ar an tuath.

Is le linn an gheimhridh a bhíonn na cluichí (drámaí) is fearr le feiceáil in amharclanna na gcathracha, mar, i rith an gheimhridh, ní bhíonn aon fhonn aeraíochta istoíche ar dhaoine agus, mar sin, tugann siad aghaidh ina sluaite ar amharclanna is ar choirmeacha ceoil. Agus an duine aonair féin, bíonn suaimhneas cois tine aige sa gheamhoíche, ag léamh scéal maith fiannaíochta, nó más mac léinn é, níl a bhac air na húdair a scrúdú ag lorg an eolais. Tagann an Nollaig leis an bhfás nua sa lá agus is gearr go n-imíonn cuimhne chruatan is fhuachta an gheimhridh agus duairceas dhúluachair na bliana le haiséirí an earraigh.

4.24. Seanfhocail

4.24.1. Samhradh ceoch; earrach reoch; fómhar grianmhar; geimhreadh rianfhliuch.

4.24.2. Earrach, samhradh saor ar fhuacht;
Fómhar diasmhar go mórchnuas;
Geimhreadh guaireach glas ainmheas;
Séasúir bhliana mar a deirtear.

4.24.3. Is maith an cairde lá fada samhraidh.

4.24.4. Samhradh riabhach is fómhar grianmhar.

4.24.5. Is iomaí cor a chuireann lá earraigh de.

4.24.6. Ní bhíonn aon iontaoibh as lá fómhair.

4.24.7. Geimhreadh ceoch, earrach reoch, samhradh grianmhar, fómhar breá biamhar.

4.24.8. Scríob liath an earraigh.

4.24.9. Bíonn ceann dubh ar gach maidin earraigh.

4.24.10. Stoirm shamhraidh nó calm geimhridh.

4.24.11. Samhradh gach síon go Nollaig.

4.24.12. Is úr gach brobh go Nollaig.

4.24.13. Nollaig ghrianmhar a dhéanann reilig bhiamhar (mhéith).

4.24.14. Ní bhíonn sneachta ar chraobh ó lá Fhéile Bríde amach.

4.24.15. Ní dírí an chnámh ar dhroim na lachan ná lá Fhéile Pádraig i lár an earraigh.

4.24.16. Laethanta na bó riabhaí. Sin iad an dá lá deiridh de Mhárta agus an chéad lá d'Aibreán. Is amhlaidh a chuir an bhó riabhach an Márta di gan an bás á breith, agus ansan leis an teaspach thug sí dúshlán faoi Mhárta gan aon dá chuid dá dícheall a dhéanamh as san amach. Ansan is ea a bhailigh an Márta na gaotha go léir chuige ach theip air an bhó a mharú ach fuair sé lá ar iasacht ó Aibreán agus cailleadh an tseanbhó riabhach le fuacht is le hanfa an tríú lá.

4.24.17. Garbhshíon na gcuach—fearthainn agus fuacht.

4.25. Féilte na bliana

Bíonn gach féile Eaglaise ina lá féile ag muintir na hÉireann, go mór mór Lá Nollag (an cúigiú lá fichead de mhí na Nollag), an fhéile is mó sa bhliain ag na Gaeil. An lá san is ea a rugadh Críost, moladh go deo Leis, i mBeithil thoir, agus bíonn féile mhór ag na Críostaithe riamh ó shin mar chuimhneamh air.

Oíche Nollag (an oíche roimh Lá Nollag), lastar coinneal mhór chéarach i ngach teach—an leanbh is óige sa teach is é a lasann í—agus cuirtear ina seasamh san fhuinneog í agus déantar an choinneal féin agus an teach go léir a mhaisiú le cuileann na gcaor dearg agus le heidheann in onóir na féile. An oíche sin, leis, cuireann na leanaí óga sna bailte a stocaí ar crochadh ag cosa a leapa le súil go dtiocfaidh San Nioclás (Santa Clás) chucu le féirín deas dóibh.

Ar maidin Lae Nollag bíonn gach éinne ina shuí go moch mar bíonn an t-aifreann go moch an mhaidin sin. Agus, maidir leis na leanaí, is ar éigean a thagann néal codlata orthu an oíche sin le cuimhneamh ar cad a thabharfaidh Santa Clás chucu. Ach mar sin féin, tagann sé i ngan fhios dóibh agus níl aon seó ach a mbíonn de scléip agus de shult ar maidin agus na leanaí ag féachaint ar a bhféiríní go léir.

Bíonn sé dubh dorcha agus na daoine ag dul chun an aifrinn; ach mar sin féin, bíonn pobal mór ag an gcéad aifreann an lá san ag glacadh Comaoineach Naofa, tar éis a bheith ag an bhfaoistin an oíche roimhe sin. Nuair a chastar na comharsana ar a chéile, bíonn siad ag guí gach beannachta dá chéile mar seo: "Nollaig mhaith (shona, shéanmhar) duit (daoibh); Nollaig faoi mhaise agus faoi shéan duit (daoibh)", ⁊rl. Agus ansan an freagra: "Gurab amhlaidh duit (daoibh), a bhean uasal (a dhuine uasail, a mhic ó, a iníon ó)" agus a lán eile ina teannta.

"Gurab é do dhála (bhur ndála) é" agus "go mbeirimid slán ar an am so arís".

Ansan tar éis an bhricfeasta, bíonn bean an tí go cúramach i mbun an dinnéir, mar bíonn fleá mhór agus féasta i ngach teach an lá san. Na daoine bochta féin, dá laghad é a gcuid den saol, bíonn rud éigin sa bhreis acu i gcomhair an lae sin, mar bíonn gach éinne ag cur chuige i gcomhair na Nollag, agus bíonn gach éinne go fial flaithiúil faoi dheoch agus faoi bhia agus faoi airgead agus faoi gach saghas eile féirín le linn na Nollag, i dtreo nach baol don duine bocht féin gan breis is a dhóthain a bheith aige le hithe agus le hól, agus b'fhéidir sólaistí eile seachas san go léir.

Bíonn ardáthas ar gach éinne. Bíonn ceol agus amhráin agus rincí sna tithe ag muintir an tí féin, mar is gnách le gach éinne a bheith sa bhaile ina theach féin an lá san. Leanann féile na Nollag go dtí tar éis Nollaig na mBan (an séú lá d'Eanáir).

An lá i ndiaidh Lae Nollag, is é Lá Fhéile Stiofáin é. Téann scata garsún timpeall an lá san sna bailte beaga agus aghaidheanna fidil orthu agus bíonn craobh chuilinn acu agus dreoilín marbh ar crochadh aisti. Téann siad timpeall ó theach go teach ag bailiú airgid don dreoilín agus amhrán acu mar seo á rá acu:

Dreoilín a fuaras-sa thíos ar an ínse
Fé bhráid charraige agus carbhat síoda air;
Thugas-sa chugaibh é, a lánúin an tí seo,
Agus go mba seacht bhfearr um an dtaca seo arís sibh. ⁊rl.

Tugtar "oíche na dóthain móire" ar oíche Chaille, an lá deiridh den bhliain. Deirtear, má itheann duine a dhóthain an oíche sin, go mbeidh a dhóthain le hithe aige go dtí deireadh na bliana chuige. Sa tseanaimsir dhéantaí bollóg bhreá mhór aráin agus bhuailtí i gcoinne an dorais í agus le linn a buailte, deirtí "Fógraím an gorta go tír na dTurcach go bliain ó anocht agus anocht féin go fírinneach".

Ar uair an mheán oíche, bhíodh gach éinne go himníoch féachaint conas a bhíodh an ghaoth ag séideadh. Más aniar a bheadh sí, bheadh bliain mhaith rathúil ag na Gaeil; agus más anoir a bheadh sí, is ag na Sasanaigh a bheadh an bua.

Oíche Nollag beag deirtí go ndéantaí fíon den uisce ar uair an mheán oíche.

Tugtar an Inid ar an aimsir ó lá Nollag na mBan go dtí Céadaoin an Luaithrigh. Le linn na haimsire sin is ea a dhéantar na cleamhnais.

Máirt na hInide an lá déanach chun pósadh roimh an gCarghas, agus sa tseanaimsir bhíodh scata áilteoirí sna bailte beaga agus téad mhór fhada láidir acu agus aon chailín nó fear inphósta a d'fhaighidís ag siúl na sráide chasaidís an téad ina dtimpeall orthu agus tharraingídís feadh na sráide leo iad "á mbreith leo chun na Sceilge" a bhídís mar dhea. Oíche na Sceilge a thugtar ar an oíche sin. An té a mbeifí ag déanamh cleamhnais dó (di) agus ná críochnófaí é, deirtí go ndeachaigh sé (sí) chun na Sceilge. Deirtear sa tseanaimsir nuair a rinneadh dlí na hEaglaise i dtaobh gan pósadh a dhéanamh i rith an Charghais, nár shroich an dlí sin an mhainistir a bhí sa Sceilg in aon chor, agus go ndéantaí póstaí ansúd i rith an Charghais.

Bíonn fleá agus féasta i ngach teach, Máirt na hInide, ag tabhairt slán le sólaistí go deireadh an Charghais. Déantar pancóga i ngach teach agus bíonn an-fhleá acu.

Oíche Lae Fhéile Bríde (an t-aonú lá déag ar fhichid d'Eanáir) téann na buachaillí is na cailíní timpeall ó theach go teach agus dealbh a dtugtar brídeog uirthi acu á hiompar, ag bailiú airgid mar a dhéantar Lá Fhéile Stiofáin. Lá Fhéile Pádraig, bíonn an tseamróg á caitheamh ag gach éinne mar gur leis an tseamróg a rinne Pádraig rún na Tríonóide a chur in iúl do na Gaeil fadó.

Bíonn coirmeacha ceoil sna bailte an oíche sin in onóir do Phátrún naofa na nGael. Domhnach Cásca (an lá a d'aiséirigh Críost ó mhairbh), itheann gach éinne níos mó uibheacha ná mar is gnách. Ach féach dlí na n-uibheacha:

Ubh fíordhuine uasal;
dhá ubh duine uasal;
trí huibhe bodach;
ceithre huibhe feillbhodach.

Lá Bealtaine chrochtaí craobh ghlas le hursain gach dorais ag cur fáilte roimh an samhradh, agus na trucailí a théadh amach faoin tuath le harán, bhíodh craobh ghlas in airde orthu, leis. Oíche Lae Fhéile tSin Seáin (an ceathrú lá fichead de Mheitheamh) déantar tinte móra cnámh i ngach baile agus bíonn na daoine ag rince ina dtimpeall go déanach san oíche agus de réir mar a bhíonn an lasair ón tine ag dul i laghad bíonn siad ag léim thairsti.

Oíche mhór ghrinn ag na Gaeil is ea Oíche Shamhna (an t-aonú lá tríochad de Dheireadh Fómhair). Bíonn suipéar mór i ngach teach an oíche sin agus déantar bairín breac i gcomhair an tsuipéir agus cuirtear a lán nithe isteach ann, mar atá: fáinne, ceirt, méaracán, píosa lasáin, cnaipe, leathréal nó réal. Bíonn gach éinne ar cipíní féachaint cad a gheobhaidh sé (sí) agus is mó fonn cuardaigh ná fonn ithe a bhíonn orthu, go mór mór ar na daoine óga. An duine a fhaigheann an fáinne is é (í) is luaithe a phósfar; an té a fhaigheann an lasán is é (í) is luaithe a chaillfear; más cailín a fhaigheann an méaracán nó an cnaipe is táilliúir a phósfaidh sí; an duine a fhaigheann an t-airgead beidh saibhreas aige (aici). Tar éis an tsuipéir, cuirtear tobán lán d'uisce i lár an urláir sa chistin agus cuirtear a lán úll isteach ann, agus bíonn gach duine ag iarraidh úll a thógáil amach as an tobán lena bhéal gan lámh a chur san uisce ná sa tobán. Uaireanta cuirtear airgead ar thóin an tobáin agus ansan bíonn an-spórt ar fad ag féachaint ar na buachaillí ag tumadh a gcinn sa tobán ag iarraidh an airgid.

Uaireanta eile cuirtear dhá phíosa adhmaid i bhfoirm chroise thar a chéile agus cuirtear úll agus coinneal ar lasadh ar gach re beann den chros. Ansan déantar an chros adhmaid a chrochadh i gcrúca sa chistin agus déantar í a chasadh go mear agus níl aon seó ach a mbíonn de spórt agus de shult ag muintir an tí ag iarraidh úll a shnapadh den chros.

Le linn an spórt san a bheith ar siúl, bíonn roinnt cailíní is buachaillí in aice na tine agus iad ag cur dhá chnó in aice a chéile ar an iarta agus ainm cailín acu ar chnó agus ainm buachalla ar an gcnó eile. Má fhanann an dá chnó in aice a chéile go léimeann siad in éineacht, le teas na tine, deirtear go bpósfar an bheirt sin. Ach má léimeann siad ó chéile go luath tar éis a gcurtha le hais a chéile, ní phósfar go deo iad.

Déantar an cleas céanna san a chur i mbáisín uisce. Nuair a bhítear tuirseach de sin mar chluiche, tosaítear ar chleas na mbáisíní. Cuirtear trí bháisín ar an mbord le hais a chéile, fáinne i gceann acu, uisce i gceann eile, agus cré sa tríú ceann. Ansan cuirtear púicín ar bhuachaill nó ar chailín; siúlann sé (sí) chun an bhoird ag iarraidh báisín an fháinne a aimsiú, mar an té a aimsíonn an fáinne is é (í) is luaithe a phósfar. An té a aimsíonn an t-uisce is é is túisce a rachaidh thar farraige; agus an té a aimsíonn an chré is é is túisce a gheobhaidh bás.

Sa tseanaimsir théadh scata buachaillí ar fud an bhaile Oíche Shamhna ó theach go teach agus a gceannaithe go léir dubh i dtreo ná haithneofaí iad, agus cultacha de thuí umpu ag bailiú airgid. "Buachaillí tuí" a thugtaí mar ainm orthu. Agus bhíodh an rann fada so acu:

Ahem! Aham!
Anocht Oíche Shamhna!
Cuir muc inár measc;
Cuir muc dár gcabhrú;
Cuir leac ar linn;
Cuir linn ar leac;
Cuir raithneach rua;
Cuir gruaig le cinn;
Cuir sop sna fuinneoga;
Agus clár sna síoga.
Folaigh do phian, a bhean an tí.

Is ná folaigh mo chuidse aráin ná m'im.
Gura seacht mó measa do fhear an tí,
Mura gcuire sé an breall mór fada buí
Anuas ó thóin an tí.
Fíníní! Fáiníní!
Íochtaráin! Uachtaráin!
Itheadh na caoirigh na copóga,
Agus ithimis féin an gráinseachán.
Buail an fear ina dhroim;
Buail a dhroim fé.
Liúigí go léir amach,
Is liúfeadsa féinig libh.
Húrá!!!
Seo, a mháistreás,
Cuardaigh do phócaí,
Agus tabhair rud éigin dos na buachaillí,
Agus scaoil chun siúil iad,
Nó buail mé féin idir an dá shúil
Le píosa leathchorónach.

In *Cúirt an Mheán Oíche* tá cur síos ar phiseoga eile a dhéantaí a chleachtadh Oíche Shamhna:

Níor bh'áil liom codladh go socair aon uair díobh,
Gan lán mo stoca de thorthaibh fám chluasaibh,
Is deimhin nárbh obair liom troscadh le cráifeacht,
Is greim ná blogam ní shloigfinn trí trátha.
I naghaidh an tsrutha do thumainn mo léine
Ag súil trém chodladh le cogar óm chéile.
Is minic do chuaidh mé ag sguabadh fé'n stáca
M'ingne is mo ghruaig fá'n luaith-ghríos d'fhágfainn.
Do chuirinn an tsúist fá chúil na gáibhle;
Do chuirinn an rán go ciúin fá'n adhairt chugam;
Do chuirinn mo chuigeall i gcillín na hátha,
'S do chuirinn mo cheirtlín i dtein-aoil mhic Raghnaill;
Do chuirinn an ros ar chorp na sráide,
'S do chuirinn 'san tsop chugam tor cabáiste.

Bhíodh agus bíonn fós cluichí agus cleasa de gach aon sórt ar siúl sna tithe an oíche sin, agus ní le dúil sna piseoga ach le fonn suilt agus caithimh aimsire; ach i ndeireadh an spóirt agus na scléipe go léir ní hé a ndearmad gan paidir a chur go dúthrachtach chun Dé le hanamacha na marbh go léir.

Um Shamhain tosaíonn an doineann agus an drochaimsir, agus is beag aeraíocht ná obair d'aon saghas is féidir a dhéanamh amuigh istoíche as san go deireadh an earraigh, i dtreo gur ar scoraíocht i dtithe a chéile nó i dteach a bheadh cóngarach dóibh go léir nó ina mbeadh muintir tí lách grámhar, a bhíonn na fir is na buachaillí gach oíche, ag seanchas nó ag imirt chártaí, agus anois is arís, ag rince agus ag amhránaíocht. Bíonn scéalta á n-insint uaireanta. Sa tseanaimsir bhíodh na scéalaithe ní ba fhlúirsí ná mar atá siad anois, agus bhíodh cuid de na scéalta fada go maith; ach is dócha, cé go raibh an focal ann, nár insíodh riamh "scéal ó Shamhain go Bealtaine".

An Fhiann, fadó, leis, bhídís ag fiach is fiannaíocht leath den bhliain; ach ó Shamhain go Bealtaine, bhídís ar coinmheadh ar fhir Éireann ina dtithe.

4.26. Seanfhocail
Oíche Nollag Mhór gan feoil;
Oíche Fhéile Bríde gan im;
Domhnach Cásca gan arán;
Is nach é sin an gearán lom.

Céadaoin an Luaithrigh go mbaintear na cluasa den té a íosfaidh feoil.
Aoine an Chéasta is mór an céasadh bainne a ól.
Domhnach Cásca is mór an náire a bheith gan feoil.
Domhnach na Pailme is Satharn Cásca,
bíonn an ghrian ag rince le háthas.
Bia agus deoch um Nollaig agus éadach nua um Cháisc.
Seacht seachtaine ramhra ó Shamhain go Nollaig.
Ó lá 'le Bríde amach, bíonn na héin ag déanamh nead, bíonn na caoirigh ag breith na n-uan is an uain ag dul i dteas.

Ceithre ráithe na bliana:
Ráithe ó Nollaig go Féile Phádraig;
Ráithe ó Fhéile Phádraig go Féile Sheáin;
Ráithe ó Fhéile Sheáin go Féile Mhichíl;
Agus ráithe ó Fhéile Mhichíl go Nollaig arís.

Ceist:
Do bhíos i dtigh um Shamhain
is d'itheas mo chuid de ghamhain;
Bhí gamhain ag an ngamhain sin
Bliain ón Samhain sin.
Freagra:
Is amhlaidh a cuireadh mo chuid ar dhroim gamhna.

5
Clann agus Muintir

5.1. Clann

Tá clann mhór ag m'athair agus ag mo mháthair. Mórsheisear clainne, cúigear mac (clann mhac) is beirt iníonacha (clann iníonacha). Mar sin tá ceathrar deartháireacha agamsa agus beirt deirféaracha. Nuair a rugadh gach duine againn tugadh chun na hEaglaise sinn cúpla lá ina dhiaidh sin agus baisteadh sinn. An sagart a bhaist sinn agus bhí beirt chairdeas Críost ag seasamh linn (athair baistí agus máthair bhaistí) sa bhaisteadh. Fuair gach duine againn ainm faoi leith nuair a baisteadh sinn. Ainm baiste a thugtar ar an ainm sin mar atá, Diarmaid, Íde, Máire. Sloinne a thugtar ar ainm muintire, mar atá, Ó Conaill, Mac Cárthaigh.

Tá athair agus máthair m'athar ina mbeatha fós agus athair mo mháthar, leis. Seanathair domsa is ea athair m'athar nó athair mo mháthar, agus is í máthair m'atharsa mo sheanmháthairse. Tá mo shin-seanathair (is é sin, seanathair m'athar) marbh le fada.

Tá cúpla deartháir ag mo mháthair agus cúpla deirfiúr aici, leis. Uncail domsa is ea gach deartháir díobh san agus aintín is ea gach deirfiúr díobh. Tá deartháireacha agus deirfiúracha san mo mháthar pósta, leis, agus tá clann ag gach duine acu. Gaolta domsa is ea gach leanbh díobh san. Clann na beirte is ea sinn. Tá col ceathrair eadrainn. Táimid a dó is a dó. Más mian liom a insint cé acu deartháir do m'athair nó deartháir do mo mháthair m'uncail, deirim gur deartháir athar dom é nó deirfiúr máthar dom í m'aintín d'fhonn cruinnis chainte. Ar an gcuma chéanna, labhraím i dtaobh "mic dearthár athar dom" nó "iníonacha deirféar máthar dom" á thaispeáint go cruinn cad é an gaol a bhíonn idir mise agus duine de mo chairde gaoil.

Pósadh deartháir dom le déanaí. Nuair a bhíonn a bhean (a chéile) ag caint inár dtaobhna, tugann sí "muintir mo chéile" orainn. "Athair mo chéile" a thugann sí ar athair a fir agus "máthair mo chéile" a thugann sí ar a mháthair. Agus sin mar a labhraíonn seisean leis i dtaobh a muintire sin.

Lánúin a thugtar ar fhear agus ar bhean a bhíonn pósta ag a chéile. Clann a thugtar ar a leanaí. Má chailltear an fear, tugtar "baintreach" ar an mbean. Más í an bhean a chailltear, tugtar "baintreach fir" ar an bhfear. Má chailltear iad araon, tugtar "dílleachta" ar gach duine dá gclann. Is minic a phósann fear nó bean tar éis a chéile (céile) bás a fháil. Leasmháthair (leasathair) is ea an dara bean (fear) san do chlann na chéad mhná (an chéad fhir). Leasiníon nó leasmhac don dara bean nó don dara fear is ea iníon nó mac na chéad mhná nó an chéad fhir.

Gaolta a thugtar ar mhuintir lánúine go dtí an tríú glúin. Cóngas a thugtar orthu as san siar. Is é sin ón ngas (bhfréamh) céanna a shíolraigh siad. Nuair a thugann beirt (buachaill agus cailín) grá agus searc dá chéile agus gealltanas pósta eatarthu, bíonn siad in áirithe ag a chéile, bíonn siad i gcleamhnas. Nó más amhlaidh a dhéantar margadh an phósta bíonn cleamhnas pósta ann. Cleamhnas pósta a thugtar ar mhargadh an phósta.

Cliamhain is ea an fear (bhean) do mhuintir a mhná (a fir). Cliamhain isteach is ea an fear a théann isteach i dteach a mhná tar éis pósadh chun cónaí ann lena mhuintir.

Tar éis an phósta bíonn bainis (fleá) mhór ag muintir na lánúine. Tar éis na bainise téann an lánúin nuaphósta ó bhaile go ceann tamaill ag caitheamh mhí na meala.

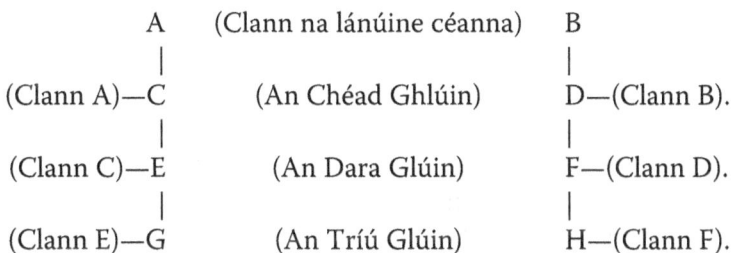

	A	(Clann na lánúine céanna)	B
(Clann A)—C		(An Chéad Ghlúin)	D—(Clann B).
(Clann C)—E		(An Dara Glúin)	F—(Clann D).
(Clann E)—G		(An Tríú Glúin)	H—(Clann F).

Col ceathrair a thugtar ar an ngaol atá idir clann na beirte (C agus D) mar tá col pósta eatarthu toisc an gaol atá idir an ceathrar—A agus B (an bheirt deartháireacha, nó an bheirt

deirfiúracha, nó an deartháir agus an deirfiúr) agus a gclann araon,
C agus D.

Mar sin, tá col ceathrair idir C agus D. Tá siad a dó is a dó.

Tá col cúigir idir C agus F, nó idir D agus E. Tá siad a dó is a trí.

Tá col mórsheisir idir E agus H, nó idir F agus G. Tá siad a trí is
a ceathair.

Tá col ochtair idir G agus H. Tá siad a ceathair agus a ceathair.

5.2. Seanfhocail

5.2.1. Is báúil iad lucht aonchine.

5.2.2. Is maol gualainn gan bhráthair ach is mairg a bheadh gan
deartháir.

5.2.3. Níl gaol ag aon le saoi gan séan.

5.2.4. Iomadúlacht gaoil ar bheagán carad.

5.2.5. Mairg a thréigeas a dhuine gnáth ar dhuine dhá thráth nó
trí.

5.2.6. Ní grá go clann.

5.2.7. Is mac duit do mhac go bpóstar, ach is iníon duit d'iníon
go dté sí sa chré.

5.2.8. Bean mhic is máthair chéile mar a bheadh cat is luch ar
aghaidh a chéile.

5.2.9. Gaol fad amach! Iníon leas-deirféar sin-seanmháthar do
sheanmháthair máthar mo shin-seanatharsa a bhí pósta aige.

5.2.10. Ceist a chuir tuata ar shagart
Is a chuaigh den Easpag é a réiteach:
Deartháir a bhí ag deartháir m'athar
is níorbh uncail domsa an té sin.
Freagra: d'athair féin.

5.2.11. Ceist: Cé acu ba mheasa leat máthair chéile bhean do
dhearthár nó iníon dheartháir d'athar?
Freagra: máthair chéile bhean do dhearthár—do mháthair féin.

5.2.12. Cleamhnas an chairn aoiligh agus cairdeas Críost i bhfad
amach.

5.2.13. Togh do bhean de réir a dúchais.

5.2.14. Pós bean ón iarthar is pósfair an t-iarthar ar fad.

5.2.15. Is maith bean dea-fhir.

5.2.16. Is mairg ná déanfaidh comhairle dhea-mhná.

5.2.17. Ceann gach mná a fear.

5.2.18. Is ó mhná a fhaightear rath nó mírath.

5.3. Seanfhocail i dtaobh aoise agus óige

5.3.1. Fiche bliain ag teacht; fiche bliain ar stad; fiche bliain ar meath; fiche bliain gur cuma ann nó as.

5.3.2. Is breá an ní an óige an té a chuirfeadh ar fónamh í.

5.3.3. Ní thagann ciall roimh aois.

5.3.4. Is mó craiceann a chuireann an óige di.

5.3.5. Ní bhíonn an rath ach mar a mbíonn an smacht.

5.3.6. Mol an óige agus tiocfaidh sí.

5.3.7. Ní féidir ceann críonna a chur ar cholainn óg.

5.3.8. Nuair a chruann an tslat is deacair a sníomh ina gad.

6
Ar an Tuath

6.1. An tuath

Níl aon rud is fearr liom ná an tuath. Mar sin, aon uair is féidir dom é, téim amach faoin tuath ag siúl tar éis a bheith ar scoil; agus sa samhradh agus sa gheimhreadh féin, nuair a bhíonn laethanta saoire agam, téim ar cuairt chun mo dhaoine muintire i gCiarraí agus caithim tamall ina bhfochair i bhfad ó ghliogram gliog an bhaile mhóir.

Tá cnoic arda ar gach taobh dá dteach, an cnoc is airde in Éirinn laistigh de chúpla míle de, agus is minic a chuaigh mé in airde orthu. Ní haon dóithín sin, deirimse leat, agus a airde atá siad, agus a ghéire atá siad ó gach taobh. Tá cuid den tslí in airde agus tugtar Dréimire an Diabhail air, agus ní haon leasainm é, mar is é an diabhal féin é! Tá cuid eile de agus tugtar Cosán na nGabhar air, agus níor mhór do dhuine an scairt a bheith go láidir aige chun é a ghabháil de choisíocht. Rinne mé é lá, ach nuair a bhí mé ag teacht anuas chuaigh mé ag lámhacán. Níor chuimhnigh mé orm féin agus mé ag dul in airde ach nuair a chonaic mé a airde a bhí sé agus a chaoile an cosán agus locháin bheaga na céadta troigh ar gach taobh fúm síos, ní ligfeadh an eagla dom teacht ar ais de shiúl mo chos.

Tá radharc breá le feiceáil ó bharr an chnoic sin i ngach treo baill. Níor mhiste duit móráil a bheith ort tar éis é a chur díot.

Tá coillte breátha ann leis; agus mar a deir an file:

Do gheobhtaí cuileann ag fás ann,
Pluma breágh, áirne is úbhall,
Fuinnseóg gharbh nó cárthann
Is bile breágh álainn iúir,
Adhmaid luinge nó báid ann

Do shnámhfadh ar bhárr na dtonn,
Crainn ag lúbadh fé bhláth ann
'S a dtortha le fáil 'sa drúcht.

Agus gach sórt éin istigh iontu ag déanamh aitis is áthais.
"An chuach 's an lon 's an chéirseach ar séirse is gach nóta fíor."
An smólach binn, an fhuiseog, an lasair choille, an dreoilín, an spideog, an fháinleog, an gealbhan, an préachán, an cág, an colúr, an coileach feá, an creabhar coille, an chearc fhraoigh, an phatraisc, an naoscach, an gobadán, an seabhac, an ghé fhiáin, an lacha fhiáin, agus an pilibín míog.

Tá aibhneacha agus lochanna ann leis agus iad lántuillte d'iasc— an breac geal is an breac donn is an bradán ag léimneach sa linn.

Tá a lán ainmhithe fiáine sna coillte: sionnaigh, coiníní, giorriacha, broic agus dobharchúnna, an fia-chat, an ghráinneog agus an easóg is an t-iora rua.

Feirmeoirí ar fad atá ar an mbaile sin agus bíonn siad ag obair i gcónaí go dian dícheallach agus go moch déanach, ó dhubh go dubh agus ó Luan go Satharn. Uaireanta bíonn siad ag saothrú na talún, ag grafadh is ag rómhar, ag treabhadh is ag fuirseadh; uaireanta eile bíonn siad ag cur síl agus plandaí; uaireanta eile bíonn siad ag baint an fhéir nó ag baint na móna as an bportach (le sleánta), nó ag baint na bprátaí is na mbarr arbhair (coirce, cruithneacht, eorna, seagal). Ní bhíonn na barra go maith acu i gcónaí mar bíonn an aimsir róthirim nó rófhliuch; ach bíonn siad sásta le toil Dé. Daoine grámhara glana Gaelacha is ea iad.

Sna móinéir baineann siad an féar i mí an Mheithimh. Le speal is ea a bhaintear an féar, nó le corrán. Is tuirsiúil an obair í an spealadóireacht. Mar sin, ní foláir dóibh éirí aisti anois agus arís chun a dtuirse a chur díobh. Bíonn an speal go han-ghéar ach más ea féin, ní mór dóibh faobhar a chur uirthi go minic leis an gcorráinín (ruidín cam a chuimlítear le lann na speile nuair a bhíonn sé mantach maol) agus leis an gcloch speile nó leis an gcláirín. Ach ní chuireann san puinn moille orthu; mar a deir an seanfhocal: "Ní moill faobhar ach is moill mhór a bheith gan é."

Nuair a bhíonn an féar bainte agus nuair a bhíonn drúcht na maidine imithe le teas na gréine tagann siad arís agus déanann siad an féar a shuaitheadh agus a leathadh faoin ngrian á thriomú. Agus ansan arís san oíche, déanann siad cocaí beaga de agus bíonn siad á leathadh agus á chocadh mar sin go mbíonn sé go breá tirim agus ansan tugann siad isteach chun na hiothlainne é ar thrucailí móra.

Cur agus baint an arbhair
Cur na bhFuí toradh gan tuí;
Cur an Mhárta tuí agus toradh;
Cur an Aibreáin tuí gan toradh;

Téann an síoladóir amach agus an síonán (mála an tsíl) thar a ghualainn aige is é ag croitheadh an tsíl nuair a bhíonn an pháirc treafa fuirste ullamh ina chomhair. "Creachadóir tíosach síoladóir fánach" mar sin cuireann sé an síol cuibheasach tiubh.

Is gearr go mbíonn an síol os cionn talaimh ina gheamhar is ansan an geamhar ag eascairt (ag cur as an dúbailt), is é sin, a grán á thaispeáint féin ar na diasa.

Bíonn an gort arbhair go breá glas ar dtús agus ansan táthghlas, is é sin, cuid den arbhar glas agus cuid de buí aibí. Nuair a bhíonn sé go léir buí, bíonn sé aibí; má bhíonn sé aibí tamall sula mbaintear é, bíonn sé ag sileadh, is é sin, bíonn an grán ag titim as na diasa ar lár.

Bíonn na daoine ag magadh fúmsa
I dtaobh mo ghoirt a bhaint glas;
Ach bímse ag magadh fúthu
Nuair a théann a gcuid sa chlais.

Tagann na buanaithe—an lucht bainte—ansan ag baint arbhair. Más gort an-bheag é nó más dúiche bhocht é, bíonn corráin acu, nó speala. An té a bhíonn ag oibriú an chorráin, beireann sé ar dhornán den arbhar le lámh leis agus baineann sé é leis an lámh eile. Cuireann sé sin glugar nó leathadh lúitheach ina lámh, is é sin, bíonn a lámh gan tapa gan bhrí ó bheith ag breith ar an arbhar lena leathlámh. Dornán a thugtar ar an méid is féidir le duine a bhaint le corrán. Trí dhornán sa phunann.

Tagann bean cheangail i ndiaidh an bhuanaí agus cuireann sí ceangal ar an bpunann. Deascán a thugtar ar na soip a fhágtar ar an talamh i ndiaidh na mban ceangail. Buachaillí is mó a chítear á bpiocadh; agus má ráiníonn brobh maith láidir ina dtreo, is gnách leo geocán (saghas trumpa nó feadóige) a dhéanamh de chun ceol a bhaint as.

Cuirtear na punanna os cionn a chéile ina dhiaidh sin ina stuaicín agus ansan ina stáca. Tugtar an t-arbhar isteach chun na hiothlainne á bhualadh.

Coinleach a thugtar ar an ngort arbhair tar éis an t-arbhar a bhaint de. Coinlíní (briogadáin) a thugtar ar fhuílleach an tuí a fhanann sa choinleach.

Sa tseanaimsir dhéantaí an t-arbhar a bhualadh le súistí, .i. dhá bhata (an colpa agus an buailteán nó an preabaire) agus iad ceangailte dá chéile le gad nó le hiall.

Baint, bualadh, agus grafadh na crua-oibreacha de réir an tseanfhocail. Seo mar a dhéantaí an bualadh. Chuirtí an easair (dhá phunann, ceithre phunann, nó sé phunann) thíos ar lár— "urlár lom don bhuailteoir glan"—"leath buailte lár glan"—"colpán coill, buailteán cuilinn, urlár lom agus aon phunann"—agus ansan bhuaileadh gach buailteoir a dhreas ag bualadh ag scoitheadh is ag scothbhualadh an arbhair. Scoitheadh a thugtaí ar an gcéad ghrán a bhaint as an tuí leis an mbualadh. Glanbhualadh a thugtaí ar an dara bualadh (athbhualadh, bualadh amach; ach uaireanta, ní dhéantaí ach an t-arbhar a scoitheadh agus an chuid eile a thabhairt le hithe do na ba).

Ansan dhéantaí an coirce a cháitheadh, is é sin, an lóchán (an cháith) a bhaint den ghráinne. Chuirtí an grán ar bhodhrán (árthach éadrom cruinn déanta d'adhmad agus tóin de sheithe caorach inti) agus ligtí anuas ar lár ansan é agus má ba lá maith cáithe é (má bhíodh gaoth oiriúnach ann) bheireadh an ghaoth an lóchán léi agus thiteadh an gráinne, mar is troime an gráinne ná an lóchán. "Is gairid a bhíonn an scál ag iompú agus an lóchán ag imeacht." Ina dhiaidh sin, dhéantaí an coirce a rilleadh trí roithleán chun ná beadh aon tuí ná salachar eile sa choirce.

Cuirtear an coirce i málaí ansan agus tugtar chun an mhuilinn é chun é a mheilt. Déantar an coirce a chruachan ar dtús le teas tine ar leac cruaite sula meiltear é. Déantar an coirce a chorraí le ráistín a fhad a bhíonn sé á thriomú agus á chruachan. Meiltear é idir dhá chloch mhóra ar a dtugtar mar ainm brónna muilinn—ní mheileann leathbhró—bró muilinn in uachtar agus bró muilinn in íochtar. Bíonn poll i lár gach bró agus cró-iarann tríothu. Castar iad go tapa agus meiltear an coirce go ndéantar min de. Más sa bhaile a dhéantar an coirce a mheilt—mar a dhéantaí fadó—is le bró a dhéantar an mheilt. Capán cloiche is ea an bhró agus cloch mhór ina luí anuas ar an gcoirce. Déantar an chloch uachtair a chasadh agus an coirce a mheilt mar sin. Rud ar nós gléis mheilte caifé an lae inniu.

Sna dúichí saibhre, in ionad an chorráin agus na speile, bíonn innill (meaisíní) chun an t-arbhar a bhaint agus a cheangal—inneall bainte agus ceangailte. Déanann an meaisín sin an t-arbhar a cháitheadh ag an am céanna.

Bíonn an-oíche scléipe agus spóirt i dteach feirmeora lá buailte an arbhair.

6.2. Cur agus baint na bprátaí

San earrach a dhéantar an talamh a shaothrú i gcomhair na bprátaí leis. Déantar an garraí a rómhar le rámhainn (le láí). Déantar an gort a threabhadh leis an gcéachta. Tugtar an cinnfhearann ar an méid den ghort a fhanann gan treabhadh toisc gurb ann a iompaítear na capaill (an seisreach) treafa. Déantar iomairí chun na prátaí a chur iontu. Clais is ea an trinse a bhíonn idir gach dhá iomaire. Nuair a bhíonn an talamh ullamh, déantar na prátaí síl a ghearradh ina scealláin. Ní foláir súil a bheith i ngach sceallán. Mná is mó a dhéanann an obair sin. Roinnt laethanta tar éis na sceallán a ghearradh is ea a dhéantar iad a chur nó a shá. Mura mbíonn an aimsir oiriúnach—má bhíonn an uain fliuch—cuirtear aol ar na sceallán á gcoimeád maith.

Is amhlaidh a dhéantar na sceallán a chur: déantar poll san iomaire leis an rámhainn agus ansan sáitear sceallán sa pholl agus dúntar an poll leis an tuairgín nó leis an habhaistín. Cuirtear cré suas leis an iomaire i gceann tamaillín agus nuair a bhíonn na gais os cionn talaimh cuirtear an athchré suas.

Sin mar a dhéantar an obair nuair is sna hiomairí a chuirtear na prátaí. Ach is leis an gcéachta is mó a dhéantar an obair anois agus mar sin, ní ina n-iomairí ná ina leapacha a bhíonn siad in aon chor ach ina ndruileanna.

Dúntar na druileanna leis an gcéachta agus cuirtear an athchré suas leis an gcéachta ina dhiaidh sin agus nuair a bhíonn na prátaí ullamh chun a mbainte, in ionad iad a bhaint leis an rámhainn osclaítear na druileanna leis an gcéachta. Déantar an talamh a fhuirseadh ansan agus pioctar na prátaí.

Creacháin a thugtar ar an bpráta beag suarach. Fadhbán ar phráta maith mór. Falcaire a thugtar ar an bpráta mór míchumtha gan súil; ní hoiriúnach in aon chor chun síl é.

6.3. Baint na móna

Bíonn súil gach éinne ar an tuath in airde le lá bainte na móna, mar cé go ndéantar a lán oibre an lá san, bíonn mórán spóirt agus aoibhnis leis agus na fir óga a bhíonn ag gabháil den mhóin i lár na hoibre go léir.

Más d'fheirmeoir saibhir a bhítear ag baint na móna, bíonn meitheal an-mhór ar fad aige, suas le daichead duine nó os a chionn. An lá san tugann na comharsana go léir cúnamh dá chéile agus díolann siad an comhar nuair a bhíonn a gcomharsana ag gabháil den mhóin. Ní bhíonn aon phá ná tuarastal ó éinne ar obair an lae sin, ach cuireann fear na móna cóir mhaith fhial fhlaithiúil ar na fir a bhíonn ag cabhrú leis.

I mBealtaine is ea a dhéantar an mhóin a bhaint. Roinnt laethanta sula dtosaítear ar mhóin a bhaint, cuirtear beirt fhear nó triúr ag glanadh an phortaigh, is é sin ag baint an bharrfhóid ghlais de, i dtreo, nuair a thagann an mheitheal ná bíonn a bhac orthu tosú láithreach bonn baill ar an obair a bhíonn rompu. Timpeall a hocht a chlog ar maidin a thosaítear ar an mbaint. Dá mbeadh daichead fear ann, bheadh ochtar nó deichniúr agus sleánta acu ag baint na móna agus ceathrar nó cúigear eile ag cabhrú leo ag cur na bhfód móna ó dhuine go chéile acu go mbeadh sí i bhfad amach ón bpoll móna (ón bportach) chun ná beadh sí sa tslí orthu ag obair.

Bíonn fear an tsleáin thíos sa phortach agus de réir mar a bhíonn sé sin ag baint, bíonn fear roimhe amach ar aon leibhéal leis ag tógáil an fhóid agus á chaitheamh amach ar an bport. Tógann fear eile ansan le píce é, leis, agus caitheann sé chun duine eile é agus mar sin dóibh ó dhuine go duine go mbíonn sé ar an talamh tirim. Bíonn gach fear sleáin mar sin agus a chuid féin den phortach aige le baint agus a chothrom féin d'fhir phíce ag cabhrú leis go mbíonn a ndóthain bainte acu d'fhear an phortaigh.

Fágtar an mhóin ansúd ar an talamh tirim le grian go ceann seachtaine má bhíonn an aimsir go breá tirim. Ansan tagann roinnt daoine i gceann na haimsire sin agus cuireann siad cúig fhód ina seasamh chun triomú níos fearr uirthi. "Cnuchairt na móna" a thugtar ar an obair sin. Fágtar mar sin arís í go mbíonn sí go breá crua agus go breá tirim. In Iúil nó i Lúnasa tugtar abhaile í ar thrucailí agus cuirtear i dteachín móna í, áit nach baol di an bháisteach ná an fhliche a thuilleadh. Agus ansan "téann sí isteach ar ghuaillí daoine agus tagann sí amach ina snáithín síoda".

Uaireanta fágtar lasmuigh den teach í ina cruach agus nuair is mian le muintir an tí tuilleadh móna a thabhairt isteach chun na tine cuirtear i gcléibhín í. Móin fhliuch righin ná tugann ach beagán teasa uaithi is ea spairt. Blúire d'fhód móna is ea caorán. Fód móna gan mhaith is ea scrathóg. Uaireanta nuair ná bíonn bóthar maith chun dul isteach ar an bportach tugtar an mhóin abhaile ar fad nó amach go dtí claí an bhóthair ar asail. Bíonn srathair fhada ar an asal agus dhá chliabh ar crochadh le maothán (cliathán) an asail, ceann acu ar gach taobh de, agus iad ar crochadh de scoráin (nó de chora) na srathrach.

Bíonn an-spórt agus caitheamh aimsire ag na buachaillí a bhíonn ag baint na móna nuair a bhíonn obair an lae críochnaithe; agus cá mór dóibh an caitheamh aimsire, an sult agus an siamsa go léir, tar éis an lá a thabhairt isteach ag obair go dian dícheallach ó mhaidin.

6.4. An fheirm agus ainmhithe na feirme

Tá feirm ag mo dhaoine muinteartha agus tá a lán beithíoch acu: capaill (stail agus láracha) agus cúpla searrach; capaillín nó dhó; asal agus searrach asail; ba agus tairbh; ba bainne (loilíocha), gamhna agus laonna colpacha agus seafaidí agus bulláin; caoirigh agus reithí (fóisceacha agus moilt) agus uain; muca (cráin agus collach) agus bainbh agus céiseanna; gabhair (pocán gabhair agus minseacha bainne) agus meannáin; a trí nó a ceathair de ghadhair agus cúpla cú; cearca agus coiligh agus sicíní cearc; géanna agus gandail agus góislíní; lachain agus bardail agus lachain óga; colúir; agus tá péacóg acu, leis, agus cúpla cearc ghuine, agus roinnt coirceog bheach.

Tarraingíonn an capall agus an t-asal ualaí móra nuair a bhíonn siad gafa faoi thrucailí, agus uaireanta an tsrathair fhada orthu chun móin a thabhairt ón bportach. Is é an capall a dhéanann formhór obair na feirme, ag treabhadh agus ag fuirseadh is ag tabhairt an fhéir agus an arbhair isteach chun na hiothlainne agus an mhóin ón bportach. Cuirtear an capall faoin gcóiste (faoin gcarr cliathánach) nuair a bhítear ag dul chun an Aifrinn Dé Domhnaigh nó ag dul ar an mbaile mór ar aonach nó ar mhargadh nó ar shochraid, agus téitear ar marcaíocht air (uirthi) le diallait nuair is maith é an deabhadh, nuair a bhítear ag dul le teachtaireacht, nó nuair a bhítear ag fiach an mhadra rua. Is maith agus is taitneamhach marcaíocht ar chapall—áthas ar mhuin an eich.

Tugann an bhó bainne uaithi. Crúitear í ar maidin agus um thráthnóna agus tálann sí (tugann sí uaithi) an bainne. Déantar í a shniogadh chun an uile dheoir den bhainne a chrú as a húth. Tugtar an bainne isteach ansan chun teach an bhainne agus déantar é a scagadh trí chriathar. Cuirtear an leamhnacht ar leataobh i dteach an bhainne i gcíléir mhóra leathana agus nuair a bhíonn an t-uachtar go léir tagtha ar bharr cuirtear an t-uachtar (barr na leamhnachta) isteach i meadar agus déantar an t-uachtar a shuaitheadh sa mheadar (is é sin, déantar an chuigeann chun im a dhéanamh), leis an loine a bhualadh síos agus suas sa mheadar (leis an mbairille a chasadh). Nuair a bhailíonn an t-im ina chnapóga bíonn an chuigeann déanta.

Ní mór teach an bhainne a choimeád go breá glan slachtmhar agus go fionnuar; dá mbeadh an iomad teasa ann rachadh an leamhnacht agus an t-uachtar i ngéire agus níorbh fhéidir aon im a dhéanamh de. An bainne a fhanann sa chuigeann (sa bhairille) tar éis an chuigeann a dhéanamh, bláthach a thugtar air. Leamhnacht a thugtar ar an mbainne a thálann an bhó uaithi nuair a chrúitear í. Bainne géar a thugtar ar an leamhnacht nuair a bhíonn blas géar uirthi ón teas. Bainne ramhar a thugtar ar an mbainne tar éis an t-uachtar a bhaint de nuair a théann sé i ngéire. Gruth thúis a thugtar an gcéad bhainne a thálann an bhó tar éis teacht, is é sin, tar éis gamhna a bhreith agus maothal a thugtar ar an mbainne tar éis é a bheiriú.

Nuair a dhéantar leamhnacht agus bainne géar a mheascadh ar a chéile agus iad a bheiriú, déantar gruth agus meadhg díobh. Gruth a thugtar ar an gcuid is cnapógaí den mheascadh agus meadhg ar an gcuid is deoch de. Bíonn dath glas ar an meadhg. Ón dá bhainne a mheascadh ar a chéile is ea a thugtar "meadhg dhá bhainne" ar an meadhg.

Déantar cáis leis an mbainne. Cuirtear an bainne i gcoirí móra agus, nuair a bheirítear é agus gruth a dhéanamh de, cuirtear isteach i múnla mór é. Fáisctear ansan é chun an t-uisce (agus an mheadhg) go léir a bhaint as. Cuirtear salann ansan air agus tar éis é a fhágáil a trí nó a cheathair de mhíonna ar leataobh, bíonn sé ina cháis oiriúnach chun an mhargaidh.

Déantar gabhair (minseacha) a chrú, leis, agus is somhilis é a gcuid bainne. Agus ós ainmhí tréan sláintiúil é an gabhar, bíonn bainne gabhair slán ó fhrídíní galair. Na daoine bochta nach acmhainn dóibh ba a chothú coimeádann siad gabhair i gcónaí.

"Is buaine an t-uanán ná an t-anraith", is é sin, is fearr agus is buaine toradh na bó ina beatha nuair a thálann sí an leamhnacht, ar a mbíonn uanán (cúr breá tiubh trom), ná nuair a bhíonn sí marbh agus mairteoil déanta di ag tabhairt feola le hithe agus anraith le hól don duine.

Ach más ea, is mór é toradh na bó nuair a bhíonn sí marbh leis. Mairteoil a thugtar ar fheoil na bó, agus laofheoil ar fheoil an lao, agus is buacach saibhir sóch an cothú é. Nuair a mharaíonn an búistéir beithíoch (bó, lao, tarbh, bullán) feannann sé é, is é sin, baineann sé an tseithe de. Déantar leathar den tseithe ag an teanús lena fhilleadh ina dhiaidh sin. Déantar glóthán dá chrúba agus déantar cíora agus paidríní dá adharca.

Déantar na caoirigh a lomadh, is é sin, an olann—a lomra—a bhaint díobh i lár an tsamhraidh. Agus in áiteanna déantar iad a lomadh dhá uair, i mí na Bealtaine agus i mí na Samhna. Is fearr lomadh na Samhna ná lomadh na Bealtaine. Bíonn sé go dlúth trom tar éis an tsamhraidh agus bíonn sé go gearr lag éadrom tar éis an gheimhridh agus an earraigh. Is fearr a bhíonn lomra na gcaorach ar an talamh saibhir. Bíonn sé go dlúth fada mín plúrach agus tagann sé de na caoirigh in aon scraith amháin. Bíonn an olann is fearr agus is boige ar chliatháin agus ar dhroim na gcaorach agus ní bhíonn ach olann ghearr gan mhaith timpeall na gcos agus an bhoilg. Le deimheas a dhéantar an olann a bhaint den chaora. Déantar éadaí olla as olann na caorach.

Caoireoil a thugtar ar fheoil na caorach.

Is beag feirmeoir a mharaíonn ba agus caoirigh dó féin mar fheoil. Is amhlaidh a dhéanann siad iad a chothú i gcomhair an mhargaidh agus díolann siad iad ar na haontaí le ceannaitheoirí bó agus caorach. Bíonn na beithígh sin ar féarach, ag iníor nó ag fosaíocht sna gleannta, ar na cnoic agus ar na hinsí cois abhann. Faightear a lán dua le cothú na ngamhna agus na laonna mar ní foláir iad a chothú go maith.

Déantar na muca a ramhrú i gcomhair an mhargaidh, leis, ach is beag feirmeoir ná maraíonn muca dó féin i rith na bliana agus coimeádann siad ar salann iad ina dtithe féin mar lón bia. Bagún a thugtar ar an bhfeoil ghoirt san na muice. Muiceoil a thugtar ar an bhfeoil nuair ná cuirtear ar salann í.

Faightear uibheacha ón gcearc agus ón lacha agus ón ngé agus ón turcaí. Cothaítear an éanlaith sin (an t-eallach) ní hamháin i gcomhair na n-uibheacha a fhaightear uathu ach chun bia, mar bíonn an-éileamh i gcónaí ar fheoil éanlaith na feirme. Uibheacha cearc is mó a itear. Nuair a stadann an t-eallach de bhreith na n-uibheacha, bíonn siad ar gor. Cuirtear uibheacha goir fúthu ansan. Stadann an chearc ar gor go ceann lae agus fiche agus an éanlaith eile go ceann ceithre seachtaine.

Nuair a mharaítear an éanlaith sin chun bia is milis bog buacach agus is sobhlasta iad agus déantar úsáid dá gclúmh chun adhairtíní agus adhairteanna is tochtanna boga clúimh a dhéanamh i gcomhair leapacha.

6.5. Fuaimeanna na feirme

Is mó fuaim a bhíonn le cloisteáil i gclós na feirme ná bíonn le clos ar an mbaile mór.

Bíonn an capall ag seitreach (seitreach capaill).
Bíonn an bhó ag géimneach (géim, géimneach bó).
Bíonn an tarbh ag búireach (búireach, búireadh tairbh)
Bíonn an chaora ag méileach (méileach caorach).
Bíonn an gabhar ag meigeallach (meigeallach gabhair).
Bíonn an gadhar ag amhastrach, ag tafann, ag sceamháil, ag glamaíl, ag uallfairt (amhastrach, sceamh, glam, uaill, gadhair.)
Bíonn an coileach ag glaoch; tioc, tioc na circe;
"Glaoch an choiligh" a thugtar ar an tráth i dtús lae nuair a ghlaonn an coileach.
Bíonn an ghé ag grágaíl (grágaíl na ngéanna).
Bíonn an t-asal ag glaoch leis.
Cantain, ceiliúr, ceol, amhrán, guth na n-éan.
Bíonn an mhuc ag gnúsachtach (gnúsacht na muice).
Scréach an bhainbh.
Foghar na mbeach.

Agus is binn é, leis, foghar na mbeach agus is tairbheach don té a mbíonn coirceog bheach aige, mar is furasta agus is saor iad a chothú agus ní stadann siad choíche ach ag obair is ag saothar ag déanamh meala.

Nuair a éiríonn saithe beach, leanann siad a mbanríon pé áit a dtéann sí agus nuair a thuirlingíonn sí sin tuirlingíonn siad go léir san áit sin. Is féidir an tsaithe a chur ina luí le bualadh cloig nó le fothram eile mar sin. Ní mór coirceog a bheith ullamh ina gcomhair agus í glan milis blasta cumhra. Ní foláir ansan an bhanríon a aimsiú agus í a chur sa choirceog agus leanfaidh an saithe uile go léir isteach í. Ní túisce socair ina gcoirceog iad ná siúd ag obair iad. Imíonn thar tríocha gach aon lá ag ól na meala is gá a thiomsú as bláthanna na ngairdíní is na bpáirceanna is na gclaíocha is as aiteann is as fraoch na gcnoc agus tagann siad abhaile tráthnóna, gach ceann acu agus a hualach féin i gcomhair stór saibhris na coirceoige.

"Seachain an bheach tá cealg inti"; ach an té a mbíonn aithne acu is taithí acu air, ní baol dó iad nuair a théann sé ina ngiorracht. Is gnách, ámh, don duine clúdach a chur ar a cheann is ar a mhuineál is ar a lámha nuair a théann sé ag coilleadh na coirceoige, ag bailiú na meala uathu a thugann siad uathu go fial ina criathair. Faightear céir bheach uathu leis. Agus is féidir iad a chothú sa gheimhreadh agus i ndúluachair na bliana le siúcra donn. Cuasnóg (talmhóg) a thugtar ar nead na mbeach fiáin sa chlaí nó sa talamh.

6.6. An chistin i dteach feirme

Is í an chistin an seomra is mó i dteach feirme. Is inti a dhéantar an bia go léir a ullmhú, ní hamháin do mhuintir an tí féin ach do bheithígh na feirme. Tinteán mór atá ann agus é idir a ceathair agus a sé de throithe ar leithead agus timpeall sé troithe ar airde. Níl aon ghráta ann ach is amhlaidh a bhíonn an tine (tine mhóna nó tine mhóna is mhaidí) anuas ar leac na tine (leac an tinteáin). Sna dúichí síos amach, ní bhíonn aon mhóin le fáil iontu, gual agus maidí a bhíonn acu, agus is minic a bhíonn le hais na tine cóir shéidte (meaisín tine) agus bíonn roithín deas ann agus le casadh an roithín sin déantar séideán gaoithe, a théann faoin tine isteach trí phíobán fada, i dtreo gur féidir an tine a adhaint go han-tapa leis.

Is annamh a ligtear an tine mhóna in éag; ní dhéantar ach í a choigilt istoíche nuair a bhítear ag dul a chodladh agus ar maidin lá arna mhárach déanann an puth is lú í a adhaint.

Tá dhá chroch os cionn na tine i dteach na feirme ag mo mhuintir. Is é rud é an chroch ná barra mór iarainn agus a bhun sáite i bpoll i leac na tine le hais bhalla an tinteáin agus a bharr trí bhacán in airde sa bhalla. Timpeall ceithre troithe os cionn leac na tine atá barra eile iarainn as an mbarra san agus é ingearach leis. Déantar na corcáin is na citil is na hoighinn a chrochadh as, agus toisc na mbacán, ina bhfuil an chéad bharra úd a luadh, is féidir an chroch a aistriú isteach nó amach chun corcáin a chur ar an gcroch nó a bhaint di agus ansan chun í a chur os cionn na tine. Tá cúpla seilf os cionn na tine (an chlabhair) agus is ann a chuirtear na bróga á dtriomú nó na hiarainn iarnála, ⁊rl.

Tá a lán crúcaí i síleáil na cistine agus is annamh ná bíonn píosaí bagúin ar crochadh astu mar is beag feirmeoir ná maraíonn a mhuca féin chun feola; agus nuair a thógtar an bagún as an salann, fágtar ar crochadh sa chistin é chun an deatach a dhul faoi agus chun blas milis a chur air.

Tá poll mór sa bhalla ar gach taobh den tine chun rudaí a chur ar leataobh iontu. Tá drisiúr an-mhór sa chistin agus is air sin a choimeádtar na hárthaí go léir a úsáidtear ag na béilí sa chistin. Tá cúpla tarraiceán sa drisiúr agus is iontu a chuirtear na sceana is na foirc is na spúnóga. Faoi bhun an drisiúir bíonn bosca nó dhó agus is iontu a chuirtear na cearca nuair a bhíonn siad ar gor mar bíonn teas agus cluthaireacht acu ann. Tá cófra nó dhó sa chistin agus iad roinnte ina gcodanna i gcomhair plúir agus mine agus coirce agus proinne agus brain. Tá dhá bhord mhóra agus a lán cathaoireacha is suíochán ann agus suíochán fada leathan le hais an bhalla i gcomhair theas na tine.

Is annamh ná bíonn corcán mór os cionn na tine as an gcroch, mar bíonn bia á bheiriú i gcónaí sa chistin do mhuintir an tí nó do na hainmhithe. Prátaí an bia is flúirse ar fheirm agus is é bia is fearr é do na muca agus don eallach. Nuair a bhíonn prátaí na muc ullamh, cuirtear amach ar thobán mór iad agus déantar min a mheascadh orthu agus ansan tugtar go cróitín na muc iad agus cuirtear chucu san umar iad. Tugtar fuílleach na mbéilí agus bainne géar agus bláthach leis do na muca. Meaingil agus tornapaí a ghearradh ina sliseanna a thugtar do na ba mar bhia agus tugtar cabáiste dóibh, leis, agus féar. Féar nó coirce agus bran measctha ar a chéile a thugtar do na capaill. Nuair a bhíonn capall tar éis bóthar fada a chur de, is contúirteach an ní é deoch d'uisce fuar a thabhairt dó, ar eagla go dtiocfadh coiliceam air; agus mar sin, tugtar buicéad d'uisce bog agus cúpla lán doirn de bhran measctha air. Bíonn cnap salainn de ghnáth i mainséar an chapaill sa stábla agus is milis leis é a bhlaiseadh.

Bíonn muintir na tuaithe beag beann ar an mbáicéir agus in ionad a bheith taobh lena aránsan déanann siad arán dóibh féin. Bíonn cailíní na tuaithe ar fheabhas chun arán (cístí aráin) a dhéanamh. Déanann siad an plúr a fhuineadh ar an losaid tar éis bainne géar a mheascadh tríd (uaireanta nuair a bhíonn cuideachta chun boird acu déanann siad cístí beaga le huachtar agus le him), agus cuireann siad an t-arán á bhácáil os cionn na tine in oigheann (i mbastabal) ar crochadh den chroch nó san oigheann cois na gríosaí agus cuid den ghríosach dhearg anuas ar chlab an bhastabail; nó cuirtear an t-arán ar an ngrideall os cionn na gríosaí agus bíonn sé go hálainn sobhlasta ar fad.

Is í an chistin an seomra is tábhachtaí i dteach feirme mar is inti a itear na béilí agus is ann a bhailíonn na comharsana istoíche ag scoraíocht, go mór mór, nuair a bhíonn, mar a déarfá, lán an tí ann, oíche na móna a bhaint, nó oíche bhuailte an arbhair (oíche an mheaisín). Agus is cois na tine móire (an bhéilteach thine) a bhíonn sa chistin sa gheimhreadh a dhéantar na scéalta fada fiannaíochta a insint nó a chuirtear cúrsaí an tsaoil trí chéile a fhad a bhíonn cailíní an tí ag cniotáil nó ag sníomh. Ach ní chun suilt amháin a thagann na comharsana i gcónaí, tagann siad cúpla uair sa bhliain ag marú muc is á gcur ar salann. Tar éis an mhuc a mharú le haltán scine, bailítear an fhuil i dtobán agus déantar putóga di. Nuair a bhíonn an fhuil go léir tálta aisti cuirtear an mhuc ar an mbord agus bearrtar na guairí go léir di le sceana. Ní foláir uisce beirthe a chuimilt go minic de chraiceann na muice chun na guairí a bhearradh. Nuair a bhíonn san déanta, bíonn an mhuc go breá glan agus déantar í a chrochadh as treasnán na cistine agus baintear na hionathair aisti.

I gceann cúpla lá déantar an mhuc a ghearradh agus í a chur ar salann. Bíonn roinnt de na comharsana ann ag cabhrú le muintir an tí ag cuimilt an tsalainn den mhuc agus a fhad a bhíonn an obair ar siúl bíonn spórt is scléip acu, agus gach duine ar a dhícheall. Bíonn rince i ndeireadh na hoibre acu agus deoch an dorais, agus ní folamh a théann an lucht cúnta abhaile, gan roinnt den mhuc acu.

6.7. Botháin na feirme

Sna botháin i gclós (banrach) na feirme atá gach sórt uirlise i gcomhair obair na feirme, mar atá: céachta chun treafa, bráca nó cliath chun fuirste, baraí chun ualaí beaga a iompar ó áit go háit, pící chun an féar agus an t-aoileach a thógáil agus a chur isteach sna trucailí, sluasaid (sluaistí) chun cré a ardú, tua chun adhmad a scoilteadh, grafáin chun aiteann a ghearradh agus chun grafa, speala agus corráin chun féar agus arbhar a bhaint, rácaí chun an féar a shuaitheadh, toireasc fada chun crann a leagan, agus trucailí is cóistí de gach saghas.

Bíonn roinnt de na botháin sin i gcomhair bheithígh na feirme. Stáblaí na gcapall, cró na mbó, agus cróitín na muc.

Bíonn áit faoi leith sa bhanrach i gcomhair an fhéir agus an arbhair, .i. an iothlainn. An scioból a thugtar ar an teach ina gcoimeádtar iad san. Bíonn cró, leis, i gcomhair na lachan agus na ngéanna agus na gcearc. Nuair a bhíonn na cearca ar gor coimeádtar sa chistin iad sa chúb.

6.8. Na gairdíní

Tá gairdín (garraí, luibhghort) in aice an tí agus úllord, leis, agus gairdín na rós is na mbláthanna. Tá a lán crann torthaí san úllord, crainn úll, crainn piorraí, agus crainn silíní, toir spíonán agus toir caor bán. Tá sú craobh, leis, agus sú talún.

Sa luibhghort tá leapacha faoi leith do phrátaí is do mheacain is do chóilis agus do chabáiste agus do phónairí agus do phiseáin, 7rl.

Ba bhreá leat a bheith ag siúl i ngairdín na rós agus na mbláthanna agus boladh cumhra na mbláthanna go léir a fháil, mar tá gach saghas blátha is róis dá áille is dá chumhra le fáil ann.

6.9. An baile beag

Tá baile beag timpeall seacht míle ón teach thar an gcnoc siar ó dheas. Baile beag deas glan is ea é. Tá cúpla teach ósta ann mar tá sé cois na farraige agus tagann a lán daoine ann sa samhradh nuair a bhíonn an aimsir go brothallach agus an uain go breá. Tá séipéal (teach pobail) beag ann, leis (tá ceann in aice theach mo dhaoine muinteartha leis), agus tá sagart an pharóiste ina chónaí láimh leis an séipéal sa bhaile beag, agus tá sagart óg, leis, ann i dteach na sagart. Tá cúpla siopa ann, leis, seachas na tithe ósta, mar a bhfaigheann na daoine ón gcomharsanacht lón bia agus dí nuair a theastaíonn sé uathu. Tá oifig phoist ann agus is féidir sreang-scéalta (teileagraim) a chur ón oifig sin i gcéin agus i gcóngar.

6.10. An margadh

Tagann na feirmeoirí chun an mhargaidh (a bhíonn sa bhaile mór uair sa tseachtain ar a laghad) ag díol prátaí, féir, tuí, coirce, cabáiste, ⁊rl. agus tugann mná na bhfeirmeoirí an t-im agus na huibheacha agus an t-eallach (cearca, coiligh, géanna, lachain, turcaithe) isteach. Bíonn éileamh maith ar na nithe sin ó cheann ceann den bhliain, agus, mar sin, ní hé dearmad na bhfeirmeoirí gan iad a dhíol nuair a bhíonn breis agus a ndóthain díobh acu féin. Ní mór na prátaí agus an féar agus an coirce, ⁊rl., a mheá sula ndíoltar iad. Mar sin, bíonn meánna i dteach an mhargaidh nó lena ais chuige sin. Meá bheag i gcomhair na bprátaí, mar is i málaí faoi leith is coitianta a dhíoltar iad. Oiread san an tomhas (punt agus fiche meáchan) nó an chloch (ceithre phunt déag) a dhíoltar iad. Más féar nó tuí a bhítear á dhíol, ní mór an trucail ar a n-iompraítear iad a mheá. Baintear ualach na trucaile den ualach go léir (lánualach) agus díoltar as an bhfuílleach meáchain (an glanualach).

Díoltar na huibheacha ina ndosaenacha nó ina gcéadta; agus an t-im ina phuint, ina mheascáin mhóra. Díoltar an t-eallach ina gceann is ina gceann nó ina bpéirí. Bíonn éileamh maith ar gach ní mar sin i rith na bliana, agus go mór mór ar thurcaithe um Nollaig, mar is sólaiste suáilceach so-bhlasta a bhfeoil bhog shóúil.

Bíonn ceannaithe ar na margaí sna bailte mór ag ceannach na nithe go léir agus cuireann siad thar lear iad, mar a mbíonn éileamh mór orthu mar lón bia sna bailte agus sna cathracha móra, mar a mbíonn a lán daoine ina gcónaí agus gá acu le cothú maith folláin.

Téann mná tí ciallmhara an bhaile mhóir chun margaidh ag ceannach uibheacha agus ime agus eallaigh agus prátaí agus glasraí, mar is saoire go mór le ceannach ansúd iad ná mar a bhíonn sna siopaí sa tsráid.

6.11. An t-aonach

Bíonn éileamh mór i gcónaí sna cathracha agus sna bailte móra abhus in Éirinn agus thall i Sasana ar fheoil (mairteoil, caoireoil, agus muiceoil) mar ábhar bia, agus chun go mbeadh caoi agus uain ag lucht ceannaithe ar gach áit a fhreastal, is beag lá den bhliain ná bíonn margadh mór nó aonach i mbaile éigin sa dúiche. Sna bailte móra i lár dúiche is ea a bhíonn na haontaí, mar is iontu san is fearr agus is dóichí a gheobhaidh an lucht ceannaithe cóir iompair, chun an stoc a cheannaíonn siad a chur ar an mbóthar iarainn chun na gcathracha nó chun na mbailte poist, chun iad a chur thar sáile anonn go Sasana is go hAlbain.

Éiríonn na feirmeoirí go moch ar maidin lae aonaigh agus tiomáineann siad a mbíonn de bheithígh (ba, bulláin, laonna, colpaí, gamhna, seafaidí, loilíocha tairbh) nó de chaoirigh (fóisceacha, moilt, reithí) rompu chun an aonaigh. Tugann siad na laonna óga agus na huain agus na muca leo i dtrucailí, mar bheidís rófhada ar an mbóthar á dtiomáint. Bíonn deabhadh ar gach éinne a bheith ar aonach go moch is go luath mar "bíonn an fear deireanach díobhálach". Agus dá thúisce a bhíonn siad ann is ea is fearr an t-ionad a bhíonn acu chun a stoic a thaispeáint. Agus mar a deir an seanfhocal "mura bhfuil agat ach pocán (pocaide) gabhair, bí i lár an aonaigh leis".

Bíonn a lán feirmeoirí ar aonach ag díol is ag ceannach agus a lán ceannaithe, grósaeirí, arb é gnó a bhíonn acu ná ceannach stoic (bullán is caoirigh) anso agus á ndíol ansúd nó á gcur anonn go Sasana á ndíol. Bíonn na haontaí i ndeireadh na bliana ar na haontaí is mó, mar bíonn na feirmeoirí ag scaradh le pé breis stoic a bhíonn acu roimh an ngeimhreadh i dtreo ná beadh costas agus dua a gcothaithe orthu sa dúluachair.

Bíonn páirc faoi leith (páirc an aonaigh) i bhformhór na mbailte i gcomhair na n-aontaí chun gurbh fhusaide don lucht díolta a stoc a thaispeáint agus don lucht ceannaithe é a fheiceáil. Bíonn an-phlé agus an-mhargáil ar siúl ar aonach sula ndéantar margadh is sula ndíoltar an beithíoch.

Bíonn aontaí faoi leith ann i gcomhair capaill a dhíol is a cheannach, agus ó tá clú chapaill fiaigh na hÉireann in airde ar fud an domhain, bíonn ceannaithe ar na haontaí móra capall, ní hamháin ó gach cúige in Éirinn ach ó na tíortha thall i Sasana agus ar mhór-roinn na hEorpa. Sa tseanaimsir sula ndíoltaí na capaill rití rásaí á dtástáil, ach ní dhéantar amhlaidh anois.

Ach, cuirtear na capaill ag rith is ag sodar síos agus suas feadh pháirc an aonaigh nó feadh shráid an bhaile mhóir chun tréithe an chapaill a thaispeáint, agus is minic a bhíonn lia capall ann ag iniúchadh is ag scrúdú na gcapall go maith is go géar féachaint an mbeadh aon lochtanna iontu.

Bíonn aontaí móra i mBéal Átha na Sluaighe is sa Mhuileann gCearr, i gCathair an Mhí agus i gCill Orglan. Ansúd is ea a bhíonn Aonach an Phoic. Bíonn pocán gabhair in airde ar stáitse i lár na sráide ann ar feadh trí lá an aonaigh. Cuirtear in airde é an oíche roimh an aonach agus tógtar anuas arís é oíche an tríú lá.

Is mór an áis do na feirmeoirí na haontaí sin a chomóradh go minic ina gcomharsanacht mar tugann siad caoi bhreá dóibh ar a mbeithígh a dhíol nuair a bhíonn siad réidh chun a ndíolta. Is maith an tseift é do na ceannaithe in ionad a bheith ag dul ar fud na tuaithe go dtí gach teach feirme agus ní taise do mhuintir an bhaile mhóir, mar lá an-ghnóthach acu is ea lá an aonaigh toisc an tslua daoine a bhíonn ann agus an t-airgead acu go léir.

6.12. Seanfhocail i dtaobh bheithígh na feirme

6.12.1. Is maith í an bhó;
Is bainne í le hól;
Is im í agus feoil;
Is solas geal ar bord;
Déanann a heireaball rón;
Agus a hadharca ceol;
Agus is maith é a leathar chun na mbróg.

6.12.2. Is beag é toradh na bó aonair.
6.12.3. Fear na bó féin faoina heireaball.
6.12.4. Téann an bainne sa gheimhreadh go hadharca na mbó.
6.12.5. Ní féidir leat é a bheith ina ghruth is ina mheadhg agat.

6.12.6. An té ná bíonn bólacht ar chnoc aige bíonn suaimhneas ar shop aige.

6.12.7. Is mórthaibhseach iad adharca na mbó thar lear.

6.12.8. Bíonn gach duine go lách go dtéann bó ina gharraí.

6.12.9. An lao ite i mbolg na mbó.

6.12.10. Ith feoil mhairt is bí cruaidh tapaidh; ith feoil mhuice is bí mór meata.

6.12.11. Mair a chapaill is gheobhair féar.

6.12.12. Faigheann an capall bás an fhaid a bhíonn an féar ag fás.

6.12.13. Is minic a dhein bromaichín giobalach capaillín cumasach.

6.12.14. An capall is mó mairc is é is airde a chaitheann a thóin.

6.12.15. Chomh dána le muc.

6.12.16. Is cuma nó muc fear gan seift.

6.12.17. Na muca ciúine a itheann an triosc.

6.12.18. Is deacair toghadh idir dhá ghabhar dhalla (chaocha).

6.12.19. Olann a bhaint de ghabhar nó iarraidh abhrais ar phocán.

6.12.20. Bíonn dhá cheann ar gach caora aige.

6.12.21. Bíonn dhá lomra ar do chaoirigh gach aon lá.

6.12.22. Caora mhór an t-uan i bhfad.

6.12.23. An t-uan ag múineadh méilí dá mháthair.

6.12.24. Is olc an chearc ná scríobann di féin.

6.12.25. Léim choiligh ar charn aoiligh.

6.12.26. Cearca samhraidh nó coiligh fómhair.

6.12.27. Ag ithe is ag gearán ar nós cearc goir.

6.12.28. Ní sia gob an ghé ná gob an ghandail.

6.12.29. Nuair a luíonn gé luíonn siad go léir.

6.12.30. Borradh an éin ghé.

6.12.31. "Is fearr mé ná bó," arsa an chearc, "beirim ubh sa ló."
"D'aiséirigh mac na hÓighe," a deir an coileach, nuair a ghlaonn sé.
"Tá sé ag fearthainn," arsa an capall;
"Tá go díreach," arsa an bhó.
"Lá breá aoibhinn," arsa an chaora;
"Siúd chun an chlaí sinn," arsa an gabhar.

"Mo chreach fhada is mo chall," arsa an gabhar.

"Nár fhanas mar a rabhas le ráithe,
Mar a bhfaighinn biolar is samhadh
Is duilliúr na gcrann,
Is Tobar Rí an Domhain láimh liom."

6.12.32. Fearthainn do lao is gaoth do shearrach; uisce do ghé is déirc do bhacach.

6.12.33. Díol an bhó, ceannaigh an chaora, is ná bí choíche gan chapall.

7
An Baile Mór

Bhí dúil riamh ag an gcine daonna cruinniú ina ngasraí líonmhara in aice a chéile. Sin é faoi deara na bailte go léir a bheith ann. Ní dhearnadh na bailte a thógáil gan aidhm gan tuiscint ámh. Tógadh an chéad bhaile riamh d'fhonn cosanta ar lucht a áitribh. Ní neart go cur le chéile agus ós "ar scáth a chéile a mhaireann na daoine", is fearr a d'fhéadfaidís a mbeatha a bhaint amach in aice a chéile.

Mar sin, d'fhás cuid de na bailte timpeall dhúnta agus daingin na dtaoiseach—Cathair Dhúin Iascaigh (An Chathair), Caiseal Mumhan (Caiseal), Durlas Éile (Durlas), Caisleán Béarra (Baile Chaisleáin Bhéarra), Port Láirge, Port Laoise—mar is mó ainm atá ar áit dhaingean chosanta; cuid acu timpeall mainistreach—Mainistir Eimhín, Cill Chainnigh, Cill Dalua, Mainistir na Corann, Mainistir na hInse, cuid acu atá i mbéil atá cois abhann—Áth Cliath, Áth Luain, Béal an Átha, Béal Átha an Rí; cuid eile i gcóngar trá agus farraige—Trá Lí, Corcaigh, Gaillimh, Sligeach, Loch Garman, Cionn tSáile. Agus níl aon bhaile dár tógadh riamh ná raibh gá éigin leis, nó nár tugadh faoi deara gurbh áit áisiúil é do phobal dúiche teacht i gceann a chéile chun nithe a mhalartú le chéile, le díol agus le ceannach ar aonach is ar mhargadh.

Tá na bailte go léir ar aon déanamh, nach mór. Sráideanna breátha glana, leathana, díreacha iontu, nó sráideanna suaracha, salacha, cúnga casta. Tithe arda aoldaite geala, nó tithe ísle dubha dorcha ar gach taobh díobh. Buailte leis na tithe, bíonn cosáin déanta de leaca móra leathana i gcomhair lucht coisíochta. Ar chiumhais na gcosán san idir iad agus na bóithre (sráideanna), mar a mbíonn na trucailí is na cóistí is na gluaisteáin, bíonn caidhséar chun uisce na fearthainne (báistí) a bhreith ó na cosáin is ó na bóithre isteach sna clasáin faoi thalamh. Agus na crosbhóithre i ngach baile mór, bíonn tóchar (cosán) trasna na sráide ar ar féidir do na coisithe siúl de chosa tirime glana má bhíonn na bóithre fliuch salach tar éis an bháisteach a thitim.

Ar gach taobh de na sráideanna, síos agus suas, bíonn siopaí agus tithe stóir, tithe gnó agus oifigí de gach aon saghas. Siopaí éadaigh mar a ndíoltar éadaí de gach aon sórt agus gach a mbaineann le culaith an duine; siopaí bia, mar a ndíoltar gach saghas bia, mar arán, cístí, plúr, bagún, tae agus caife, siúcra agus seacláid, cuiríní agus gach aon saghas eile anlainn dá ngabhann leo san mar bhianna. Siopaí bróg, mar a ndíoltar bróga arda is bróga ísle, bróga troma is bróga éadroma, bróga tuataí is bróga uaisle, bróga d'fhir is do mhná, do gharsúin is do ghearrchailí, agus bróga beaga bídeacha do leanaí.

Bíonn siopaí tobac ann inar féidir tobac is toitíní, píopaí is lasáin, snaois is bataí siúil a cheannach; siopaí milseán is siopaí leabhar is páipéar; siopaí leathair is siopaí iarainn; siopaí ina bhfaighfí gach ní a bhaineann le culaith chapaill is siopaí ina bhfaighfí gach aon ní a bhaineann le hobair na feirme, idir shíol is uirlisí. Siopaí búistéirí mar a bhfaighfí feoil de gach saghas, idir úr agus shaillte. Siopaí báicéirí mar a ndíoltar an t-arán ina bhrící is ina bhollóga; siopaí seodóirí mar a bhfaightear seoda is gréithe is giuirléidí deasa óir is airgid de gach sórt; fáinní is muincí, cloig is uaireadóirí, bioráin is dealga. Siopaí ina bhfaighfí gach aon ní a bhaineann le hiascach: slata iascaigh, doruithe, ruaimeanna, duáin, cuileoga, baoití, treánna (sleánna), gathanna líonta, 7rl.

A fhad ar a ghiorracht, siopaí inar féidir aon ní faoin ngrian a fháil ach díol as.

Seachas na siopaí sin, bíonn sna bailte go léir oifigí ag dlíodóirí is ag dochtúirí is ag innealtóirí mar ar féidir dul agus gach ceist is caingean a bhainfeadh lena ngnóthaí sin faoi leith a chur ina gcomhairle.

Bíonn tithe móra stóir ann leis, mar a gcoimeádtar earraí, mar phlúr, min, coirce, adhmad, slinnte, aol, iarann, biotáille is leann dubh.

In aon bhaile dá laghad, bíonn foirgnimh phoiblí, mar atá, eaglais Chaitliceach, teampall Gallda (Protastúnach), nó séipéal Albanach, scoileanna náisiúnta nó meánscoil (scoil lae, mar a bhíonn ag na bráithre nó scoil chónaithe), clochar (coinbhint) ban rialta, teach cúirte; beairic Gharda na Síochána, beairic na nÓglach, Oifig an Phoist, ospidéal (otharlann), amharclann nó teach pictiúir (pictiúrlann).

Sna bailte móra (na cathracha) bíonn a lán foirgneamh den saghas san toisc an lán daoine a bhíonn ina gcónaí iontu, agus gach foirgneamh díobh i bhfad ní ba mhó agus ní ba mhaisiúla déanamh ná foirgnimh an bhaile bhig.

Bíonn gach baile faoi stiúradh coiste a dhéanann pobal an bhaile a thoghadh gach treas bliain. Déanann an coiste sin gach socrú i dtaobh sráideanna an bhaile a ghlanadh agus a dheisiú agus an baile a mhaisiú ar gach cuma, agus déanann siad dlí i dtaobh na n-aontaí is na margaí a bhíonn ann ó am go ham. Bíonn seirbhísigh acu i bhfeighil na n-oibreacha san i gcónaí i dtreo go mbeidh slacht is maise ar an mbaile ó cheann ceann den bhliain. Agus ina theannta san go léir, bíonn acu in áit éigin lasmuigh den tsráid ar bharr cnoic, loch mór ina ndéantar uisce a choimeád i dtaisce (taiscumar) agus é a ligean isteach chun an bhaile i bpíobáin tar éis é a scagadh go maith is gach salachar a bhaint as d'fhonn é a chur in oiriúint do mhuintir an bhaile i gcomhair gnóthaí cócaireachta is bainistí. Chuige sin go léir, ní mór a lán airgid a bhailiú agus is amhlaidh a bhailítear an t-airgead san ná oiread áirithe de réir luach a thí nó a sheilbhe sa sráidbhaile a bheith ar gach fear sa tsráid. Oiread san in aghaidh gach puint de luach a sheilbhe. Sraith a thugtar ar an airgead a dhíoltar chun obair an bhaile a dhéanamh.

Toisc go mbíonn ar gach éinne a bheag nó a mhór den tsraith (cháin) sin a dhíol, bíonn suim ag gach éinne i dtairbhe an bhaile agus ní ligeann éinne aon díobháil a dhéanamh do chuid an phobail sa tsráid ach is amhlaidh a bhíonn gach éinne ar a dhícheall ar mhaithe leis.

8
An Teach Cónaithe

8.1. An teach

Tá teach breá fairsing againn sa chathair. Ní i lár na cathrach atá sé in aon chor ach ar imeall na cathrach. Tá balla beag ina thimpeall agus ráille iarainn ar a bharr, de thaobh an bhóthair, agus balla go hard laistiar de agus ar an dá thaobh eile. Tá geata deas ar aghaidh an tí amach sa bhalla san de thaobh an bhóthair agus cosán uaidh isteach chun an tí. Tá faiche álainn ar aghaidh an tí idir an teach agus an balla agus leapacha gearrtha amach ann agus bláthanna bána agus bláthanna dearga ag fás iontu. Feadh an chosáin ar gach taobh de agus os a chionn tá stua fada déanta d'adhmad agus crainn róis de gach saghas fite ina thimpeall, agus is álainn aoibhinn é sa samhradh le boladh na rós milis cumhra atá le fáil uaidh.

Tá an fhaiche roinnte ina dhá leath ag an gcosán agus i ngach leath de tá crainn bheaga ag fás, agus tagann na héin ann i ndeireadh an tráthnóna nuair is comhsholas féar le tor, agus ba bhreá leat a bheith ag éisteacht le cantain bhinn na n-éan san ag moladh an Dúilimh. Tá tigín gleoite samhraidh i gcúinne den ghairdín agus is ann a chaithimid na tráthnónta breátha geala samhraidh ag léamh agus ag caint agus ag comhrá le chéile. Ag cúinne clé an tí tá teach gloine againn agus tá bláthanna ildathacha ag fás istigh ann agus caora finiúna a chuirfeadh uisce faoi d'fhiacla ag féachaint orthu.

Teach breá ard fairsing atá againn, trí urlár atá ann agus urlár na talún (an t-urlár atá ar aon leibhéal leis an talamh) a áireamh. Aghaidh ó dheas air i dtreo go dtaitníonn gach ga gréine anuas air agus mar sin faighimid lánchothrom theas an tsamhraidh agus bíonn fothain againn ó na gaotha crua oighreata aduaidh sa gheimhreadh. Tá doras mór ard fairsing ag dul isteach sa teach agus comhla de dhair ghaelach agus is bog éasca a luascann sí ar a tuislí idir an dá ursain. Tá boschrann ar lár chomhla an dorais ar a barr, agus cnaipe bainte cloig san ursain ar an taobh deas.

Tá halla breá leathan laistigh den doras agus bord maisiúil mahagaine ar an taobh clé de agus crannóg chun hataí agus casóga a chrochadh de; tá teannta ann, leis, chun bataí (maidí) siúil agus fothanán (scáth) báistí a fhágáil ann.

Ag deireadh an halla san ar an taobh deas atá an staighre chun dul in airde; agus ansan idir an staighre agus an balla, tá póirse siar chun na cistine. Cistin mhaith mhór aerach is ea í. Tá dhá shorn againn ann. Sorn guail agus sorn ola. An sorn guail is é is mó a úsáidtear sa gheimhreadh, mar bíonn gá leis an teas coitianta le linn an tséasúir sin chun éadaí a thriomú agus chun uisce an choire mhóir le hais na tine guail a théamh i gcomhair na ndabhach fothragtha (folctha). Ach is é an sorn ola a bhíonn á úsáid sa samhradh, nuair ná bíonn aon ghá le teas mar sin, agus ní gá í a lasadh ach chun na béilí a ullmhú. Tá drisiúr sa chistin, agus is ann a choimeádtar na miasa agus na plátaí (beaga agus móra), na cupáin agus na fochupáin, corcáin an tae, na sceana, na haela (forcanna), na spúnóga, agus na bioranna cócaireachta, fáisceán na líomóidí, agus gach cóir eile nárbh fholáir chun na béilí a ullmhú agus nár mhór don bhord le linn an béile a chaitheamh. Tá raidhse corcán agus sáspan agus citeal agus friochtán ann.

Sa chistin a dhéantar an bia go léir a ullmhú (a bheiriú, a fhriochadh, nó a róstadh) i gcomhair na mbéilí agus is ann, leis, a dhéantar na héadaí a iarnáil tar éis iad a ní agus a thriomú faoin spéir. Is ann, leis, a choimeádtar iad i gcófra mór le hais na tine chun iad a théamh.

Ar an taobh clé den halla, atá an proinnteach (seomra an bhia). Is ann a bhíonn ár mbéilí go léir againn. Tá bord fada fairsing mahagaine againn ann i lár an tseomra agus a lán cathaoireacha den adhmad céanna agus iad clúdaithe de leathar láidir. Tá aon chathaoir amháin díobh agus is mó agus is airde í ná an chuid eile acu agus is inti a shuíonn m'athair le linn an dinnéir; mar is é a dhéanann an bia a roinnt. Is é a bhíonn i gcionn cláir le linn an bhéile sin, ach mo mháthair is í a bhíonn i gcionn cláir le linn na mbéilí eile, .i. an bricfeasta agus an tae.

Tá cófra mór ar leataobh an tseomra (an cófra taoibh) agus is ann a choimeádtar línéadach an bhoird—na scaraoidí (na héadaí cláir) agus na naipcíní—agus na sceana, ⁊rl., is fearr dá bhfuil againn, agus na hárthaí gloine agus na hárthaí deasa poircealláin. Agus in airde uirthi is ea atá na hárthaí móra airgid a bhíonn ar bord againn nuair a bhíonn na daoine muinteartha is ár gcairde ag ithe inár gcuibhreann. Tá cófra eile ann agus is ann a choimeádtar na fíonta is an t-uisce beatha agus gach cóir eile dí le haghaidh na bhfleánna móra a bhíonn againn i rith na bliana. Tá roinnt pictiúr álainn ar crochadh de na ballaí; agus ar an gclabhar (matal) os cionn na tine, tá clog breá álainn práis agus ar gach taobh de, tá árthaí deasa poircealláin, agus tá pictiúir ár ndaoine muinteartha agus ár gcarad. Tá scáthán ard leis an mballa os cionn an chlabhair.

Ar an taobh eile den halla, ar aghaidh sheomra an bhia anonn is ea atá an parlús (an seomra suite); agus is ann a bhímid istoíche ag caint is ag comhrá le chéile. Tá pianó an-bhreá ar fad ann, agus bíonn an-cheol agus an-siamsa againn ann go minic agus bímid go léir ag déanamh uainíochta ar a chéile ag amhrán is ag seinm ceoil is ag reacaireacht. Tá veidhlíní againn, leis, agus nuair a bhíonn an pianó is na veidhlíní á seinm i dteannta a chéile, ba bhreá leat a bheith ann ag éisteacht leis an gceol síreachtach sí, go mór mór, nuair a bhíonn ceol breá ár sean is ár sinsear ar siúl go binn.

Tá troscán álainn againn sa seomra san—cathaoireacha socra sócúla seascra ina luífeá siar iontu ar do shástacht, adhairtíní boga clúimh leo go léir agus gur dhóigh leat gur ar leaba bheag chlúimh a bheifeá. Tá roinnt boirdíní beaga ann, leis, agus go minic nuair a bhímid tuirseach den cheol, is ar cheann de na boirdíní sin a bhímid ag imirt chártaí. Ar an urlár atá brat breá álainn chomh bog le coinleach agus go rachfá go glúine ann. Brat a chosain pingin mhaith airgid, deirim leat. Tá tinteán fairsing ard ann, agus an tine anuas ar urlár agus is breá an teas a bhíonn uaithi go mór mór nuair a bhíonn bloc mór adhmaid anuas uirthi. Tá pictiúir dheasa ar na ballaí agus a lán de phictiúir ár ndaoine muinteartha agus dár bpictiúir féin.

Tá an seomra san an-mhór agus is minic a bhíonn rince againn ann. Tagann roinnt d'ár gcairde ar céilí (ar scoraíocht, ar cuairt) chugainn ar cuireadh, anois agus arís, agus bíonn an-oíche againn ann idir cheol is amhráin agus rince.

Tá seomra beag laistiar den pharlús (ón bparlús is ea a rachfá isteach ann); an leabharlann a thugaimid mar ainm air, mar is ann a choimeádtar na leabhair go léir atá ag m'athair. Tá leabhragáin le hais an bhalla mórthimpeall an tseomra agus iad go léir lán de leabhair. Tá leabhair de gach aon sórt ann agus ar gach aon ábhar léinn. Leabhair Ghaeilge, leabhair Bhéarla, leabhair Fraincise is leabhair Spáinnise, leis. Leabhair scéalaíochta agus leabhair sheanchais agus staire, agus a lán leabhar filíochta i ngach teanga.

Tá crinlín (boirdín scríbhneoireachta) i lár na leabharlainne agus bord beag eile, leis, ann agus a sé nó a seacht de chathaoireacha arda agus cúpla cathaoir bhog sheascair i dtreo gur féidir do dhuine a bheith ar a shástacht agus é ag léamh, go mór mór, má bhíonn an tine ar lasadh agus an uain go fuar. Tá gléas clóscríbhneoireachta ann, leis, in airde ar an gcrinlín úd agus is leis a dhéanann m'athair an chuid is mó den scríbhneoireacht. I ngach taobh den chrinlín tá tarraiceán chun páipéar, ⁊rl., a choimeád iontu chun ná rachaidh aon ní amú air.

Tá trí fhuinneog sa seomra san na leabhar, dhá cheann ar chúl an tseomra agus ceann ar an taobh i dtreo go mbíonn solas maith ann chun léite i rith an lae; agus istoíche. Más gá é, tá solas aibhléise againn sa teach agus is féidir an solas san a lasadh le birín beag a tharraingt anuas.

Ar an dá urlár in airde staighre is ea atá na seomraí codlata. Tá breis agus ár ndóthain de sheomraí ann, agus mar sin, nuair a thagann ár ndaoine muinteartha ón tuath chun na cathrach, fanann siad againne chun go mbíonn deireadh a ngnó déanta acu nó go mbíonn deireadh lena gcuairt chugainn mar is minic a thagann siad agus gan de ghnó acu ach tamall a chaitheamh inár bhfochair. Seomraí na gcarad a thugaimid ar na seomraí sin atá le spáráil againn.

Tá troscán i ngach seomra díobh san, .i. leapacha (iarainn nó práis nó adhmaid), clár maisiúcháin, clár níocháin (clár folctha, folcadán), agus cófra ard i gcomhair éadaí, agus cófra íseal ina bhfuil a ceathair nó a cúig de tharraiceáin. Ar an gclár maisiúcháin, tá scáthán, agus sa dá tharraiceán, bíonn an chóir mhaisiúcháin, is é sin, cíor agus scuab na gruaige, agus scuaibín na bhfiacla, agus gallúnach nó slaod nó púdar na bhfiacla agus ola nó smearadh chun an ghruaig a mhaisiú agus a shlíomadh. Ar an bhfolcadán, tá báisín agus crúsca (a bhíonn lán d'uisce nuair a bhíonn éinne ina chodladh sa seomra) agus méisín ina mbíonn gallúnach, agus méisín eile ina gcoimeádtar an machdual (spúinse). Tá ráille le taobh an fholcadáin ar a mbíonn tuáille nó dhó i gcónaí.

Tá tinteán mór i ngach seomra agus is annamh a bhíonn tine ar lasadh iontu ach amháin nuair a bhíonn duine breoite ina luí i seomra díobh. Má bhíonn na cosa fuar ag éinne againn le linn dul a chodladh, tugaimid buidéal nó próca nó máilín lán d'uisce te linn agus ní fada go mbaineann san an fuacht dínn.

Tá a chothrom féin d'éadaí leapa i ngach seomra, ní nach ionadh, idir bhraillíní, is súsaí is bhlaincéid, adhairteanna agus adhairtíní, ⁊rl. Tá seomra fothragtha (folctha) ar gach urlár den dá urlár in airde staighre agus fiailteach agus fualteach, leis. Sa seomra fothragtha, tá dabhach mhór fhada iarainn i gcomhair fothragtha sínte agus is féidir uisce te nó uisce fuar a fháil ach buacaire a chasadh den dá bhuacaire atá ar cheann na daibhche. Os cionn na daibhche sin ag an gceann thíos de, tá cóir eile sa tsíleáil, agus níl agat ach slabhra a tharraingt agus gheofá an t-uisce fuar anuas ort sa chith, agus is iontach an tseift í chun an tuirse a bhaint de dhuine. Tá a lán bothán againn laistiar den teach, ina gcoimeádtar gual, adhmad, agus uirlisí garraíodóireachta, ⁊rl. Agus ó tá gluaisteán ag m'athair, tá teach faoi leith ann ina chomhair sin agus tá poll (clais) mór istigh sa teach, i dtreo gur féidir oibreacha an ghluaisteáin a scrúdú gan dua gan dochar.

8.2. Seanfhocail

8.2.1. Níl aon tinteán mar do thinteán féin.

8.2.2. Ní haitheantas go haontíos.

8.2.3. Cúngach tí, cúngach bia, cúngach croí na trí hanacraí móra.

8.2.4. Bíonn leaca sleamhna i dtithe daoine uaisle.

8.2.5. Is fuar an tigh ná gnáthaíonn na fir.

8.2.6. Is teann gach madra ar urlár a thí féin.

9
Tithe Bia

9.1. Na tithe bia

Sna cathracha agus sna bailte móra tá a lán tithe bia mar ar féidir do dhuine béile maith a fháil ar bheagán airgid agus é a fháil beirthe (bruite) go maith córach agus friotháileamh deas glan air. Is mór an áis sin do na daoine a bhíonn sa chathair nó sa bhaile mór ar feadh lae. Níl acu ach bualadh isteach i gceann de na tithe sin idir dhá linn agus a mbéilí (bricfeasta, dinnéar, tae, suipéar) a fháil. Bíonn a lán daoine sna tithe sin gach aon uair den lá idir a deich a chlog ar maidin agus a seacht um thráthnóna ag caitheamh bia, ach, más ea féin, bíonn slí dóibh go léir agus fáilte rompu ag na boird bheaga a bhíonn anso agus ansúd ar fud an urláir. Agus dá mhéad duine a bhíonn ann, ní bhíonn aon rómhoill ar éinne chun a chuid féin bia a fháil mar bíonn a ndóthain go léir cailíní freastail ann ag rith anso agus ansúd anonn is anall ag tabhairt an bhia chun na ndaoine. Cailíní deasa triopallacha slachtmhara agus iad gléasta go néata ina racaidí dubha agus ina naprúin bheaga ghléigeala. Ní túisce a bhíonn duine suite ná siúd chuige anall cailín acu agus í á fhiafraí de cad a bhíonn uaidh. Bíonn cártaí beaga ar gach bord á insint cad iad na bianna agus na deochanna is féidir a fháil (nua gach bia agus sean gach dí) agus an t-airgead a bhíonn ar gach bia faoi leith díobh ar chiumhais an chárta (.i. an cárta boird, an biachlár), i dtreo nach baol d'éinne gan togha agus rogha gach saghas bia a fháil chun a shástachta.

Tae, caife, cócó, bainne, seacláid. Builíní beaga aráin, cístí milse, brioscaí. Im, subh agus cáis. Feoil de gach sórt: caoireoil, mairteoil, muiceoil, bagún. Eallaigh, leis, mar atá: coiligh, sicíní, gé, lacha, turcaí, creabhar coille, coileach feá, cearc fraoigh, naoscach. Iasc de gach aon saghas ón bhfarraige agus ón linn agus ón abhainn: breac geal, bradán, breac donn, faoitín, colmóir, scadán, maicréal, pollóg, trosc, deargán, leathóg, cnúdán, gliomach, pis an ribe agus oisrí féin.

Agus ansan nuair a bhíonn a dhóthain ite ag duine níl aige ach cloigín a bhíonn lena ais ar an mbord a bhualadh nó bagairt ar an gcailín freastail agus seo chuige anall arís í agus tugann sí an táille (bille) dó; agus tar éis síntiús a thabhairt di, díolann sé an táille ar a shlí amach dó.

Dá mba iad muintir na cathrach féin iad, go mór mór an méid díobh a mbíonn a dtithe cónaithe tamall maith óna n-oifigí nó ón áit a mbíonn siad ag obair buaileann siad isteach sna tithe bia sin i lár an lae chun lón bia a fháil dóibh féin ar a suaimhneas in ionad a bheith ag rith abhaile ar ais arís chun na hoibre.

9.2. Cainteanna i dteach bia

A iníon ó! A mhic ó! (leis an mbean (bhfear) freastail a deirtear sin).

Teacht, a dhuine uasail (a bhean uasal)!

Cupán tae (dhá chupán) agus roinnt cístí milse, arán agus im, cúpla ubh.

Caoireoil bheirthe (bhruite), mairteoil.

An dteastaíonn aon ghlasraí uait?

Prátaí, cabáiste, cóilis, pónairí, piseáin, mearóg, meacain, tornapaí bána, ⁊rl. Ní bheidh aon anraith agam.

Cad a ólfaidh tú? An ólfá braon?

Uisce led' thoil, a iníon ó!

9.3. Seanfhocail

9.3.1. Ní feoil putóg is ní bia bainne agus ní bainne bláthach.

9.3.2. Níor mhothaigh an sáthach sámh an t-ocrach riamh.

9.3.3. Ní thuigeann an sáthach don seang.

9.3.4. Ní féasta gan róstadh.

9.3.5. Ní béile bídh bia gan deoch.

9.3.6. Ní chuimhnítear ar an arán tar éis é a ithe.

9.3.7. Bíonn blas milis ar phraiseach na gcomharsan.

9.3.8. Bíonn blas ar an mbeagán.

9.3.9. An té a bhíonn amuigh fuaraíonn a chuid.

9.3.10. Blais an bia is tiocfaidh dúil agat ann.

9.3.11. As a bhlaiseadh is fearr é.

9.3.12. Tobac i ndiaidh bia.

9.3.13. An té ná faigheann an fheoil is mór an só leis an t-anraith.

9.3.14. Bainis an ghortáin fata agus scadán.

9.3.15. Nuair a bhíonn an bolg lán is mian leis an gcnámh síneadh.

9.3.16. Is fearr leathbhuilín ná a bheith gan arán.

9.3.17. Is fearr boighreán agus bainne gabhair ná a bheith ag brath ar chabhair ó neach dá mhéad a mhaoin.

9.3.18. Feoil a thabhairt do leanbh feoil a bhaint ó leanbh.

9.3.19. Soitheach mór fada is bainne i bhfad síos.

9.3.20. Capall na hoibre an bia.

9.4. Saghsanna bia

leite, praiseach—min choirce, beirthe ar uisce.

ríobún—min choirce fhuar agus bainne measctha ar a chéile.

gráinseachán—arbhar rósta.

anglais—bainne agus uisce measctha ar a chéile.

sodóg—císte déanta le sóid.

bacstaí—císte déanta de phrátaí.

steaimpí—císte déanta de phrátaí.

caidhtí—min bhuí measctha ar uisce beirthe agus císte a dhéanamh de.

ceapaire (aráin is ime)—píosa aráin agus a chothrom d'im air.

10
Tithe Tábhairne

Dá liacht iad na tithe bia úd is lia go mór ná san a mbíonn de thithe tábhairne (tithe óil) i gcathair nó i mbaile mór; agus cé gurb annamh a bhíonn teach i mbaile beag mar a bhfaighfí bia le caitheamh, ní bhíonn aon easpa tithe tábhairne in aon bhaile dá laghad. Agus dála na dtithe bia, is annamh a bhíonn siad gan scata istigh iontu ag ól dí (leann dubh, beoir, pórtar, uisce beatha, biotáille, branda, agus fíon de gach saghas, fíon na Spáinne, agus fíon na Fraince agus fíon na Portaingéile).

Ach ní hionann is na tithe bia, is suarach salach a bhíonn a bhformhór, go mór mór sna bailte beaga, agus boladh láidir an óil uathu amach thar doras. Lá aonaigh nó margaidh bíonn siad lán go doras; gach éinne ag glaoch ar fhear (bhean) an tábhairne a dheoch féin a shíneadh chuige agus a lán acu ar meisce nó ar bogmheisce, nó maith go leor.

Ní bhíonn gach éinne a théann isteach i dteach óil ina mheisceoir. Ólann a lán daoine buidéal nó dhó den leann dubh nó gloine (leathghloine) den uisce beatha, agus sin sásta iad láithreach. Uaireanta bíonn gasra meidhreach ag ól i gcuibhreann a chéile agus is mór é a ngreann.

Sna cathracha is féidir béile bia (dinnéar beag) a fháil sna tithe tábhairne agus mar sin, téann a lán daoine iontu ar uair an mheán lae chun lón a fháil agus buidéal leanna a ól.

Bhíodh muintir na hÉireann an-tugtha don ól ach tá siad ag éirí as diaidh ar ndiaidh, mar chíonn siad gurb amadánta an ní do dhuine airgead a thabhairt ar a chiall a bhreith uaidh.

Ní bhíonn aon mheas ar lucht óil agus meisce, is amhlaidh a bhítear ag magadh fúthu i gcónaí. Bíonn tart agus íota (mórthart) dhoshásta orthu agus dúil mhíchuibheasach acu san ól. "Galar gan náire is ea an tart", a deir an seanfhocal. Agus ní túisce deoch ólta acu ná siúd ag ól arís iad. "Tart a níonn tart." Bítear ag magadh faoin tart mór san acu agus deirtear i dtaobh meisceora "d'ólfadh sé an braon anuas" nó "d'ólfadh sé Loch Éirne—ach soc caol a bheith uirthi". Agus ansan, "tart deireadh an óil" i gcónaí acu. Ní hiontaoibh é an fear meisce mar sceitheann meisce rún agus is gnáth daoine a bheith cainteach i dteach an óil, mar nuair a bhíonn an t-ól istigh, bíonn an chiall amuigh.

I dtigh duine eile agus bheith ag ól
Bhainfeadh sé an tsail mhór dá bhéim;
Ach ní bhainfeadh sé an craiceann de chat
Agus é bheith ar ghad ina thigh féin.

Is mó pingin agus scilling agus punt a chaitear le hól ach ní chuimhníonn lucht póite air sin go mbíonn siad i ndeireadh a gcoda agus ansan is bairnigh is beatha dóibh. "Is minic a bhíonn Dónall ar meisce agus a bhean ag ól uisce", agus tar éis an tsaoil "dá fheabhas é teach an tábhairne ní bhíonn fáilte gan díol ann". Ní féidir an rath a bheith ar éinne ná ar a chlann má bhíonn sé tugtha don ól. Agus mar a deir an seanfhocal:

Gléas tí chun bheith buan;
Bean chruaidh is fear gan tart,
Cupán beag is gan é lán,
Is a ligean ar chlár i bhfad.

11
Éadaí, 7rl

11.1. Saghsanna éadaí

Nuair a dhúisím ar maidin, bainim searradh asam féin agus cuimlím mo shúile ag baint an tsrama astu tar éis na hoíche. Éirím ansan as mo leaba agus bainim mo léine (chulaith) oíche díom agus cuirim umam mo bhríste agus mo stocaí agus mo léine is mo bhróga. Ním mé féin ansan. Cuirim uisce as an gcrúsca sa bháisín agus cuimlím an ghallúnach de mo bhosa (nó den mhachdual) agus ním m'aghaidh agus déanaim mé féin a thriomú leis an tuáille. Má bhíonn roinnt d'fhéasóg orm, sula ním mé féin, déanaim mé féin a bhearradh. Cuirim faobhar ar an rásúr ar dtús lena chuimilt síos suas den éillín faobhair. Ansan déanaim sobal maith le gallúnach bhog bhearrtha agus bearraim mé féin. Tar éis mé féin a ní, déanaim mo ghruaig a chíoradh agus a shleamhnú le cíor gruaige agus le scuab. Cuirim mo bhóna agus mo charbhat faoi mo mhuineál ansan; cuirim mo veist agus mo chasóg umam; déanaim mo phaidreacha, agus sin ullamh mé.

Nuair a théim amach faoin aer, cuirim mo hata (chaipín) orm, beirim ar mo bhata is ar mo lámhainní agus siúd liom. Má bhíonn an aimsir fuar, cuirim mo chasóg mhór bhréid (mo chóta mór) umam agus carbhat trom olla faoi mo mhuineál. Más fliuch a bhíonn an uain tugaim m'fhothanán báistí liom agus mo chasóg bháistí. Agus uaireanta cuirim osán ar mo lorgaí.

Um thráthnóna nuair a fhillim abhaile go tuirseach tnáite tar éis obair an lae a chur díom, bainim mo bhróga díom agus cuirim slipéir (pampútaí) ar mo chosa, agus sínim ar mo shocracht os comhair na tine.

Nuair a theastaíonn culaith nua éadaigh uaim, téim chun an táilliúra. Tógann sé sin mo thoisí agus más ceannaí táilliúra é, bíonn a lán sórt éadaigh ar stór i gcónaí aige agus déanaim mo rogha éadach díobh a thoghadh i gcomhair na culaithe. Nó, mura ndíolann an táilliúir féin na héadaí, téim chun siopa éadaigh, agus is ann a cheannaím an t-éadach i gcomhair na culaithe agus cuirtear chun an táilliúra an t-éadach féin (trí slata go leith) agus gach ábhar eile nach mór i gcomhair na líneála, píosaí olla i gcomhair ard na nguaillí den chasóg, cnaipí, geamhshnáth agus ceirtlíní (spóil) snátha, ⁊rl. B'fhéidir nár mhór dom cuairt a thabhairt ar chúpla teach éadaigh sula bhfaighinn píosa éadaigh chun mo shástachta, mar duine cáiréiseach is ea mé. Má bhíonn casóg mhór throm uaim i gcomhair an gheimhridh, téim chun an táilliúra, leis, chun go dtóga sé mo thoisí agus faighim an píosa stuif i siopa éadaigh. Bréid is fearr agus is cluthaire i gcomhair casóige móire. Ach is féidir cultacha agus casóga agus brístí a fháil déanta sna siopaí éadaigh, leis, ach níl siad chomh deas ná chomh dea-dhéanta ná chomh hoiriúnach leis na cultacha a fhaightear ón táilliúir tar éis do thoisí a thógáil.

Má dhéanaim aon bhall de mo chulaith éadaigh, casóg nó veist nó bríste, a shracadh cuirim chun an táilliúra é á dheisiú. Cuireann an táilliúir paiste néata ar an mball éadaigh.

Má bhíonn na bróga caite agam agus go dteastaíonn uaim péire nua a fháil, téim chun an ghréasaí agus tógann sé mo thoisí i gcomhair péire nua. Ní hionann agus an táilliúir, bíonn ábhar na mbróg ag an ngréasaí i gcónaí i dtreo nach gá dom bheith ag rith timpeall á cheannach. Déanann an gréasaí na bróga a dheisiú, leis, le taoibhíní a chur ar uachtar na mbróg, barraicíní a chur ar bharr bhonn na mbróg, mura mbíonn na boinn go léir caite, nó, má bhíonn siad, boinn ar fad a chur orthu (leathbhonn a thugtar ar na boinn nua san), agus sála a chur fúthu. Má theastaíonn uaim na bróga a bheith go trom daingean láidir, deirim leis tairní a chur sna boinn agus crúite faoi na sála.

Is féidir bróga déanta a cheannach i siopa bróg, leis, in ionad dul chun gréasaí chun iad a fháil.

I siopa éadaigh a fhaighim mo stocaí, leis; ach, uaireanta, faighim cúpla péire ó dhaoine muinteartha dom, stocaí a dhéanann siad féin a chniotáil agus is fearr agus is buaine agus is cluthaire iad go mór ná stocaí an tsiopa. Má thagann poll i stoca liom, deisíonn bean an tí dom é le cliath a chur ann le holann agus snáthaid ramhar. Déanann na táilliúirí cultacha éadaí do na mná, leis. Ach is minice a fhaigheann siad a ngúnaí sna siopaí ná ó na táilliúirí ná ó na mná fuála. Tá a lán ban ann, ámh, agus tá siad go handeaslámhach agus is annamh a thugann siad aghaidh ar shiopaí ná ar tháilliúir ná ar bhean fuála, ach is amhlaidh a dhéanann siad féin a mbíonn ag teastáil uathu i bhfoirm éadaí, gúnaí, cultacha nó racaidí. Is beag máthair chlainne anois ná bíonn meaisín fuála aici agus déanann sí formhór éadaí a clainne, go mór mór éadaí a clainne iníonacha, nuair a bhíonn siad óg, ach nuair a bhíonn gá mór lena leithéid a fháil go mear gan aon mhoill, tugann sí aghaidh ar an siopa. Aon uair eile ceannaíonn sí ábhar racaidí na leanbh agus déanann sí féin iad.

Tá a lán ban cliste deaslámhach in obair chniotála agus déanann siad stocaí troma do na fir agus ionair chluthara throma agus ionair éadroma dóibh féin agus dá muintir de shnáth olla nó de shnáithín síoda, agus is minic a dhéanann siad súsaí féin den olann mar sin leis na bioráin chniotála.

11.2. Seanfhocail

11.2.1. Is é an duine an t-éadach.

11.2.2. Glan is slán a dhealraíonn éadach táir.

11.2.3. Stocaí bána ar shála dóite.

11.2.4. Síoda ar Shiobhán is na preabáin ar a hathair.

11.2.5. Is mór an mhaise ar sheanbhróg búcla.

11.2.6. Is fearr paiste ná poll; ach níl ann ach san.

12
Gairmeacha Beatha
agus Ceirdeanna

12.1. An obair

Is beag duine ar an saol so ná caitheann obair nó gnó éigin a bheith idir lámha aige chun a bheatha a thuilleamh. Bíonn daoine ann a mbíonn a ndóthain mhór acu nó breis agus a ndóthain acu dóibh féin agus dá gclann nó dá muintir, ach mar sin féin, bíonn gnó éigin ar siúl acu go léir pé acu bog crua é; agus ní thugann aon duine ciallmhar faillí ina chuid oibre ach is amhlaidh a bhíonn sé agus gan á bhaint den saol ach conas a thiocfaidh leis an obair nó an gnó nó an tionscal san aige a chur i méid agus i bhfeabhas agus i dtreise, chun ná bainfear dá acmhainn ná dá ghustal go deo. Gairm bheatha (slí bheatha nó ceird) a thugtar ar an ngnó faoi leith a bhíonn ag daoine. Is iomaí sórt gairme beatha atá ann. Tá, don chéad dul síos, na gairmeacha uaisle, mar atá ag lucht na hEaglaise (ardeaspag, easpag, sagart), lucht an dlí (breitheamh, comhairleoir, dlíodóir), lucht an airm (cinn feadhna, captaein agus oifigigh), lucht an oideachais (ollúna, oidí, múinteoirí, múinteoirí cúnta), lucht an leighis (dochtúirí, lianna, lianna súl, fiaclóirí, banaltraí, mná cabhrach), ceoltóirí, scríbhneoirí, aisteoirí. Ansan tá a lán daoine a bhíonn ina gcléirigh ag an Rialtas. Ina dteannta san go léir atá na daoine a bhíonn ag obair lena lámha, mar atá: feirmeoirí, siúinéirí, gréasaithe, gaibhne, táilliúirí, siopadóirí, ⁊rl.

Gairm faoi leith ó Dhia a bhíonn ag an gcléir, mar is í obair Dé na Glóire féin, moladh go deo is buíochas Leis, a bhíonn acu á déanamh, ag tabhairt comhairle leasa a n-anamacha don phobal agus á gcur ar an mbealach ceart chun na flaithis a bhaint amach mar luach saothair ar shaol maith naofa a chaitheamh. Is é an sagart a deir an t-aifreann san eaglais (sa séipéal, i dteach an phobail) lá Rí an Domhnaigh. Is é a éisteann faoistiní na bhfíréan agus a chuireann an ola dhéanach orthu agus iad i mbéala báis. Is é a bhaisteann an leanbh agus a dhéanann na daoine a chur faoi chuing an phósta. Is iad na heaspaig a thugann grá na heaglaise do na sagairt; agus is é an Pápa ceann sofheicthe na hEaglaise go léir.

Ag tabhairt comhairle i bponcanna dlí a bhíonn na comhairleoirí agus ag plé chúis a bpobail féin i dtithe cuairte a bhíonn na dlíodóirí. Is é gnó a bhíonn ag na breithiúna ná cúiseanna dlí agus aighnis a réiteach idir daoine agus daoine a gcuirtear coireanna agus cionta i gcoinne dhlí na tíre ina leith a thriail agus iad a scaoileadh nó a dhaoradh faoi mar a chítear dóibh is ceart agus is cóir de réir na fianaise a chuirtear faoina mbráid.

Ag stiúradh an airm agus sluaite armála in aimsir chogaidh i gcoinne naimhde a ndúiche amuigh agus i mbaile a bhíonn cinn feadhna an airm. Ní mór iadsan a bheith go tréan agus go calma agus go cróga, lán de mhisneach agus d'fhearúlacht, grá ina gcroíthe dá dtír agus dá muintir, á gcosaint ar anfhorlann agus ar fhoréigean, agus iad féin i gcónaí i gcontúirt a n-anama ag déanamh na hoibre uaisle sin.

Ag múineadh is ag teagasc lucht léinn agus foghlama i ngach saghas eolais a bhíonn lucht an oideachais. Mar a deir an seanamhrán:

Sinn a mhúineann na sagairt chlúmhail seo,
Is na bráithre scrúdú so a théann sa bhFrainc,
Lucht dlíthe a mhúscailt go domhain i gcúirtibh,
Is gach dochtúir dá ndéanann leigheas.

Ag leigheas daoine breoite (othar) ó ghalair is ó thaomanna tinnis is breoiteachta a bhíonn na dochtúirí is ag tabhairt comhairle leasa a sláinte do dhaoine easlána is do dhaoine leice. Bíonn siad ullamh i gcónaí ar an duine leonta lag a fhreastal agus ar a ngearáin a leigheas, Dia á mbeannú. Lianna is ea a dhéanann na sceanairtí ar choirp chun galar coirp a leigheas agus chun na baill leonta bhriste a dheisiú is a chneasú. Lianna súl a dhéanann galair na súl a leigheas agus a chomhairlíonn do dhaoine cad iad na spéaclaí is fearr a d'oirfeadh dá radharc. Fiaclóirí a dhéanann galair na bhfiacla a leigheas agus a dhéanann na fiacla lofa a stoitheadh as ceann an duine nuair is doleighis iad. Is iad, leis, a dhéanann agus a dheisíonn cíora bréige fiacla do na daoine a bhíonn in easpa fiacla. Is iad na banaltraí agus na mná cabhrach a bhíonn ina gcumhala ag lucht an leighis go léir agus mura mbeadh iad, ní bheadh oiread ratha ar a gcuid saothair is a bhíonn. Ag seinm is ag cumadh ceoil a bhíonn na ceoltóirí. Bíonn siad cliste ar gach gléas ceoil: an veidhlín, an phíb, an pianó, an t-orgán, 7rl., agus baineann siad binneas ceoil agus oirfide aoibhinn astu. Múineann siad ceol do lucht foghlama. Scríbhneoirí a dhéanann leabhair a scríobh agus a thugann eolas cruinn dúinn ar chúrsaí an tsaoil agus ar gach aon ní a bhaineann le mianta agus le tréithe an chine dhaonna, agus scríobhann siad leabhair eolais ar gach aon ábhar léinn a bhaineann le teagasc agus le treorú an phobail.

Aisteoirí a dhéanann tréithe an duine a thaispeáint ar ardáin sna hamharclanna agus sna pictiúir le feabhas a n-urlabhra agus le gastacht a mbeart.

Aoire. Ag aoireacht bó nó caorach a bhíonn sé, is é sin, ag tabhairt aireachais dóibh nuair a bhíonn siad ag iníor is á dtabhairt abhaile chun a gcróite. Bíonn madra caorach (sípéir) aige a thugann an-chabhair dó san obair.

Bádóir. Bíonn bád aige agus maidí rámha agus é ag iomramh daoine thar caladh nó ag tabhairt an bháid ar iasacht do dhaoine eile ar airgead.

Báicéir (fuineadóir). Déanann sé arán is cístí as plúr. Brící, bulóga is builíní aráin. Déanann sé an taos ar dtús le giosta a mheascadh ar an bplúr le fuineadh agus nuair a bhíonn sé socair righin, fuineann sé an taos agus a thuilleadh plúir ar an losaid. Cuireann sé an t-arán sa sorn (bhácús) agus nuair a bhíonn sé bácáilte, tógann sé amach í le sorn-liach. Ansan cuimlíonn sé im leachta den arán agus bíonn snas geal álainn ar a bharr.

Banabhraiseach. Bean a bhíonn ag sníomh lín nó olla le tuirne (túrann).

Bean fuála. Déanann sí racaidí is gúnaí do chailíní is do mhná. Bíonn uirlisí an táilliúra aici: siosúr, miosúr, meaisín fuála, méaracán, snáithín, geamhshnáth, snáthaidí.

Bean chniotála. Cniotálann sí baill éadaigh: ionair, stocaí, racaidí linbh, ⁊rl., d'olann le bioráin chniotála. Cuireann sí cliatha sna baill éadaigh chéanna le holann agus le snáthaid ramhar á ndeisiú nuair a bhíonn siad sractha.

Bearbóir. Bearrann sé daoine agus lomann sé a ngruaig. Siosúr a bhíonn aige agus cíor fhada is rásúr. Cuireann sé sobal gallúnaí ar leiceann an duine ag bogadh na féasóige sula mbearrann sé í.

Buanaí (spealadóir). Ag baint arbhair is féir le speal a bhíonn sé.

Búistéir (brothaire). Maraíonn sé beithígh, bulláin, ba, tairbh, muca is caoirigh chun feola. Bíonn tua is scian (altán scine) aige. Feannann sé na beithígh (baineann sé na seithí díobh) tar éis iad a mharú.

Ceannaitheoir (ceannaí). Fear a bhíonn ag ceannach nithe ar mhargaí is ar aontaí d'fhonn iad a dhíol arís le súil le breith.

Clódóir. Cuireann sé cló ar leabhair is ar pháipéir leis an gcló a bhualadh orthu.

Cúipéir (fonsóir). Déanann sé bairillí, agus tobáin agus árthaí déanta d'adhmad.

Doirseoir. I mbun dorais tí nó siopa á oscailt is á dhúnadh, ag ligean daoine isteach is amach.

Feirmeoir. Ag leasú na talún, ag treabhadh is ag fuirseadh, ag cur is ag baint, ag oiliúint is ag biathú (beathú) is ag cothú is ag ramhrú bheithígh na feirme a bhíonn sé.

Fíodóir. Fíonn sé éadaí lín nó olla le seol is le spól.

Fear nuachta. Fear a bhíonn ag díol páipéir nuachta.

Fear poist. Ag tabhairt na litreacha is na mbirtíní (dtraidíní) ó Oifig an Phoist chun na ndaoine.

Gabha. Déanann sé nithe as iarann ina cheárta. Bíonn tulach ceárta (tine mhaith mhór), boilg mhóra chun séideadh faoin tine, inneoin chun an t-iarann a chur anuas uirthi le linn a bhuailte, soc ar an inneoin chun an t-iarann a lúbadh, ord agus ceapord chun an t-iarann a bhualadh, teanchair chun breith ar an iarann, bior chun poll a dhéanamh. Cuireann sé crúite faoi chapaill, déanann sé céachtaí, cliatha (brácaí), geataí, agus deisíonn sé gach uirlis iarainn a bhíonn ag an bhfeirmeoir.

Gabha geal. Duine a dhéanann árthaí d'airgead agus d'ór.

107

Gréasaí. Ag déanamh bróg de leathar nó á ndeisiú a bhíonn sé. Cuireann sé boinn nó sála nó barraicíní (píosaí ar bharra na mbróg) fúthu, nó más é uachtar na mbróg a bhíonn briste cuireann sé taoibhíní orthu. Bíonn casúr beag aige, snátha lín, céir, meanaí caola agus meanaí ramhra, ceap, agus altán scine. Déanann sé an snáithe céireach le cúpla snáithe a chur le chéile agus an chéir a chuimilt díobh; ansan cuireann sé guaire sa snáth chun é a chur tríd an bpoll a dhéanann sé sa leathar leis an meana nuair a bhíonn sé ag fuáil.

Garraíodóir (gairdinéir). Ag obair i ngarraí nó i ngairdín a bhíonn sé, á leasú is á shlachtú, ag cur gach saghas síl is planda ann.

Iascaire. Bíonn sé ag iascach ar muir is ar mór-fharraige le doruithe agus le líonta is le heangacha. Ag iascach as bád (curach, naomhóg, soitheach) a bhíonn sé.

Innealtóir (sásaire). I mbun inneall nó sás nó meaisíní de gach saghas a bhíonn sé, nó ag cumadh plean i gcomhair ionaid foirgneamh nó ag tomhas fairsinge dúiche nó ag stiúradh foirgnimh a dhéanamh.

Luibheadóir. Fear a bhíonn ag díol glasraí i siopa.

Mairnéalach. Bíonn sé ag obair ar bord loinge ag cur feistis ar chóir seolta is gluaiste na loinge.

Muilleoir. Bíonn sé ag meilt arbhair sa mhuileann (uisce, gaoth, aibhléis) ag déanamh mine, plúir ⁊rl. Cuirtear an t-arbhar idir dhá bhró an mhuilinn agus déantar é a bhrú agus é a mheilt.

Péintéir (dathadóir). Ag péinteáil (dathú) ballaí, fuinneog, adhmaid a bhíonn sé le dathanna is le scuaba. Nó, is ag déanamh pictiúr de dhaoine is de radhairc áille a bhíonn sé.

Siopadóir. Ag díol earraí sa siopa a bhíonn sé.

Saighdiúir. Ag troid ar son a thíre a bhíonn sé le harm faobhair nó le harm tine. Saighead agus bogha a bhíodh mar airm aige fadó, agus is uathusan a fuair sé a ainm— 'saigheadóir'.

Saor. Déanann sé ballaí tí agus gach obair chloiche. Bíonn léan agus casúr aige.

Siúinéir. Déanann sé gach obair adhmaid a bhaineann le teach. Déanann sé troscán tí (boird, cathaoireacha, drisiúir, stóil, ⁊rl.), as adhmad, agus trucailí is cóistí agus gach aon ní is féidir a dhéanamh as adhmad. Bíonn casúir, toireasc (sábh), siséal, tarathar, teanchair (tlú), bís, tolladóir, locar, tál agus pionsúir aige.

Slinneadóir (éiliceoir). Bíonn sé ag cur dín slinne ar thithe.

Sclábhaí. Fear oibre gan aon cheird faoi leith aige ach é ag cabhrú le gach saghas ceardaí.

Súdaire. Leathar a dhéanann sé sin as seithí bó, caorach, capall is torc.

Táilliúir. Déanann sé cultacha éadaigh d'fhir agus do mhná, agus deisíonn sé iad le paistí a chur orthu nuair a bhíonn siad sractha. Bíonn siosúr, miosúr, clár, iarann, agus meaisín fuála, snáth agus snáithín is geamhshnáth, agus snáthaidí, aige.

Tincéir. Déanann sé árthaí de stán agus déanann sé gach saghas árthaigh a dheisiú le goradh a chur ann agus na poill a dhúnadh leis an ngoradh. Bíonn uirlisí an ghabha aige ach iad a bheith níos éadroime.

Tiománaí, giolla. Ag tiomáint capall nó ghluaisteán a bhíonn sé.

Tuíodóir, díonadóir. Cuireann sé díon tuí ar thithe.

Úmadóir. Déanann sé cultacha capall, úmacha, diallait, srianta, brístí capall, tiaraigh (crupair) agus srathracha is criosanna de gach saghas.

Úcaire. Déanann sé éadaí a ramhrú le hiad a bhualadh le tuairgnín tar éis iad a fhilleadh agus cré a chaitheamh orthu.

12.2. Moladh na gceirdeanna
An Siúinéir
Ní chuala riamh ceol ba bhinne
Ná ceathrar saor ag dul chun coille,
A thua féin i láimh gach duine
Is iad ag leagadh na darach doinne.

An Gabha
Ní chuala riamh ceol ba bhinne
Ná ceathrar gaibhne ag déanamh cruidhte,
A cheapord féin i láimh gach duine,
Is iad ag bualadh buille ar bhuille.

An Fíodóir
Ní chuala riamh ceol ba bhinne
Ná ceol an spóil, an úim is na slinne,
Pota na feola ar fiuchaigh ar an dtine,
Is túrann an fhiteáin ag dul le buile.

An Feirmeoir
Ní chuala riamh ceol ba bhinne
Ná seisreach sheolta i ngleanntán coille,
An ceannaire á rá leis an bhfear deire,
An chréafód thógaint is gan a mhilleadh.

12.3. Seanfhocail

12.3.1. Is fearr saor síorbhuailteach ná saor sárbhuailteach.

12.3.2. Gach file is fáidh ag trácht ar a ealaín féin.

12.3.3. Is báúil iad lucht aoncheirde.

12.3.4. Is namhaid an cheird gan a foghlaim.

12.3.5. Na trí bhuille atá ag coinneáil Éireann: buille tua ar bhloc, buille oird ar inneoin, agus buille súiste ar lár.

13
Córacha Taistil
agus Iompair

13.1. Taisteal

"Is fearr marcaíocht ar ghabhar ná coisíocht dá fheabhas", a deir an seanfhocal; agus sa tseanaimsir, nuair a bhíodh na bóithre go garbh aimhréidh agus gan an chóir iompair ar fheabhas, ní róshámh é cás an duine a bheadh ar aistear fada, ach más ea féin, "ba mhór an ní anró na marcaíochta". Ní bhíonn puinn anró ag baint leis an marcaíocht inniu agus a bhfuil d'fheabhas tagtha ar chóracha taistil agus gluaiste in Éirinn. Is beag duine a théann turas fiche míle ar charr cliathánach anois, ní áirím ar thrucail chomónta ná é a dhéanamh de shiúl a chos. Tá traenacha i ngach aird agus i ngach treo baill anois; agus an áit ná fuil traein, tá na gluaisteáin le fáil ar bheagáinín airgid sa bhreis thar a mbeadh le díol ag duine ar an bhfad céanna bóthair sa traein.

13.2. An traein

Is é rud é an traein ná a lán carráistí móra ceangailte as a chéile agus iad á dtarraingt ag inneall mór gaile. Bíonn trucail lán de ghual díreach i ndiaidh an innill i gcónaí agus cuirtear an gual san isteach i soirn an innill. Le teas na tine sa sorn, déantar gal den uisce a bhíonn i gcoire an innill agus déanann an ghal san na bioranna a thiomáint anonn is anall agus déanann na bioranna na huillinn a oibriú agus déanann na huillinn na rotha a chasadh agus an t-inneall a chur ag gluaiseacht. Gluaiseann an traein ar dhá ráille iarainn—agus bíonn ciumhais le gach roth den traein ar an taobh istigh díobh chun nach baol dóibh sleamhnú den bhóthar iarainn.

Bíonn ceathrar nó cúigear fear, ar a laghad, ag obair ar gach traein: tiománaí an innill, fear na tine, an garda, agus fear na dticéad a bhailiú.

Aon áit a mbíonn baile beag d'aon toirt in aon chor, stadann an traein ag stad na traenach chun gur féidir do na daoine—do lucht taistil—dul isteach inti nó teacht amach aisti. Sna bailte móra, is é sin, sna bailte (cathracha) as a ngluaiseann an traein chun siúil ar turas nó mar a stadann sí i ndeireadh a cúrsa, bíonn dhá phort, agus ar a laghad dhá bhóthar, ceann acu i gcomhair traenach a bheadh ag teacht isteach agus an ceann eile i gcomhair na dtraenacha a bheadh ag imeacht.

Bíonn droichead ó phort go chéile in airde thar na bóithre iarainn, nó bíonn slí faoin talamh anonn is anall idir an dá phort, i dtreo nach baol don lucht taistil a leagan leis na traenacha. Agus ar na bóithre móra, bíonn dhá bhóthar mar sin i gcónaí i dtreo ná beadh dhá thraein, a bheadh ag dul is ag teacht ag an am céanna idir an dá áit, ag teacht sa tslí ar a chéile.

Níl aon stad traenach (stáisiún) dá laghad ná bíonn a trí nó a ceathair de thithe ann. Teach Mháistir an Stáisiúin, agus teach eile as san arís ina mbíonn na hoifigí: Oifig na dTicéad, Oifig na mBeart, Oifig na Sreangscéalta, an Seomra Feithimh, 7rl.; agus teach mór ann i gcomhair earraí—Stór na nEarraí. Bíonn a lán fear ag obair sna hoifigí sin, agus dá n-éagmais sin, bíonn seirbhísigh (fir iompair) chun bagáistí an lucht taistil a chur isteach sa traein nó chun iad a thógáil aisti. Lasmuigh den stáisiún, leis, is gnáth teach ard oirirc a bheith ar leataobh an bhóthair iarainn, mar a mbíonn fear ar faire i gcónaí agus nuair a chíonn sé traein chuige nó uaidh cuireann sé comhartha in airde go bhfuil an scéal amhlaidh, i dtreo, má thagann traein eile idir dhá linn, go dtabharfaidh fear tiomáinte na traenach faoi deara é agus go dtuigfidh sé conas tá an scéal, .i. cé acu atá traein chuige nó ná fuil. Sa teach san—Bothán na gComharthaí—bíonn, leis, a lán bioranna agus baint acu le ráillí an bhóthair iarainn agus le ceann acu a tharraingt is féidir traein a chur de bhóthar de na bóithre iarainn isteach ar bhóthar eile. Uaireanta, toisc faillí agus neamhaireachas an fhir sin i mBothán na gComharthaí, buaileann dhá thraein i gcoinne a chéile, nó, cuirtear ar an mbóthar tuathail iad, agus déantar a lán díobhála agus maraítear a lán den lucht taistil; ach is annamh a thiteann a leithéid amach sa tír seo, buíochas le Dia.

Bíonn stáisiún go han-ghnóthach tamaillín roimh thraein a theacht isteach. Bíonn daoine ag teacht is a gcuid bagáistí acu (málaí agus truncaí) chun imeacht ar an traein, agus is minic a bhíonn a ndaoine muinteartha lena gcois ag cur slán leo. Bíonn na fir iompair go broidiúil ag sá trucailí beaga rompu isteach ar an bport faoi bhagáiste an lucht taistil. Iadsan go himníoch ag fiafraí i dtaobh na dtraenacha; cathain a bheidh sí chucu isteach? Cathain a shroichfidh sí deireadh a cúrsa? An mbeidh sí in am ag an ladhrán chun teagmháil leis an traein eile úd a bheadh ag dul i dtreo baill eile? Agus uaireanta, b'fhéidir nach róchneasta ná róshéimh an freagra a gheofaí ó na fir iompair.

Bíonn daoine eile ann (seantaistealaithe) agus tugann siad aghaidh ar Oifig na dTicéad. Féachann siad ar Chlár na dTraenacha agus faigheann siad gach eolas a bhíonn uathu gan ceist a chur ar éinne. Ansan ceannaíonn siad a dticéid. Ticéad don chéad rang, nó ticéad don dara rang, nó ticéad don treas rang. Ticéad singil (an aon turais) nó ticéad fillte (an dá thuras, .i. ann agus as). Fad a bhíonn siad ag feitheamh leis an traein a theacht isteach, téann cuid den lucht taistil isteach sa seomra feithimh chun a suaimhneas a cheapadh. Téann cuid eile acu ag siúl síos suas ar an bport. Suíonn roinnt díobh ar na binsí cois balla ar leataobh an phoirt. Ach nuair a chloistear nó nuair a chítear an traein chucu isteach preabann gach éinne ina suí, beireann sé ar a mhálaí agus siúd leis go ciumhais an phoirt féachaint cá bhfaighidh sé slí i gcarráiste; mar, más lasmuigh den bhaile cinn a théann an duine ar bord na traenach, bíonn sí lán go maith nuair a shroicheann sí na stáisiúin eile agus ní foláir do dhuine bheith go géar sa chuardach ag iarraidh slí a fháil dó féin. Ní chuirtear na bagáistí go léir isteach sna carráistí ina mbíonn an lucht taistil. Cuirtear na bagáistí troma i dtrucail na mbagáistí. Tugann an taistealaí a mhála beaga éadroma leis agus cuireann sé a chasóg mhór throm is a fhothanán báistí is a hata agus na bearta beaga a bhíonn aige, agus gach ní éadrom den saghas san in airde ar na racaí.

Is gearr go mbíonn gach éinne socair síos—anró na marcaíochta ag cuid acu b'fhéidir—agus nuair is mithid don traein bheith ag cur di, croitheann an garda brat uaine agus séideann sé feadóg, agus siúd leis an traein de bharr na gcnoc is in imigéin.

Bíonn daoine ag teacht isteach sa traein ag gach stad agus daoine eile ag imeacht; ach bíonn daoine eile agus fanann siad inti go deireadh an chúrsa. Bíonn seantaithí acusan ar an mbóithreoireacht agus más daoine iad a mbíonn dúil acu sa tobac téann siad isteach sna carráistí nó sna seomraí mar bíonn cuid de na traenacha agus na carráistí roinnte ina seomraí faoi leith i gcomhair tobac a chaitheamh. Ansan suíonn siad i gcúinne den suíochán agus a ndroim leis an inneall in aice na fuinneoige; baineann siad a hataí díobh, agus má bhíonn an aimsir fuar baineann siad caipíní beaga as a málaí, líonann siad a bpíopaí le tobac, gabhann siad chucu an páipéar nuachta, nó scéal maith soléite agus sin iad ar a sástacht iad. Ní chuireann a leithéidí sin puinn suime sa dúiche ina dtimpeall. Anois agus arís, b'fhéidir go mbíonn comhrá cainte acu le chéile i dtaobh cúrsaí gnó faoin tuath síos amach, más lucht gnó a dhéanamh iad; ach, murab aithnid dóibh a gcéilí taistil, ní chuireann siad chucu ná uathu isteach ná amach orthu.

Más traein mhear í an traein, bíonn carráiste faoi leith uirthi agus is féidir béilí bia a fháil inti, dinnéar maith mór nó tae so-ólta córach ar bheagán airgid.

Nuair a bhraitear go bhfuiltear buailte le deireadh an chúrsa, bíonn gach éinne á ullmhú féin i gcomhair na cathrach, ag cur a chasóige móire uime, ag cur a leabhair nó a pháipéir uaidh isteach sna málaí, agus ní túisce a shroicheann an traein an port agus í ina stad ná siúd amach ar an bport de léim iad.

Bíonn a lán carranna cliathánacha agus carranna clúdaithe ag port na traenach ag an stad deiridh agus gach tiománaí ar bior ag feitheamh is é ag bagairt ar an lucht taistil, agus "(An dteastaíonn) carr (uait) a dhuine uasail (a bhean uasal)?" ar siúl acu in ard a gcinn agus a ngutha. Bíonn gluaisteáin bheaga ann, leis, le daoine a thabhairt abhaile chun a dtithe. Má bhíonn a lán taistealaithe ar an traein agus bóithre fada acu ó stad na traenach le cur díobh, ní fada go mbíonn na carranna go léir imithe agus a ualach féin ag gach ceann acu. Na daoine ná bíonn puinn slí le cur díobh acu, nó gur mór leo a dtabharfaidís do ghiolla capaill ar an marcaíocht, siúlann siad amach as stad na traenach agus téann siad in airde ar an tram (rian-charr) agus is gearr go mbíonn na taistealaithe go léir sa bhaile dóibh féin agus is gearr eile go mbíonn tuirse an bhóthair (aistir) curtha díobh acu cois a dtinteáin féin.

13.3. Cainteanna a bhaineann le turas ar traein

Cá bhfuil stad na traenach?

Cé acu stad?

Stad an Iarthair, an Oirthir, an Tuaiscirt, an Deiscirt, Mhúscraí, na Carraige Duibhe, Dhroichead na Bandan, Mhaigh Cromtha, Iar-Chláir, an Daingin, 7rl.

Anonn thar droichead, mar sin suas i gcoinne an chnoic, díreach romhat. Iompaigh ag an gcéad chrosaire ar thaobh na láimhe deise (clé).

An bhfuil tú in áirithe? (le tiománaí cairr a deirtear sin).

Tiomáin chun stad na traenach mé.

Suigh aníos.

Tiomáin leat; brostaigh ort, beam (beimid) déanach.

Ní baol duit. Ná bíodh eagla ort.

An mór é?

Fágaim fút féin é, a dhuine uasail.

Seo.

Go méadaí Dia do stór, a bhean uasal.

Tá am go leor againn.

"Am go leor" a chaill na cearca.

Is fearr déanach ná ródhéanach.

Ba ródhóbair dúinn, mhaise.

Seo isteach í; siúd amach í.

Ó is é mo léir, ní dhéanfainn dabht díot.

Faighse na ticéid.

Ticéad chun Chorcaí; dhá thicéad fillte; dhá thicéad shingile; ticéad deireadh seachtaine; ticéad do leanbh.

An mór é sin?

A seacht is réal.

115

Cathain a shroichfidh an traein Corcaigh? Cathain a fhágfaidh sí Corcaigh?

An bhfuil na málaí agat?

Tá. An bhfuairis (bhfuair tú) an páipéar?

Seo, a gharsúin, tabhair dom páipéar.

Ná dearmad gan síntiús a thabhairt don fhear iompair (don ghiolla).

Go bhfága Dia an tsláinte agat, a dhuine uasail.

Tá slua mór ag taisteal inniu, ní mór dúinn bheith mear agus carráiste a chur in áirithe dúinn féin nuair a thiocfaidh an traein isteach.

Féach an bhfuil aon slí ansúd.

Slí do dhuine, do bheirt.

Tá an carráiste seo folamh.

Éirigh isteach. Bí i do shuí. Oscail an fhuinneog.

As go bráth linn, buíochas le Dia.

Suigh anso, agus ní bheidh séideadh na gaoithe sna súile ort.

Tá an-séideadh gaoithe isteach.

Ar mhiste leat mé a chaitheamh tobac?

Níor mhiste. Caith leat, a mhic ó.

Ticéid ullamh; ticéid a thaispeáint.

Ticéad seanda is ea é sin.

Caithfidh tú breis a dhíol.

D'ainm is do sheoladh, mar sin, le do thoil.

Cá bhfuil do thriall?

Traein an-mhall í seo; traein bhreá mhear. Traein sheascair chluthar.

Dá mb'áil leat an fhuinneog a dhúnadh. Tá an-séideadh gaoithe isteach.

An stopfaidh an traein seo ag an Mainistir?

Rachaidh an traein thar an áit sin gan stad.

Taoi (tá tú) sa traein tuathail.

Éirigh amach ag an gcéad stad eile.

Aistrigh ag an ladhrán.

Ba mhaith liom an mála so a fhágáil anso go ceann tamaill.

Cuir sreangscéal chucu go bhfuilimid chucu.

Tá an carráiste seo an-fhuar, iarr gléas téite ar an ngiolla.

Cad é an stáisiún é seo? Siod é an Baile Dubh.

Mo dhearmad, d'fhág mé mo mhála sa traein eile.

Féach an bhfaighfeá cupán tae ag an ladhrán.

Dinnéar ullamh.

Seo, téimis isteach, ní fios cathain a shroichimid an baile anocht.

Tá an comhartha inár gcoinne.

Cad chuige an stad so? Ag glacadh uisce chuici atá an t-inneall.

Tá mo thicéad ina chriathar agaibh.

An fada a bheimid ag dul ann?

Brann deló, bras deló.

13.4. Carranna

Nuair is mian le duine dul ag aeraíocht dó féin tamall ó bhaile agus nach maith leis dul ar an traein—nó nuair ná bíonn aon traein ann—faigheann sé carr cliathánach. Carr deas éadrom is ea é sin, dhá roth faoi, agus dhá chliathán leis ar a suíonn an lucht marcaíochta droim le droim. Bíonn an giolla ina shuí ar shuíochán ard ar lár tosaigh an chairr, mar a mbíonn smacht maith aige ar an gcapall. B'fhéidir do cheathrar suí go suaimhneach compordach ar an gcarr cliathánach.

Má bhíonn an aimsir fliuch is i gcarr clúdaithe a théitear ar turas gairid. Bíonn an giolla lasmuigh in airde ar shuíochán ard faoi mar a bhíonn ar an gcarr cliathánach, mar ar féidir dó an capall a stiúradh leis an srian go héasca.

Má bhíonn a lán daoine ag dul ar aon turas—foireann iománaíochta nó lucht an aon chumainn—is ar charr fada a théann siad. Bíonn ceithre roth faoina leithéid sin de charr agus dhá chapall. Ón taobh thiar is ea a théann na daoine in airde air agus bíonn slí do dháréag nó mar sin istigh ann. Ina suí ar aghaidh a chéile ar dhá shuíochán—seisear ar gach suíochán—is ea a bhíonn an lucht marcaíochta, agus bíonn slí do bheirt eile seachas an giolla féin ar shuíochán an ghiolla ar tosach an chairr fhada.

Na daoine a mbíonn carranna dá gcuid féin acu—bíonn na carranna san a luadh thuas á dtabhairt amach ar iasacht ar airgead—bíonn carr beag cruinn acu i bhfoirm tobáin, trap a thugtar orthu mar ainm. Bíonn slí do cheathrar iontu, beirt ar aghaidh beirte istigh ann. Bíonn siad an-éadrom agus is iad is coitianta a chítear anois ag daoine.

13.5. Gluaisteáin

Ach is ar ghluaisteáin is mó a bhíonn éileamh anois chun taisteal ar bhóithre mar is iad is mire agus is seascaire agus is cluthaire chun bóthair, pé acu fliuch fuar nó tirim teasaí an uain. Peitreal a chuireann an gluaisteán ag gluaiseacht. Is amhlaidh a ligtear meascadh aeir agus peitril isteach i mbosca an innill agus tagann splanc ar uairibh áirithe agus déanann sé gás an mheasctha sa a phléascadh agus leis an bpléascadh san cuirtear bioranna ag obair a chuireann na rothaí deiridh ag casadh agus sin mar a ghluaiseann sé chun siúil.

Chun an gluaisteán a chur ag gluaiseacht, déantar hanla a bhíonn i dtosach an ghluaisteáin faoi bhun an innill a chasadh go tréan, cuireann san roth an dineamó ag obair agus tagann an splanc aibhléise leis sin isteach san inneall agus siúd ullamh chun bóthair é. Déantar é a stiúradh le roth. Agus istigh faoi chosa an tiománaí—"téitheoir" a thugtar ar thiománaí gluaisteáin mar déanann sé an t-inneall a théamh leis an hanla úd a chasadh—bíonn roinnt troitheán chun géire na gluaiseachta a athrú nó chun feidhm an innill a chur ar neamhní nó chun an gluaisteán a thiomáint ar gcúl in ionad ar aghaidh. Bíonn ceithre roth faoi agus boinn mhóra láidre theanna, agus iad lán d'aer i dtreo go ngluaiseann siad go héadrom mear seolta feadh an bhóthair agus gur beag má fhaigheann na daoine aon chuid d'anró na marcaíochta.

Tá a lán saghas gluaisteán ann. Gluaisteáin do bheirt, do cheathrar agus do sheisear, gluaisteáin mhóra throma agus gluaisteáin bheaga éadroma. Tá gluaisteáin an-mhór ann chun ualaí a iompar, gluaisteáin tonna, gluaisteáin dhá thonna, gluaisteáin ceithre thonna, agus gluaisteáin sé thonna.

13.6. Rothair

Téann a lán daoine ag aeraíocht ina n-aonar ar rothair. Tá dhá roth ar an rothar—an roth tosaigh agus an roth deiridh—agus ceann acu díreach i ndiaidh an rotha eile. An chabhail a thugtar ar an bhfráma iarainn idir an dá roth agus is in airde air sin a shuíonn an rothaí. Tá an rothar go léir déanta d'iarann ach amháin boinn na rothaí agus na boilg. De rubar atá an bolg déanta agus an taobh den bhonn a bhíonn ar an talamh. Tá fearsaidí an dá roth ceangailte sna gabhail le cnónna agus istigh sa mhol tá liathróidíní beaga crua i dtreo gur fusaide agus gur mirede a chasann na rothaí. Tá na gathanna déanta d'iarann tanaí agus an fonsa ar gach roth de chruach. Tá cos faoin diallait agus tá sí sin sáite sa chabhail os cionn an rotha deiridh agus in airde air sin a bhíonn an duine ina shuí. Lena chosa is ea a thiomáineann an rothaí an rothar. Luíonn ceachtar a dhá chos anuas ar na troitheáin agus níl aige ach iad a shá uaidh amach síos chun an rothar a chur ag gluaiseacht. Stiúrann sé é le dhá chluais an rothair os cionn an rotha thosaigh. Is féidir mire an rothair a chosc le sreangán tanaí a theannadh le bior a tharraingt chugat. Déanann san rud i bhfoirm crú capaill a theannadh ar fhonsa an rotha deiridh nó an rotha tosaigh agus baineann san óna mhire. Coscán a thugtar ar an gcóir sin. Bíonn na boilg lán d'aer i dtreo ná mothaíonn an rothaí aimhréidh an bhóthair nuair a bhíonn sé ag gluaiseacht. Déantar na boilg a dhéanamh teann crua le haer a chur isteach iontu leis an teannaire. Tá cóir sa bholg amach trí pholl beag san fhonsa—an geocán—agus is féidir le feidhm an teannaire an ghaoth a chur isteach. Bíonn píosa rubair ina luí anuas go dlúth ar an ngeochán san agus ní ligeann sé aon ghaoth amach. Bíonn an bolg go maith láidir chun é a chosaint ar chlocha an bhóthair, ach uaireanta, d'ainneoin théagar an bhoinn, téann dealg tríd isteach sa bholg agus pollann sé é agus tagann an t-aer amach. Ní foláir an poll a dheisiú ansan sular féidir a thuilleadh rothaíochta a dhéanamh. Ní mór an bonn a bhaint den fhonsa agus an bolg a thógáil amach agus an poll a aimsiú leis an mbolg a theannadh agus é a chur isteach in uisce agus ansan chítear na bolgáin aeir ag éirí as an bpoll sa bholg. Níl agat ansan ach paiste rubair a ghreamú de le slaod (gliú), agus, nuair a bhíonn sé greamaithe go dlúth de, é a chur isteach sa bhonn agus an bonn a chur suas ar an bhfonsa arís.

119

Bíonn cóir ar a lán rothar chun dhá ghiar nó trí a chur leis. Giaranna arda i gcomhair an talaimh réidh leibhéalta agus an giaranna ísle i gcoinne an chnoic.

Is beag rothar ná bíonn saor-roth ann, is é sin, cóir sa mhol deiridh chun an slabhra atá idir roithín na dtroitheán agus roithín an tslabhra ar an roth deiridh a chosc ar chasadh i dtreo go ritheann an rothar uaidh féin le fána an chnoic.

Cóir taistil an-áiseach ar fad is ea an rothar. Tá sé saor le ceannach agus an té a mbíonn sé aige, bíonn sé beag beann ar aon bhóthar dá fhad. Ina theannta san, tugann an rothaíocht suaitheadh maith do bhaill an duine agus is sláintiúil an saghas caithimh aimsire é, ní airím a bhfaigheann duine de phléisiúr agus d'aoibhneas tríd le dul amach faoin tuath faoin aer breá glan aon tráth den bhliain is mian leis.

13.7. An tram

Sna cathracha móra bíonn tramanna (rian-charranna). Cóistí móra a thiomáintear le sruth aibhléise trí shreanga in airde os cionn na sráide agus téann an fheidhm aibhléise ó na sreanga isteach sa tram trí phoill mhóra agus cuireann an sruth san aibhléise na rothaí ag casadh. An-áis is ea iad do mhuintir na gcathracha, mar bíonn siad ag síor-rith trí na príomhshráideanna, agus an té ar mian leis an bóthar a chur de go mear agus go suaimhneach, níl aige ach léim in airde ar cheann acu agus siúd leis.

Cóistí móra is ea iad agus bíonn slí dá lán istigh iontu agus ar a mbarr lasmuigh. Bíonn íochtar an tram clúdaithe agus tá suíocháin in airde air, leis, ach ní bhíonn clúdach orthu go léir in aon chor. Ní ligtear tobac a chaitheamh iontu ach in airde staighre.

Ní hamháin ar fud na cathrach a bhí siad ag gluaiseacht ach téann siad amach faoin tuath, leis, agus ba bhreá an aeraíocht a gheobhadh duine in airde ar cheann acu ag dul amach go Binn Éadair ó Bhaile Átha Cliath, cuir i gcás—turas deich míle. Agus barr an scéil go léir, ní bhíonn puinn airgid le díol as marcaíocht ar tram.

120

Bíonn beirt i mbun gach tram, an tiománaí agus fear an airgid a bhailiú. Tugann sé sin ticéad do gach duine den lucht marcaíochta de réir fhad a bhóthair agus díolann siad an t-airgead leis dá réir. Cuireann an tram an talamh di go héadrom mear seolta agus mar sin ní féidir dul in airde uirthi in aon chor agus í sa siúl—ná tuirlingt di, ach an oiread—ach stadann sí go minic ina turas ar fud na cathrach agus mar sin, bíonn caoi ag daoine ar dhul in airde uirthi nó teacht anuas di; ach ní mór an deabhadh mar is róbheag an mhoill a dhéanann sí ag aon stad ach i ndeireadh a cúrsa ar fad.

13.8. Cainteanna a bhaineann le marcaíocht ar tram
Caithfimid brostú orainn.
Fanam le tram anso ag an gcúinne; beidh ceann chugainn ar ball.
Seo chugainn í.
Ní gá an fuadar go léir, beidh sí ina stad láithreach.
Ná feiceann tú an fógra? Stadann gach tram anso.
Cé acu síos isteach nó suas amach a rachaimid?
Téam (téimis) in airde. Ní raibh aon ghal agam fós.
Siod é fear na dticéad chugainn.
Dhá thicéad chun an ghalláin, led thoil.
An ngabhfaidh an tram so an bóthar go léir?
Ní ghabhfaidh; caithfimid aistriú anso thíos.
Seachain agus tú ag tuirlingt.
Ba dhóbair dom; mheas mé ná béarfainn uirthi.
Laistiar den pholla bíonn lucht an tobac a chaitheamh.
Abair leis an ngiolla stad ag cúinne an bhóthair sin.
Slán agat; táim ag dul amach anso.
Rachaimid amach ar an tram agus fillfimid ar an traein.
Féach: faigh ticéad domsa leis, níl aon mhionairgead agam.
Níor thug tú an briseadh ceart dom, a mhic ó.

14
An Éanlaith

14.1. Spéis san éanlaith

Is iontach a laghad spéise a chuirtear san éanlaith agus a bhfaightear de phléisiúr agus de shult uathu. Níl aon ainmhí eile dár chruthaigh Dia, a thugann oiread aoibhnis agus aitis don chine daonna, agus gan aon suim ag formhór na ndaoine iontu. Níl uathu ach géag crainn agus sin iad ag cantain is ag ceiliúradh go ceolmhar iad ó éirí lae go titim oíche.

An té a bhíonn ina chónaí sa chathair nó sa bhaile mór de ghnáth, nuair a théann sé ar cuairt faoin tuath ar a laethanta saoire, ar dhúiseacht dó ar maidin, is é chéad rud a bhuaileann a chluasa ná ceol binn na n-éan ag moladh an Dúilimh toisc solas an lae ghléghil a thabhairt chugainn, agus um thráthnóna, nuair a bhíonn néalta dubha na hoíche ag dorchú an domhain, bíonn séis cheoil na n-éan le cloisteáil ó scairt is ó sceach, ó chrann is ó choill. Ní beag d'áthas d'éinne an ceol binn sin agus nuair is éigean do mhuintir na tuaithe imeacht leo chun na cathrach ag tuilleamh a gcoda, ní haon ionadh gurb é chéad rud ná a chéile a sholáthraíonn siad dóibh féin ná éinín binn ceolmhar éigin a choimeádfaidh a bhfód dúchais go glas úr ina gcuimhne fad a mhaireann siad ar díbirt i bhfad uathu. Sin é an chúis gur minic, nuair a bhímid ag siúl trí chúlbhealach éigin i lár cathrach móire nó i mbaile mór, a n-airímid san áit ar lú a mbeadh coinne againn lena leithéid binneas ceoil éin éigin, mar tugann an ceolaire éin sin roinnt de bhinneas agus de mhilseacht agus d'aoibhneas álainn na tuaithe ar ais i gcroí agus in aigne an díbeartaigh bhoicht. Éinín buí an cheoil bhinn (an canáraí), an smólach, an chéirseach, an lon dubh, an fhuiseog, an gealbhan lín, an bhuíóg (an bod buí), agus an cuaichín, is iad na héin is coitianta a chloistear agus a chítear i gcásanna mar sin ag daoine.

122

Canann siad ceol séiseach sóch agus tugann siad sólás éigin dá laghad do na daoine nach féidir dóibh ceiliúr na n-éan ar ghéaga coille a chloisteáil.

Ach cad é mar cheol é sin, dá bhinne é, i gcomórtas leis an tséis shíreachtach a bhíonn le cloisteáil i lár na tuaithe ó mhaidin go hoíche, ó thús earraigh go lár an fhómhair agus ina dhiaidh. An smólach binn ag cantain go meidhreach agus é i bhfolach i lár dhuilliúr na gcrann nó faoi mar a eitlíonn sé go haerach ó ghéag go géag; lon dubh an ghoib bhreá bhuí; agus an fhuiseoigín rua ag éirí go hard sa spéir as radharc an talaimh ar fad i spéir álainn ghléigeal an tsamhraidh nó an fhuiseog choille a thugann cuid d'aoibhneas an lae dúinn i lár na hoíche lena ceol. Ach, is iad na héin sin barrcheoltóirí na tuaithe, tá a lán eile a bhfuil a n-amhráin go binn blasta, leis, i lúb na coille craobhaí nó ar thaobh an bhóithrín chasta, ar imeall gleannta nó in ngarráinín coille fásaigh; an lasair choille, an glasán darach, an gealbhan lín, an gealbhan garraí, an bricín beatha, an spideog, an dreoilín agus an meantán féin. Tá binneas faoi leith ag baint le gach éan díobh, ach nuair a bhíonn siad go léir "ag ceiliúradh le chéile ar aon chraobh amháin" is ea a éiríonn an croí le háthas agus le haoibhneas a gceoil fhíorbhinn.

Is deacair do na héin bhochta maireachtáil sa gheimhreadh nuair a bhíonn an talamh faoi shneachta agus faoi shioc agus nuair is deacair dóibh na péistíní is na cuileoga is na gráinní síl arbhair a chothaíonn iad san aimsir theasaí a fháil. Mar sin imíonn a lán acu uainn an uair sin agus faraor, faigheann a lán acu bás sa drochuain. Tagann na héin ansan faoi fhothain na dtithe i sciobóil agus i stáblaí agus faigheann siad ansúd roinnt de na cuileoga agus de na ruáin alla ina suan geimhridh.

Ansan is ea a thugaimid faoi deara dánacht agus neamheagla na spideoige agus an dreoilín bhig. Tagann siad chugainn isteach sna tithe agus bíonn siad chomh muinteartha linn agus dá mbeadh caidreamh acu linn ó cheann ceann den bhliain. Ní chloistear ceol binn na n-éan le linn an gheimhridh ach amháin amhráinín na spideoige agus is móide a ceol san ansan toisc na héin eile go léir bheith ina dtost.

Ach, de réir mar a bhíonn an aimsir ag dul i mboige agus i gcneastacht, bíonn cantain agus ceiliúr na n-éan le haireachtáil arís. Ansan nuair a bhíonn an duilliúr ag teacht ar na crainn, tagann chugainn aneas ó na tíortha teo an fháinleog, an gabhlán gaoithe agus an gabhlán gainimh. Éin an-mhear is ea iadsan. Chímid gach aon lá iad sa samhradh agus iad ag gluaiseacht tríd an aer le mire an tsaighneáin, go hard sa spéir uaireanta, uaireanta eile agus iad ag seoladh de bharr uisce na habhann nó an locha. Ag casadh is ag iompú tuathal agus deiseal, gan baint dá luas ná dá mire ach iad i gcónaí chomh mear leis an ngaoth Mhárta. Luíonn clúmh na gceithre n-éan san go tiubh agus go dlúth ar a gcoirp chun gan a ngluaiseacht a thoirmeasc orthu; tá cleití a sciathán go fada righin biorach agus a n-eireaball gabhlánach i dtreo gur mirede a n-eitilt san aer.

Ina ndiaidh sin tagann chugainn Donncha an Chaipín agus an Chuach. Is róbhinn é guth na cuaiche mar cuireann sé in iúl dúinn go bhfuil fuacht an gheimhridh imithe agus nach fada uainn teas agus brothall an tsamhraidh ghrianmhair. Is ait an nós atá ag an gcuach. Ní dhéanann sí féin nead di féin in aon chor, ach is amhlaidh a bheireann sí ubh i nead éin eile—i nead an ghealbhain gharraí de ghnáth. Ubh bheag a bheireann sí agus ní bhíonn aon drochamhras ag an ngealbhan air agus déanann sí ubh na cuaiche a ghoradh lena huibheacha féin. Nuair a thagann an chuach amach sa deireadh, leis an mborradh fáis a bhíonn fúithi, is gearr go gcuireann sí na gealbhain óga amach as an nead ar fad—agus an gealbhan féin á chothú an t-am go léir!

Tagann an deargán alt ansan, leis, agus ansan an traonach i dtosach Bealtaine. Bíonn an traonach le cloisteáil de lá is d'oíche sna móinéir agus a chrích creáic ar siúl aige i gcónaí.

Na héin a thagann chugainn tar éis an gheimhridh, bíonn siad go léir imithe arís uainn ar theacht an gheimhridh. Sula n-imíonn na fáinleoga is na gabhláin cruinníonn siad le chéile ar dhíonta is ar shimléir na dtithe agus ansan gluaiseann siad in aon scata mór amháin ó dheas chun an geimhreadh a chaitheamh ann.

Tagann éanlaith chugainn i ndeireadh an tsamhraidh, leis, aduaidh ó na dúichí fuara: an gabha dubh, an siocán, an fheannóg, an creabhar, an naoscach, an gabhairín reo, an colmán coille, an eala fhiáin, an ghé fhiáin, an lacha fhiáin, an tsíolta agus an camghob; agus imíonn siad leo arís in Aibreán agus i mBealtaine.

Féachaigí éanlaith an aeir: ní chuireann siad síol ná ní bhaineann siad fómhar ná ní dhéanann siad cnuasach i scioból, agus déanann bhur nAthair neamhaí iad a chothú.

Matha 6:26.

Is iontach ar fad mar a dhéanann an éanlaith, trí dheonú Dé, a neadacha sna scairteacha agus sna sceacha, ar bharr na gcrann, faoi dhíonta na dtithe, i bpoill sna ballaí, i bpoirt na n-aibhneacha, i scoilteanna sna crainn, nó i simléir na dtithe. Bailíonn siad clúmh is fionnadh is olann ó na páirceanna inír; tugann siad leo cipíní beaga ó imill na gcoillte, nó bileoga feoite ó leataobh na mbóithre agus socraíonn siad a neadacha le barr gastachta is fadaraí i bhfolach in áiteanna nach baol dóibh an easóg ná an francach, an gadhar ná an cat. Déanann siad an clúmh is an fionnadh is na cipíní is na bileoga a shníomh is a chasadh in achrann ina chéile go healaíonta ar fad i dtreo go mbíonn siad go deas te cluthar istigh iontu agus an chuma go mbíonn díon agus foscadh acu ón doineann is ón drochuain. Obair ealaíonta is ea gach nead díobh, is cuma cad é an t-éan ar leis é, a chruinne a bhíonn sé, a dlúithe a bhíonn an clúmh is na cipíní fite ina chéile, agus a chluthaire is a shábháilte a bhíonn sé i ndeireadh báire; ach féach an fháinleog is an gabhlán gaoithe a dhéanann a nead faoi dhíonta tithe nó le slios simléir tí agus gan aon taca ann in aon chor lena gcuirfí an nead.

Nuair a thagann na gabhláin chugainn ar dtús, caitheann siad an lá ag spórt is ag súgradh dóibh féin faoi aer bog cneasta na hÉireann ag bailiú a nirt chucu tar éis a n-aistir fhada aneas. I lár Bealtaine má bhíonn an aimsir go breá, tosaíonn an gabhlán ar a nead a chur i gcóir dá ghearrcaigh. Lathach bhog nó cré a bhíonn ar an taobh amuigh den nead acu, agus déanann siad an chré nó an lathach san a ghreamú agus a neartú le broibh bheaga tuí a chur tríothu. Ós minic a dhéanann siad a neadacha i gcoinne balla ingearaigh gan poll ná cloch as, ní foláir dóibh togha an aireachais

125

a thabhairt don bhunchloch (mar a déarfá) agus gach dícheall a dhéanamh chun é a bheith greamaithe go maith den bhalla. Mar sin, nuair a bhíonn an gabhlán gaoithe ag déanamh a neide, ropann sé a chrobhanna isteach sa bhalla agus ag an am céanna, bíonn a eireaball mar thaca faoi agus déanann sé an chré nó an lathach bhog a dhingeadh lena ghob in aghaidh an bhalla nó na cloiche nó an bhríce. Agus tá de chiall ag an éinín beag ná déanann sé an obair rómhear ar eagla, nuair a bhíonn an chré róbhog, go leagfadh a mheáchan féin a mbeadh curtha suas aige. Dá bhrí sin, ní chuireann siad leis an nead ach ar maidin, i dtreo, fad a bhíonn cré na neide á triomú faoi theas na gréine, go mbíonn an lá go léir acu ag soláthar bia is ag déanamh spóirt is suilt dóibh féin. Leathorlach nó mar sin a chuireann siad leis an nead in aghaidh an lae i dtreo go mbíonn an nead ullamh chun cónaí ann i gceann deich lá nó mar sin. Nuair a bhíonn an nead déanta acu cuireann siad caonach nó olann nó clúmh nó tráithníní féir isteach ann á dhéanamh cluthar nuair a bheadh na huibheacha á ngoradh. Ní haon ionadh, tar éis an oiread san de dhua a nead a fháil, go gcasann na gabhláin ar na neadacha céanna gach bliain ar bhfilleadh dóibh ó na tíortha theas.

Bíonn a chiúta féin ag gach éan chun dul ó na naimhde aiceanta. Bíonn roinnt de na neadacha ar bharra na gcrann, faoi dhíonta na dtithe, in airde ar bhalla ard i measc an eidhneáin, istigh i lár scairte nó sceiche gile, nó i lár an draighneáin, nó ar chrann cuilinn. Na héin a bhíonn cois abhann nó cois trá, bíonn a neadacha faoi phoirt na habhann nó lena dtaobh sa luachair agus san fheileastram, nó sa ghaineamh cois trá nó ar bharr na n-aillte. Nuair a imíonn an chearc uisce amach ag soláthar dá gcearrcach, cuireann sí luachair is féar anuas ar a nead á folú. Bíonn a nead ag an gcearc cheannann ar chiumhais an uisce agus uaireanta amach san uisce ar charraigín báite faoi phort na habhann. Ní bhíonn aon nead in aon chor ag an bpilibín ach is amhlaidh a bheireann sé a uibheacha i bpoll sa phortach nó sa riasc—go minic i bpoll a dhéanfadh crúb capaill—agus nuair a chíonn sé a namhaid chuige, ritheann sé ó na huibheacha nó ó na gearrchaigh amach agus a sciatháin ar sileadh lena dhá thaobh, ag ligean air gur leonta a bhíonn sé agus nuair a bhíonn sé fada a dhóthain ón nead, éiríonn sé san aer ag feadaíl, mar a bheadh sé ag magadh faoina namhaid, ní foláir.

14.2. Nead na Meaige

Ar na héin go léir, níl aon cheann ar fearr nó gur do-ghabhála a nead ná an mheaig (an snag breac). Ar bharr crainn aird a bhíonn a nead san agus cosaint dheilgneach ina timpeall agus in airde air, agus gan de shlí ann isteach ach poll a bhíonn mór a dóthain di féin amháin i dtreo an té a bhíonn ag coilleadh a neide, nach mór dó scian mhaith ghéar láidir a bheith ina ghlac aige chun teacht ar na huibheacha.

D'airigh na héin go léir feabhas nead na meaige agus mar sin tháinig siad go léir chuici á iarraidh uirthi a mhúineadh dóibh conas nead mhaith dhaingean dho-ghabhála a dhéanamh.

"Ar an gcéad ásc," arsa an mheaig, "ní foláir gabhlóg mhaith láidir a aimsiú agus tosú le dhá chipín a chur fiarthrasna thar a chéile."

"Mo ghraidhn mo shúil!" arsa an cág. "Sin é díreach mar a dheineas-sa féin." D'fhéach an mheaig go míchéadfach air. Mheas na héin eile ná labhródh sí a thuilleadh agus d'fhéach siad go léir go feargach ar an gcág. Ach lean an mheaig dá teagasc.

"Ansan," ar sise, "ní foláir na taobhanna a ardú beagán, agus taoscán féir a chur isteach agus é a dhingeadh go maith isteach i measc na gcipíní."

"An rud céanna a dheineas-sa féinig," arsa an préachán.

Ach níor chuir an mheaig aon suim ann ach lean di.

"Ansan, ar eagla go mbrisfí na huibheacha nó go gcaithfí amach iad ar fad," ar sise, "ní foláir na taobhanna a ardú chomh hard le do cheann nuair a bhíonn tú i do shuí ann agus roinnt d'olann bhog a chur ann."

"Arú," arsa an smólach, "bhí a fhios san agam i bhfad sular tháinig mé anso." Leis sin, níor fhéad an mheaig foighneamh leo a thuilleadh.

"Tá go maith, más ea," ar sise. "Ó chím go bhfuil sibh go léir chomh heolach san i ndéanamh na nead, ba neamhghá domsa bheith do bhur dteagasc." Scaipeadh an cruinniú ansan; agus sin é an chúis nach féidir do na héin eile ach leathnead a dhéanamh.

14.3. Seanfhocail

14.3.1. Is olc an t-éan a shalaíonn a nead féin.

14.3.2. Is fearr dreoilín ar dorn ná corr ar cairde.

14.3.3. "Is mór an ní an neart," arsa an dreoilín, nuair a chaith sé ciaróg leis an aill.

14.2.4. Fad ó bhaile a labhraíonn an pilibín míog.

15
Caitheamh Aimsire, Cluichí, agus Spóirt

15.1. Sos agus suaimhneas

Ní mór do gach éinne a bhíonn ag obair, is cuma cad é an saghas oibre a bhíonn ar siúl aige, ní mór dó sos agus suaimhneas a thabhairt dó féin uaidh anois agus arís; agus ós iomaí sórt duine ag Dia, is iomaí sórt caithimh aimsire agus cluiche agus spóirt a bhíonn ag na daoine d'fhonn suaimhneas a bheith acu.

Nuair a bhíonn an aimsir go breá—gan a bheith róbhrothallach ná rófhliuch—níl aon chaitheamh aimsire is fearr ná is taitneamhaí ná siúl maith faoin tuath, agus níl aon tráthnóna samhraidh, go mór mór, a fhad a bhíonn gile an lae ann agus gach Domhnach is lá saoire, chítear na daoine, idir fhir is mhná, idir óg is aosta, ag siúl amach ó na cathracha is ó na bailte móra ag aeraíocht dóibh féin. Agus tá a lán daoine agus nuair a bhíonn sos ón síorshaothar acu, ní fearr leo aon rud ná dul ar turas coisíochta ar fud a ndúiche féin in Éirinn nó i dtíortha iasachta i gcéin.

Sa samhradh, nuair a bhíonn an aimsir go brothallach agus go teasaí, agus gan aon phuth gaoithe le fáil a bhainfeadh ón teas mór míchuibheasach, imíonn a lán de mhuintir na gcathracha is na mbailte móra agus roinnt mhaith de mhuintir na tuaithe féin cois farraige. Ní d'fhonn faoiseamh a fháil ó theas na gréine ar fad a dhéanann siad amhlaidh ach chun sásamh a bhaint as an aimsir shoineanta álainn agus sos ó shaothar na bliana agus caitheamh aimsire a thabhairt dóibh féin.

Caitheann siad an lá go léir cois trá na dtonnta tréana, ag snámh tamall is ag siúl tamall, agus tamall ina luí ar ghaineamh geal órga na trá ag ligean an ama tharstu ar a moille mhaige féin. Uaireanta eile, nuair a bhuaileann an fonn iad, bíonn siad ag siúl ar bharr na n-aillte ag déanamh iontais d'fhairsinge is d'fhásach na farraige, nó ag póirseáil is ag útamáil in uaimheanna agus i scailpeanna is i gcuasa na gcarraigeacha i gciumhais na trá gainimh, ag bailiú sliogán is ag déanamh ionaidh de na clocha beaga cruinne ildathacha atá le feiceáil ar immeallbhoird an aigéin. Uaireanta eile, nuair a bhíonn an uain oiriúnach chuige, téann siad amach i mbáid ag iomramh agus ní hé a ndearmad ná a bhfaillí gan doruithe iascaigh a thabhairt leo agus a n-am ar muir is ar mórfharraige a chur chun tairbhe.

Bíonn a lán leanaí cois trá, leis, mar is folláin an ní é aer glan na farraige; agus níor bheag d'áthas agus d'aoibhneas don té ba chráite aigne is ba dhuairce smaointe iad a fheiceáil ó cheann ceann den lá ag déanamh spóirt is suilt dóibh féin ansúd faoi sholas geal na gréine, ag fothragadh in imeall trá nuair a bhíonn an taoide ard, agus ag súgradh go somheanmnach nuair a bhíonn an trá mhór ann agus caisleáin arda gheala acu á ndéanamh agus dúnta daingne doghabhála, dar leo, leis an ngaineamh, buicéid is sluaistíní beaga acu agus iad ar a ndícheall ó mheán gile an lae go fuineadh néal nóna ag tobhach is ag taighde, ag ardú is ag carnadh.

Bíonn laethanta saoire mar sin cois farraige go breá folláin sláintiúil, agus ní miste a rá ná go mbíonn gach éinne go luath láidir groí tar éis aer an chuain chúrbháin a ghlacadh, agus bíonn lí na dea-shláinte ar a gceannaithe acu ag dul abhaile dóibh.

Caitheann a lán daoine a n-aimsir ag iascaireacht—iascach an bhradáin agus an bhric—in aibhneacha agus i lochanna na hÉireann. Tosaíonn an t-iascach san Lá Fhéile Bríde agus ní bhíonn deireadh leis go dtí Deireadh Fómhair. Bíonn slata (cleitheanna) iascaigh ag na hiascairí, slat an bhradáin timpeall seacht dtroithe déag ar fad agus slat an bhric dhá throigh déag nó mar sin, agus iad láidir solúbtha do réir a ngnó. Bíonn dorú fada láidir síoda ar an spól ag bun na slaite agus ruaim ar bharr an dorú, agus is den ruaim a cheanglaítear an duán. Ar an duán a bhíonn an chuileog bhréige is mó a úsáidtear chun iascaigh; ach uaireanta bíonn baoití eile acu, mar atá: pis an ribe don bhradán, péistíní don bhradán agus don bhreac nuair a bhíonn tuile san abhainn, agus baoite spúnóige i gcomhair trálaeireachta in aibhneacha doimhne is i lochanna. Ní foláir don iascaire bheith go faireach

130

foighneach agus ní mór dó bheith ar tinneall i gcónaí, mar ní fios dó cathain a d'éireodh breac nó bradán chuige. I gcoinne an tsrutha suas a dhéantar iascach an bhric agus an chuileog a chorraí go foluaineach mar a bheadh cuil bheo agus an nóiméad a éiríonn an breac go barr linne é a bhualadh. Leis an sruth síos a dhéantar iascach an bhradáin. Is amhlaidh a chaitear an ruaim ar an linn nó ar an bpoll inar dóichí an bradán a bheith, beagáinín lastuas di, agus ligean don sruth an chuileog a bhreith leis síos os cionn na linne. Is tuirsiúil an obair í an iascaireacht ach imíonn an tuirse agus fanann an tairbhe nuair a bhíonn an t-iascaire in achrann i mbradán. Ní mór an fhoighne ansan féin agus an bradán a imirt go cliste agus má imríonn an t-iasc cleas na doimhneachta nó cleas an ruathair, cleas i gcoinne an chlis sin a thabhairt air agus bheith á n-imirt riamh is choíche go mbíonn sé ar bhior an gha nó na treá. Is díomhaoin agus is leisciúil an saghas caithimh aimsire é, dar lena lán, ach níl aon spórt ar domhan is fearr a chorródh do chroí ná an t-iascach, go mór mór nuair a ligeann an spól fead as le déine ruathair an bhradáin nuair a théann sé in achrann sa chuileog, agus as san go deireadh an chluiche, bíonn an t-iascaire ar cipíní, mar "ní breac é go mbíonn sé ar an bport".

15.2. An fiach

Sa tseanaimsir, ba ghnáth le Fionn agus le Fianna Éireann a n-aimsir a chaitheamh, ó Bhealtaine go Samhain, le seilg is le fiach is le fiannchoscairt ar fud magh agus mothar agus mórshliabh, fiodh agus fásach, fothar agus fánghleann na hÉireann. Agus is amhlaidh a bhí Éire an uair sin agus í go léir faoi choillte craobhacha agus faoi fhoraoisí fíorachrannacha, a bhí lán de gach saghas ainmhithe allta éigiallta chun fiaigh; an fia beannach agus an eilit mhaol, an lao agus an damh, an torc agus an faolchú, an sionnach agus an míol moingrua; bhí siad go flúirseach fíor-raidhsiúil an uair sin in Éirinn i dtreo ná bíodh aon easpa spóirt ná seilge ag Fianna Éireann.

Is amhlaidh a dhéanaidís an fiach ná coinne a dhéanamh i gcomhair lae áirithe agus gach aon taoiseach naonúir sa dúiche, ina mbeadh an fiach, a theacht lena bhuíon agus ansan iad a imeacht rompu faoi na gleannta diamhaire do-eolais agus faoi na sléibhte arda imeall-fhliucha, ag dúiseacht na seilge, go gcuiridís fianna fíorluatha as fásaigh agus míolta mongrua as maoileanna maolchnoc agus sionnaigh ar seachrán, broic as brocaisí, éin ar eitilt agus gealta as gleannta agus faolchúnna faoi arda, agus thiomáinidís rompu iad thar an tulach mar a mbíodh Fionn ina shuí ina dhumha seilge i bhfochair uasail na Féinne.

Agus ba chlos faoi na críocha ba chóineasa dóibh na gártha seilge seastánacha a ligeadh an Fhiann astu, guthanna na ngadhar agus glaoch grodmhear na ngasraí, feadaíl na bhfear fiaigh, torann agus tormán treathanmhór na dtréanfhear agus dreasú lánghasta na bhféinnithe fíoraraíochta is na foithreacha, sna fásaigh agus sna fánghleannta mórthimpeall do gach leith.

Agus ansan nuair a thagadh an fiach amach faoi na magha réidhe rófhairsinge scaoiltí gach cú feargach fíornimhneach dá éill ar thóir na seilge. Bhíodh gach duine den Fhiann ina dhumha seilge agus ina láthair ligthe agus ina bhearna bhaoil ar amas na mbeithíoch iliomad a chuirtí le fán is le fiarlaoid ar fud na machairí míne mórthortúla san.

Bítear ag fiach fós in Éirinn ach níl an fiach chomh torthúil ná chomh líonmhar agus a bhíodh in aimsir Fhianna glanáille Gael; ach mar sin féin, ní beag d'aoibhneas ná de shult a bhaintear as agus a mbíonn de dhúil ag an muintir, a leanann an fiach, ann.

Um Meán Fómhair a thosaíonn fiach an mhadra rua agus bíonn sé ar siúl go dtí Lá Fhéile Pádraig nó mar sin. Bíonn dhá fhiach nó trí ann gach seachtain. Le gadhair mhóra a dhéantar an sionnach (madra rua) a fhiach agus bíonn lucht an fhiaigh (na fiagaithe) ar marcaíocht ar chapaill.

Déantar socrú leis na feirmeoirí i ndúiche an fhiaigh cead a thabhairt do na fiagaithe dul ar fud a dtailte. Cuirtear fear i mbun gach garráin ina mbíonn poill na sionnach, i dtreo, nuair a thagann lucht an fhiaigh lá an choinne nach baol dóibh turas in aisce a bheith acu agus go mbeidh sionnach rompu ann. Cuirtear na gadhair isteach sa gharrán ansan agus ní fada go ndúisíonn siad an sionnach agus ansan "siúd amach an madra agus leanann siad go léir é".

Ainmhí glic cleasach is ea an sionnach ach dá mhéad cleas atá aige, agus níl aon teorainn lena bhfuil de chleasa aige, beirtear air sa deireadh. Nuair a bheireann na gadhair air is gearr go mbíonn sé sractha as a chéile acu; ach tagann máistir an fhiaigh agus giolla na ngadhar ansan agus baineann siad an sionnach de na gadhair agus baineann siad an t-eireaball mór scuabach den mhadra rua agus tugann siad don chéad bhean a thagann suas leis an gconairt.

Is róbhinn é glam na ngadhar agus iad go te ar thóir an mhadra rua agus is ró-aoibhinn don té a bhíonn ar muin eich thar claí is thar balla, thar bán is thar branar i ndiaidh na ngadhar, each maith groí á iompar agus gaoth bhreá ghéar an gheimhridh nó an earraigh ag cur a chuid fola ag rith trína fhéitheacha ina caisí beoga.

Le cúnna a dhéantar an giorria a fhiach. Bíonn na fiagaithe dá gcois. Nuair a dhúisítear an giorria as a ghnáthóg, scaoiltear dhá chú den éill ar a thóir, agus dá ghéire é rith an ghiorria is ea is sia an cúrsa.

"I gcosa con a bhíonn a gcuid", ach, más ea, "is minic a bhí cú mall sona". Uaireanta déantar an giorria a fhiach le gadhair mar a bhíonn ar thóir an mhadra rua ach iad a bheith beagáinín níos lú.

Déantar an dobharchú a fhiach le madraí beaga, leis, agus is minic a bhíonn fiach maith fada ar thóir an dobharchú. Cois abhann a fhaightear an dobharchú, mar is ar éisc na habhann— an bradán, go mór mór—a mhaireann sé, ach nuair a chuirtear an tóir air, tugann sé aghaidh ar an gcnoc go minic agus is mór an spórt é bheith ina dhiaidh.

Ainmhí donn is ea an dobharchú, ceann mar a bheadh ag madra air, droim fada, brollach mór domhain, cosa gearra, agus eireaball fada scuabach. Ainmhí nimhneach millteach is ea é agus is mairg don té a mbéarfadh sé greim air. Deirtear ná scaoileann sé dá ghreim go mbriseann sé cnámh agus go gcloiseann sé an cnagadh.

Ní dhéantar an broc a fhiach puinn, ach is é spórt a bhíonn leis ná é a chur isteach i bpoll nó i gclais nó in uaimh talún nó i mbairille féin, agus gadhair a chur chuige isteach ag iarraidh é a tharraingt amach as an bpoll. Is maith agus is misniúil tréan an madra a dhéanfadh an broc a tharraingt mar sin.

I ndeireadh shéasúr an fhiaigh, bíonn rásaí capall ag gach cumann fiaigh ag promhadh chapaill na bhfiagaithe. Rásaí thar triúcha a thugtar mar ainm ar na rásaí sin nó rásaí ó phointe go chéile—thar claí is thar glaise, thar páirc is thar branar, díreach mar a bheidís ar thóir an tsionnaigh. Tá ainm chapaill na hÉireann in airde lena bhfeabhas chun a leithéid sin de rásaí, mar bíonn taithí mhaith acu ar a ndúiche aimhréidh achrannach le linn shéasúr an fhiaigh.

15.3. Rásaí capall

Bíonn rásaí eile i gcomhair capall ar siúl ó cheann ceann den bhliain ar fud na tíre, go mór mór in aice na mbailte móra, mar arb acmhainn do na daoine cúrsaí a leagan amach ina gcomhair. Bíonn cuid de na rásaí sin thar claíocha agus cuid acu ar an talamh réidh.

Téann na sluaite daoine, idir óg agus aosta, chun na rásaí sin a fheiceáil, go mór mór má bhíonn an aimsir go breá. Ní thosaíonn siad go dtí a haon a chlog ach más ea bíonn na daoine ag triall ar ionad nó ar pháirc na rásaí i bhfad sula dtosaíonn siad. Bíonn siad ag gluaiseacht ann de shiúl na gcos is ag marcaíocht, ar rothair is ar chóistí, ar chairr is ar ghluaisteáin. Nuair a shroichfeá páirc an rása, bheadh allaíre ort ó bheith ag éisteacht le lucht na ngeallta a dhéanamh ag liúireach in ard a gcinn is a ngutha á insint do chách i gcoitinne cad iad na geallta is mian leo a dhéanamh i dtaobh na gcapall a bhíonn ag rith sa rás. Bíonn an slua daoine ag siúl timpeall ó fhear geallta go fear geallta díobh féachaint cé acu is fearr nó is mó a thabharfadh airgead ar an gcapall ba rogha leo. "A trí ar a haon ar Shean-Thadhg! A cúig ar a haon ar Ghiolla mo chroí!" agus caint den sórt san ar siúl acu agus na daoine go léir ag cur a gcuid airgid ar a rogha capall. Timpeall fear na ngeallta is ea "a bhíonn an gabhar á dhó". Ach, más ea, bíonn a lán nithe ar pháirc na rásaí agus ní beag de radharc iad. Bíonn fear na méaracán, chomh maith is a bhí an lá úd fadó a chuaigh Séadna ar an aonach. Bíonn fear na dtrí chárta ann agus, gan amhras, a lucht cúnta. Bíonn cleas na lúibe á imirt ag cearrbhach eile. Agus bíonn a dó nó a trí d'fhir an roithín chasta ann. Bíonn botháin de gach saghas ann, is dóthain na páirce go léir, dá liacht daoine ar an bpáirc, de bhia is de dheoch iontu. Bíonn lucht na rásaí ag gabháil timpeall ag féachaint ar na radhairc go léir agus iad ag déanamh áthais dóibh féin is ag baint suilt agus spóirt astu go léir.

Ansan buailtear an clog agus is gearr go bhfeictear na capaill ag teacht amach as clós na gcapall agus marcach ar muin gach capaill díobh. Is gearr eile go ngluaiseann siad ag iomaidh le chéile timpeall na páirce nó thar triúcha agus gach éinne ag faire go himníoch orthu. Ní bhíonn puinn fothraim sa pháirc le linn an rása ach fo-liú ó na fir ag déanamh na ngeallta ag iarraidh airgead gill eile a bhailiú chucu. Bíonn gach éinne ar cipíní ag féachaint ar na capaill agus gach duine ag súil le bua dá rogha féin. Is gearr go bhfeictear ag teacht abhaile iad. Seo i leith iad agus gach capall is gach marcach ar a ndícheall chun an rás a bhuachan. Siúd iad na daoine agus gan anam gan anáil iontu ach iad ag féachaint ar na capaill chucu; agus ansan nuair is é a rogha go léir a bhíonn ar tosach cuireann siad liú fiaigh astu go cleitheanna neimhe ag cur fáilte roimhe agus á mholadh go hard na spéire. Siúd iad ansan iad chun fear na ngeallta is iad go haerach gealgháireach ag tógáil an airgid chucu. Ach ní bhuann an capall is rogha le cách i gcónaí agus mar sin is minic a bhíonn dobrón is díomá ar lucht na ngeallta a chur. Is ar lucht na ngeallta a dhéanamh a bhíonn an gealgháire ansan. Agus chun an fhírinne a insint, pé duine a bhíonn thíos leis nó ná bíonn thíos leis, is annamh a bhíonn lucht na ngeallta a dhéanamh thíos leis.

Níl aon seó ach a gcailltear d'airgead le capaill mar sin anso in Éirinn agus i dtíortha eile; agus níl le rá i dtaobh an airgid a bheirtear leo ach "an rud a fhaightear go bog, imíonn sé go bog".

15.4. Foghlaeireacht

An dara lá déag de Lúnasa tosaíonn lámhach na ngunnaí tréan ar éanlaith coille is réisc ar fud Éireann, agus leantar de go tosach an earraigh.

I dtosach shéasúr an lámhaigh, is iad na cearca fraoigh agus na cearca feá is na patraiscí a dhéantar a lámhach. Ar chliathán cnoic i measc an fhraoigh is ea a bhíonn na cearca fraoigh. Bíonn siad ina scataí i gcónaí, timpeall cúig cinn déag nó ocht gcinn déag i ngach scata díobh. Uaireanta b'fhéidir go mbeadh dhá scata díobh i dteannta a chéile; ach, nuair a dhúisítear iad, scaipeann siad ó chéile. Fanann siad go híseal ar an gcnoc nuair ná cuirtear isteach orthu; ach an túisce a thosaíonn an lámhach orthu, bailíonn siad leo féin go barr na gcnoc. Níl aon spórt is tuirsiúla ná is mó a thraochfadh duine ná lámhach na gcearc fraoigh, mar ní foláir aistear mór a dhéanamh go minic chun teacht i ngan fhios orthu. Sna coillte, mar is léir ón ainm, a bhíonn na cearca feá. Is minic a chuirtear uibheacha na gcearc feá faoi chearca á ngoradh agus ansan nuair a bhíonn na héin óga as na huibheacha, scaoiltear faoi na coillte iad. Is iad éanlaith is áille d'éanlaith na seilge (an ghéim) ar fad iad, go mór mór an coileach; agus is é bia is suáilcí agus is sobhlasta dá bhfuil le fáil agus a bhfeoil chomh bán le sneachta na haon-oíche agus í níos maoithe ná feoil an tsicín. Is annamh a chítear ar an machaire iad, agus is amhlaidh a bhíonn scata fear agus na foghlaeirí ag bualadh na coille rompu ag dúiseacht na seilge agus bíonn na foghlaeirí (lucht na ngunnaí) ar imill na coille lasmuigh agus nuair a chíonn siad an ghéim chucu scaoileann siad leo. Bíonn sé de gheasa (d'fhiacha, d'oibleagáid) ar na foghlaeirí gan na cearca a mharú in aon chor.

Déantar an creabhar (an creabhar caoch, creabhar coille) a lámhach ar nós na gcearc feá. I gcoillte a bhíonn na creabhair, leis, agus bíonn an lucht dúisithe istigh sna coillte agus nuair a dhúisíonn an géim, glaonn siad in ard a gcinn is a ngutha chun lucht na ngunnaí go bhfuiltear chucu.

I bportaigh nó i riasca, mar a bhfaigheann siad a mbia sa lathach bhog, a bhíonn an naoscach. Nuair ná bíonn aon bhaol amais air—agus bíonn a shúil in airde aige i gcónaí ag faire—siúlann sé go réidh ceannard. Ach an túisce a chíonn sé chuige a naimhde aiceanta (an fear gunna, agus a ghadhar gunna), téann sé i bhfolach san fhéar feoite, áit nach féidir é a fheiceáil toisc é a bheith ar aon dath leis an bhféar; ach nuair a thagtar i ngan fhios air agus é a dhúiseacht as a shuaimhneas, cuireann sé fead bheag íseal as agus eitlíonn sé ar dtús de ruthag díreach tríd an aer, agus ansan faoi mar a bheadh sé ag iarraidh radharc a fháil ar an lucht fiaigh, eitlíonn sé anonn is anall nó suas is anuas, mar a bheadh duine ag dul in airde staighre agus bíonn sé á chasadh féin. Ansan is ea a bhíonn faill ag fear an ghunna air agus mura scaoileann sé leis le linn an chasaidh sin aige, ní rófhurasta é a aimsiú in aon chor.

Tá sórt naoscaí ann agus glao aige mar mheigeallach gabhair agus mar sin tugtar gabhairín reo air, mar bíonn sé le clos in aimsir sheaca. Cois farraige ar chnoic is ar shléibhte a bhíonn an pilibín míog is an cuirliún. Bíonn na lachain fhiáine cois abhann is locha is ní furasta teacht orthu chun iad a lámhach. Uaireanta bíonn lachain bhréige ag fear an ghunna chun iad a mhealladh chuige ina aice ar an uisce. Is minic nuair a bhíonn an lacha aimsithe go n-imíonn sé ón sealgaire le snámh faoin uisce. Oíche ghealaí is fearr chun teacht ar na géanna fiáine. Bíonn siad cois abhann is locha i gcónaí istoíche mar faigheann siad a gcuid bia sna háiteanna san. Éin an-fhaireach is ea iad agus ní mór an fhoighne fhada agus an t-urchar deimhin chun iad a leagan. Nuair a bhíonn siad in airde sa spéir sula dtuirlingíonn siad, cuireann siad gé rompu síos ag brath na tíre agus nuair a fhaigheann sí sin talamh slán leanann an ealta go léir í.

An-spórt is ea an fhoghlaeireacht agus ós san fhómhar agus sa gheimhreadh a chleachtar í, is cuma leis na fir seilge an méid a bhíonn le siúl acu go minic, sula gcastar an tseilg orthu.

15.5. Iománaíocht agus peil

Cluiche an-seanda agus cluiche an-Ghaelach ar fad is ea an iománaíocht, agus is beag cluiche is fearr ná is taitneamhaí, ní hamháin leis an lucht imeartha ach leis an lucht féachana chomh maith. Imrítear an cluiche sin le camáin i lámh gach duine den lucht imeartha (na foirne) agus iad ag bualadh liathróide bige leathair (an sliotar) anonn is anall, síos agus suas, feadh na páirce. Bíonn faiche nó páirc na himeartha 140 slat ar fad agus 80 slat ar leithead. I lár an dá theorainn, thíos agus thuas, bíonn an dá bhogha, agus is tríothu san amach laistíos den trasnán nó lastuas de, a bhíonn an dá fhoireann ar iarraidh an liathróid a chur. Nuair a chuirtear faoin trasnán amach í, is cúl é. Ach, más os cionn an trasnáin amach idir an dá pholla den bhogha a chuirtear í, ní fhaightear ach cúilín. Is fiú trí chúilín cúl nó báire. Cúig fhear déag a bhíonn ar gach foireann ag imirt i gcoinne a chéile. Bíonn réiteoir ag déanamh cirt eatarthu agus má dhéantar aon ní as an tslí, is é sin, aon cheann de na rialacha a bhaineann leis an gcluiche a shárú, cuirtear pionós ar fhoireann an té a rinne a feall agus tugtar poc saor don fhoireann eile.

Níl sé ceadaithe do dhuine an liathróid a thógáil den talamh ach lena chamán, ach nuair a thagann an sliotar chuige ina lámh ní miste dó í a bhualadh as a lámh lena chamán. Ní féidir do dhuine duine eile a leagan le cor coise ná lena shá ón taobh thiar, ná greim a bhreith air; agus ní lú ná mar is féidir dó duine a leagan lena chamán a chur idir a dhá chos. Cluiche an-mhear is ea an iománaíocht, agus d'éireodh a chroí in éinne nuair a chífeadh sé na hiománaithe ar fud na páirce agus gach duine acu ar a dhícheall ag bualadh an tsliotair ó dhuine go chéile agus a mhire a thógann siad is a scaoileann siad uathu an liathróidín beag leathair. Tá an-ghreann ag an nGael don chluiche sin agus níl aon ní faoin spéir i gcúrsaí spóirt agus caithimh aimsire is fearr leo ná é. Bíonn cluichí móra comórtais ar siúl ó cheann ceann den bhliain idir foirne ar fud na hÉireann agus na sluaite daoine ag féachaint orthu i gcónaí.

Cúl báire a thugtar ar an bhfear i mbéal an bhogha á chosaint. Fir chosanta a thugtar ar na fir a bhíonn á chosaint sin. "Fir thosaigh" a thugtar ar na fir in aice bhogha na foirne eile á ionsaí, agus eatarthu san istigh a bhíonn na fir lár páirce. Bíonn cluiche iománaíochta ag na mná á imirt, leis, agus camógaíocht a thugtar air mar is éadroime agus is lú a gcamáin sin ná camáin na bhfear.

Imrítear peil, leis, agus bíonn oiread céanna suime agus spéise ag na daoine a bhíonn acu san iománaíocht. Bíonn liathróid mhór leathair sa chluiche sin. Leis na cosa a bhuailtear í, ach, cé ná fuil sé ceadaithe don lucht imeartha í a thógáil den talamh lena lámha, ní miste dóibh í a thógáil chucu ina lámha agus í a bhualadh lena lámha nuair a thagann sí chucu de hap. Ní bhíonn oiread mire sa chluiche sin agus a bhíonn sa bháire, ach mar sin féin, tá a bhua féin aige.

15.6. Liathróid láimhe

Cluiche eile a dhéantar a chleachtadh go mór is ea liathróid láimhe. Liathróid bheag rubair a bhíonn ag lucht imeartha an chluiche sin. Cúirt a thugtar ar an ionad imeartha. Agus is amhlaidh a bhíonn an chúirt, pinniúr ard leathan agus dhá bhalla

uaidh amach ar gach taobh. Ní mór an liathróid a bhualadh ar an
bpinniúr i gcónaí, is cuma cé acu a bhuaileann sí na ballaí taoibh
nó ná buaileann sula mbuaileann sí an pinniúr, ach amháin nuair
a bhíonn sí á bualadh amach i dtosach gach láimhe. An té is fearr
a fhéadann a lámh a chosaint le gan ligean don fhear eile liathróid
a bhualadh ná tagann leis féin a chur suas, is é sin, a bhualadh i
gcoinne an phinniúir ina dhiaidh, is é is fearr chun an cluiche a
imirt. Tugtar marc ar gach beart, agus ní féidir beart a bhuachan
ach nuair a bhíonn lámh istigh ag duine. Má theipeann ar fhear na
láimhe istigh beart a fhreagairt, cailleann sé a lámh agus caith-
eann sé ligean don fhear eile dul isteach agus an liathróid a
bhualadh amach. Beart agus fiche is gnáth a bheith sa chluiche
agus an té is túisce a bhaineann amach iad is é a bhuann an
cluiche.

Is amhlaidh a imrítear an cluiche, duine in aghaidh an duine,
cluiche aonair, nó beirt in aghaidh beirte, cluiche beirte.

15.7. Cluichí eile

Cluiche ar aon dul leis an liathróid láimhe is ea leadóg, ach
amháin gur thar líontán trasna faiche bige a bhítear ag bualadh na
liathróide le bataí. Cluiche liathróide is ea galf agus cluiche an-
seanda is ea é, leis. Is amhlaidh a bhíonn lucht imeartha an
chluiche ag iarraidh liathróid bheag éadrom a chur isteach i bpoill
talún a mbíonn fad maith slí eatarthu agus gan d'uirlis acu chun
an liathróid a iomáint rompu ach cleitheanna. Cluiche maith is ea
é mar ní mór don imreoir bheith ábalta, ní hamháin ar an liathróid
a iomáint i bhfad roimhe amach ach ar í a dhíriú agus gan iomrall
urchair a dhéanamh agus nuair a thagann sé ar fhaiche an phoill,
í a bhualadh go tric gasta chun í a pholladh. An té is lú a bhuail-
eann de bhuillí timpeall an chúrsa is é is fearr imirt.

Seachas an spórt is an caitheamh aimsire sin, déanann a lán
daoine óga lúthchleasa a chleachtadh, mar atá: léim (i bhfad nó in
airde), rith, caitheamh cloch airgthe, rothaíocht, snámh, agus
bádóireacht.

15.8. Seanfhocail

15.8.1. Ní dhéanfadh an saol capall rása d'asal.

15.8.2. Is mairg a bhíonn thíos ag an gcéad bhearna.

15.8.3. Ar iompáil na n-each tig atharach na scéal.

15.8.4. Ní thagann rith maith don each i gcónaí.

15.8.5. Is minic nach é an capall is fearr a thógann an rás.

15.8.6. Is maith an capall ná faigheann barrthuisle.

15.8.7. Is olc an chú nach fiú fead a ligean uirthi.

15.8.8. Is fearr an chú a bhíonn sa tsiúl ná an chú a bhíonn i lúib.

15.8.9. Is é an tiománaí is fearr an fear ar an gclaí.

15.9. Cluiche cártaí

"Mura ndéana sé lá prátaí a bhaint", a deir an seanfhocal, "déanfaidh sé lá cártaí a imirt". Agus níl aon dabht ná gur breá an caitheamh aimsire agus gur maith an sult cluiche maith cártaí, go mór mór, oíche gheimhridh, nuair a bhíonn cuideachta mheidhreach i dteach timpeall an bhoird. Dhá chárta caogad (dhá chárta is caoga) a bhíonn i bpaca cártaí. Ceithre chulaith sa phaca, .i. hart, muileata, triuf, agus spéireata. Tá an muileata is an hart dearg agus an triuf agus an spéireata dubh. Trí chárta dhéag i ngach culaith, .i. an Rí, an Bhanríon, an Cuireata, an Deich, an Naoi, an tOcht, an Seacht, an Sé, an Cúig, an Ceathair, an Trí, an Dó, agus an tAon. Cúig is daichead, aon déag ar fhichid, cúig fichead, is iadsan na cluichí is minice a imrítear ach níl aon bhliain ná tagann cluiche nua i bhfaisean, mar atá, neap, sóló, droichead, pantún, cúncan, ⁊rl.

Sna trí chluiche tosaigh, 45, 31, agus 25, díoltar (roinntear) cúig chárta an duine amach don lucht imeartha tar éis iad a shuaitheadh agus tar éis duine den lucht imeartha a bhaint díobh, is é sin, roinnt de na cártaí a bhaint díobh. Ansan nuair a bhíonn cúig chárta ag gach duine, iompaíonn an díoltóir an cárta uachtair agus bíonn culaith an chárta a iompaítear ina mhámh, is é sin, is í culaith an chárta san is fearr san imirt sin.

Sin iad na cártaí is fearr a d'fhéadfadh a bheith ag duine agus é ag imirt cluiche de na cluichí sin: an cíoná (an mámh mór), is é sin, an cúig den chulaith a iompaítear—sin é an mámh is fearr; ansan an cuireata; an t-aon hart (bíonn an luach san ag an aon hart i gcónaí); an t-aon mámh ina dhiaidh sin; ansan an rí, an bhanríon; agus más cárta dubh (triuf nó spéireata) an mámh bíonn na cártaí ísle níos fearr ná na cártaí arda; ach, más cárta dearg (hart nó muileata) is mámh, is fearr na cártaí arda ná na cártaí ísle.

In aon imirt timpeall de na cluichí seo, 45, 31, nó 25, tugtar cúig ar gach imirt a bhuachan, agus mar sin tugtar cúig mar ainm ar gach imirt timpeall. Ach i ndeireadh an chluiche, tugtar cúig nó sé sa bhreis (45 nó 31) don té a raibh an mámh ab fhearr sa chluiche aige.

I dtosach an chluiche is é an fear ar chlé an díoltóra is túisce a imríonn, agus mar sin don chuid eile. Agus ansan ina dhiaidh sin is é an fear a bhuann an cúig a leagann an chéad chárta. An té a bhuann an cluiche (nó na páirtithe a bhuann é) in aon imirt deirtear go ndéanann siad an cluiche a ghoin. Imrítear an cluiche ar aon airgead is maith leis an lucht imeartha.

An té a mbíonn an t-aon mámh ina ghlac aige, is féidir dó aon chárta (an cárta is measa dá bhfuil aige, ar ndóigh) dá dheis cártaí a chur uaidh ar leataobh ar an gcárta (ar an mámh) ar bharr na gcártaí a fhanann tar éis iad a roinnt amach, mar is fearr mámh dá ísle céim ná aon chárta eile (ach amháin an t-aon hart) dá airde céim.

Is féidir d'aon uimhir daoine na cluichí sin a imirt, gach duine ar a shon féin, nó gach beirt acu as lámh a chéile. Bíonn cluiche maith ann nuair a bhíonn trí bheirt ag imirt i gcoinne a chéile. Ach bíonn an-imirt agus an-chlipeadh nuair a bhíonn sé ina chluiche ceithre bheirt, agus níl aon seó ach a mbíonn de bhualadh nuair is cluiche trí thriúr é. Páirtithe a thugtar ar na daoine a bhíonn ag imirt as lámh a chéile mar sin.

15.10. Cainteanna a bhaineann le 45, agus 31, agus 25 a imirt

Ceathrar dearg ar dearna culaith gan aird gan rath.

Cuireata muileata agus banríon spéireata a chuir Seán agus Muiris faoi mhála na déirce.

Muileata i gcomhair an chruatain agus is crua don triuf.

Aon triuf glaoim ort.

Aon hart an t-aon beag ceart.

Aon hart an fear meidhreach ceart.

Aon hart rí breá na gcártaí.

Aon hart ag tart faoin gcíoná.

Hart ar bheart is na cuanta ó dheas.

Muileata an mámh—is maith an drámh an spéireata.

Daichead a bhí an t-asal nuair a cailleadh é. (Deirtear an focal san nuair a bhíonn duine go hard sa chluiche agus súil aige leis an gcluiche a bhuachan.)

Ceathrar dearg ar dtús agus gan rí ná rath as san siar.

Cuireata gan gharda is ard a screadann sé.

Bíonn gach éinne ag teitheadh ón muileata.

Beir an chéad chúig agus tabhair an cíoná.

Is mairg a thabharfadh an cuireata is an cíoná ar cheann.

Aon muileata—an fear a leag an chruach mhóna ar Ard Fearta.

Níl mámh ná drámh (maith) agam.

Na máite is na dráite.

Tá iarlais ann, cosain í. (Nuair a bhíonn ceithre chárta mhaithe ag duine agus cárta suarach gan maith ar bith ann, achainíonn sé ar a pháirtí a dhícheall a dhéanamh chun an cúig deiridh a bhaint amach.)

Dea-imirt agus gan cheiliúr i mámh ná i ndrámh. (Ceiliúr nó ceilt is ea gan cárta de dhath an chéad chárta a leagan ina dhiaidh nuair a bhíonn sé agat i do ghlac.)

Ná ceil is ná coinnigh muileata. (Is é sin, gan muileata a cheilt ach é a leagan i ndiaidh an mhuileata a leagfaí i dtosach; agus más amhlaidh is agatsa a bheadh an leagan tosaigh, an muileata a chaitheamh uait.)

Is í mallacht an chearrbhaigh an muileata a chothú.

Spéireata ó Loch Éirne nó cárta maith hairt.

Tá gob deas ar do chearc. (Deirtear an focal san nuair a bhíonn cártaí maithe ina ghlac ag duine.)

Fáinne óir ort. (Deirtear le duine a iompaíonn aon.)

Díol as. (Ní foláir do dhuine a iompaíonn aon chárta eile a chur uaidh ar leataobh in ionad an aoin sular féidir dó é a thógáil.)

Muileata an mámh—is maith an drámh an triuf.

Ná bí fadbheartach (.i. mall san imirt), imir amach iad.

Imir arís, a ghiolla a bhí dána.

Cheil tú, croch do lámh. (An té a cheileann, is é sin, ná himríonn an mámh nó drámh a leagadh ar dtús, ní foláir dó a chártaí a chur uaidh ar fad.) Rinne mé rian. Rianaigh mé é. Tá sé rianta agam. Tá sé ina rian agam. (Is ionann rian a dhéanamh agus cluiche a ghoin). Ná lig cúig a lámhdhéanta leis. (Deirtear an focal san mar is ag fear na gcártaí a dhíol a bhíonn an cárta deiridh a imirt an chéad bhabhta.) Caith cuireataí. (An bheirt nó an triúr is túisce a fhaigheann cuireataí nuair a chaitear iad, is iad a bhíonn ina bpáirtithe.) Cárta cúil. Cleas an mháimh ná feictear ach nochtadh sé a lámh. An tríú cluiche an chearrbhaigh. Cearrbhach—duine a bhíonn ag imirt chártaí go minic. Cearrbhach óg—duine ná fuil puinn eolais ar imirt chártaí. Cúl-chearrbhach—duine a chuireann geall ar imirt na gcártaí ach ná himríonn in aon chor. An cíoná—an cúig den chulaith atá ina mhámh. An mámh cinn nó an mámh mór—an mámh is fearr san imirt nuair ná bíonn an cíoná ag éinne.

15.11. Seanfhocail

15.11.1. Súil le breith a chailleann an cearrbhach.

15.11.2. Mura ndéana sé lá prátaí a bhaint, déanfaidh sé lá cártaí a imirt.

15.11.3. Nuair is crua don chailleach caitheann sí rith.

15.11.4. Caithfidh duine géilleadh dá bhacaí.

15.11.5. Tá gach duine go lách go dtéann bó ina gharraí.

15.11.6. Slat dá thomhas féin.

15.11.7. Ná haltaigh do bhia go mbeidh sé i do mhála.

15.11.8. Ceart dom ceart duit.

15.11.9. Is geall le haincheart lomcheart.

15.11.10. Imíonn rith focail ar shagart an pharóiste.

15.11.11. Ní théann rogha ón réiteach.

15.11.12. Níl ann ach an dá mhar a chéile.

15.11.13. Déanfad spúnóg nó millfidh mé adharc.

15.11.14. Pé olc maith an ealaín is taithí a dhéanann máistreacht.

143

15.11.15. Ní den abhras an chéad snáth.

15.11.16. An luibh ná faightear is í a fhóireann.

15.11.17. Is mairg a bhíonn thíos ag an gcéad bhearna.

15.11.18. Ní bhíonn tréan buan.

15.11.19. Tar éis a thuigtear (chítear) gach beart.

15.11.20. Is é an sop in ionad na scuaibe é.

15.11.21. Tuigeann gach éinne a bhalbhán féin.

15.11.22. Tá cead cainte ag fear caillte na himeartha riamh.

15.11.23. Is fearr mac le himirt ná mac le hól.

16
Oideachas in Éirinn

16.1. Na scoileanna a bhí in Éirinn fadó

Bhí urraim don fhoghlaim agus don léann riamh i ngach treabhchas sobhéasach ar domhan, ach ní raibh aon chine de chiníocha an tsaoil ba mhó grá don léann ná ba mhó clú foghlaim ná na Gaeil. Roimh theacht an Chreidimh féin go hÉirinn, bhíodh scoileanna éigse sa tír seo, mar a dtugtaí teagasc ar ghnéithe filíochta is ar sheanchas is ar fhealsúnacht is ar dhlíthe na críche, agus is minic a chaití dhá bhliain déag sna scoileanna san ag foghlaim na hollúnachta. Ba é an file an fear ba mhó léann agus eolas an uair sin in Éirinn agus toisc an bhairr foghlama san aige, thugtaí urraim agus onóir dó faoi mar a thugtaí don rí féin. Le teacht an Chreidimh, leathadh an grá don fhoghlaim leis an ngrá don Chreideamh, agus ba ghearr go raibh scoileanna go hiomadúil ar fud na dúiche agus ardchlú ar Éirinn ar fud na hEorpa go dtí sa deireadh gurbh é ba ghnáthainm d'Éirinn—*insula sanctorum et doctorum*, oileán na naomh is na n-ollúna.

In Ard Mhacha, Ardchathair na hEaglaise in Éirinn, is ea a bhí an scoil ba mhó, agus thagadh na sluaite ann ó Shasana is ó thíortha eile ag bailiú an eolais ó bheola ár sean faoi mar a bhíonn beacha an tsamhraidh ag diúl na meala as bláthanna dath-áille na ngort is na gcnoc.

Chuir Fionán Naofa scoil ar bun i gCluain Ioraird sa bhliain 560. Bhí a lán mac léinn ansúd leis agus orthusan bhí "dhá aspal déag na hÉireann": Ciarán Chluain Mhic Nóis, Ciarán Shaighre, Breandán Bhiorra, Breandán Chluain Fearta, Móibhí, Colm Thír dá Ghlas, agus Colm Cille, Ruán Lothra, Seanán Inse Cathaigh, Ninne Loch Éirne, Lasairian, agus Cainneach Chill Chainnigh.

Bhí scoil mhór eile i mBeannchar cois Loch Laoi, agus is ann a fuair Colm Cille agus Columban, a rinne an Creideamh a chraobhscaoileadh ar mhórthír na hEorpa, a dtabhairt suas, agus Gall agus Dúngal a chuir Ollscoil Pavia ar bun.

Ciarán Naofa a chuir an scoil i gCluain Mhic Nóis ar bun timpeall na bliana 544. Tháinig na sluaite mac léinn ann ó chian is ó chóngar, agus is iomaí fear foghlamtha a fuair teagasc agus oideachas ann, mar atá, Alcuin, an té ab eagnaí i dtír na Fraince, Tiarnach, a scríobh na hAnnála, Ó Maoileoin a scríobh *Chronicon Scotorum*. Agus is ann a scríobhadh *Annála Chluain Mhic Nóis* agus an ríleabhar úd, *Leabhar na hUidhre*.

Bhí scoileanna eile ba mhór clú i Lios Mór, i Ros Aithlire, in Inis Faithleann, in Inis Caltra, i nGleann Dá Loch, i gCluain Eidhneach, agus i gCorcaigh mhór Mhumhan.

Ní chlóbhuailtí leabhair in aon chor an uair sin agus mar sin chaitheadh na hoidí agus na mic léinn a lán dá n-aimsir sna scoileanna ag déanamh macasamhla de na seanleabhair Laidine is Gréigise agus go mór mór den Bhíobla, de na sailm, is de na soiscéil, is de na heipistilí. Tharla, uair dár thug Colm Cille cuairt ar Dhroma Finn chun Finnéin, gur iarr sé iasacht leabhair agus fuair. D'fhanadh sé i ndiaidh cách tar éis na dtráthanna agus na n-aifreann sa teampall agus bhíodh sé ag scríobh an leabhair ann i ngan fhios d'Fhinnéan. Agus nuair a thagadh an oíche chuige is iad ba choinnle dó ag déanamh na scríbhneoireachta san ná cúig mhéar a láimhe deise a lasadh amhail cúig lóchrann lasánta, ionas go gcuiridís dealramh agus solas faoin teampall uile. An oíche dheiridh dá raibh Colm Cille ag scríobh dheireadh an leabhair sin, chuir Finnéan duine dá mhuintir chuige ag iarraidh an leabhair, agus ar dhul go doras an teampaill ina raibh Colm Cille dó, b'iontach leis méid na soilse a chonaic sé istigh, agus ghabh eagla mhór é agus d'fhéach sé go faiteach trí pholl a bhí ar chomhla dhoras an teampaill, agus ar fheiceáil Choilm Cille dó ar an inneall san, níor lig an eagla dó labhairt leis ná an leabhar a iarraidh air.

16.2. Séal Cholm Cille agus an leabhar úd a scríobh sé

Foilsíodh do Cholm Cille, ámh, an t-óglach a bheith á fhaire mar sin, agus ghabh fearg mhór é mar gheall air, agus labhair sé le peata coirre a bhí aige, agus is é a dúirt sé léi: "Is cead liomsa, más cead le Dia," ar seisean, "tusa a shúil a bhaint as an óglach úd a tháinig do m'fhéachaint gan fhios dom féin." D'éirigh an chorr láithreach le briathar Choilm Chille agus thug buille dá gob trí pholl na comhla i súil an óglaigh gur bhain a shúil as a cheann agus gur fhág ar a ghrua amuigh í. D'imigh an t-óglach leis sin mar a raibh Finnéan agus d'inis an ní sin, agus bheannaigh agus choisric sé sin an tsúil, agus chuir ina hionad féin arís í, gan díobháil gan uireasa a bheith uirthi amhail a bhí roimhe. Agus nuair a chuala Finnéan gur scríobhadh a leabhar gan chead dó féin, chuaigh sé d'agra Choilm Cille ann, agus dúirt nár chóir a leabhar a scríobh gan chead dó.

Cuireadh an scéal faoi bhráid an rí ina dhiaidh sin.

"Scríobh Colm Cille mo leabhar gan fhios dom féin," arsa Finnéan, "agus deirim gur liom féin mac mo leabhair."

"Deirimse," arsa Colm Cille, "nach miste leabhar Fhinnéin ar scríobhas-sa as, agus nach cóir na nithe diaga a bhí sa leabhar úd a mhúchadh ná a bhacadh díomsa ná de dhuine eile a scríobhfadh ná a léifeadh ná a scaipfeadh é faoi na ciníocha; agus fós deirim, má bhí tairbhe domsa ina scríobh agus gurb áil liom a chur i dtairbhe do na pobail, agus gan díobháil Fhinnéin ná a leabhair a theacht as, gur ceadaithe dom a scríobh."

Is ansan rug an rí Diarmaid an bhreith oirirc:

"Le gach bó a lao agus le gach leabhar a leabhrán," agus ar seisean, "dá réir sin, is le Finnéan an leabhar a scríobh tusa, a Choilm Cille."

Ach níor thaitin an bhreith le Colm Cille agus ina dhiaidh sin, chuir sé cogadh ar an rí—flaith uasal de Chineál Chonaill ba ea Colm Cille—agus maraíodh an oiread san d'fhir Éireann ann gur cuireadh de bhreith aithrí ar Cholm Cille dul in Albain agus gan féachaint go brách ar thalamh na hÉireann.

D'ainneoin a raibh de scoileanna ag an gcléir an uair sin in Éirinn, ní foláir nó bhí scoileanna na bhfilí ar siúl agus oiread mac léinn ag dul chucu agus a bhíodh ag na scoileanna móra, mar le linn Choilm Cille bheith in Í Alban bhí oiread san filí in Éirinn agus bhí sé chomh deacair sin a riar gur chuir Aodh mac Ainmhireach roimhe iad a dhíbirt as an ríocht. Comóradh Mórdháil Droma Ceat chun an scéal a mheas agus a bhreithniú agus nuair a d'airigh Colm Cille é tháinig sé anall ó Albain ag plé chúis na bhfilí agus ar a chomhairle socraíodh fearann coiteann a bheith ag na hollúna ina mbeadh múineadh na n-ealaíon in aisce ag fir Éireann, gach aon a thogradh bheith foghlamtha sna healaíona a bhíodh ar gnáthamh in Éirinn an uair sin.

16.3. Scoileanna na bhfilí

Seachas na scoileanna léinn sin, bhíodh sa tseanaimsir, leis, scoileanna féinní mar a bhfaigheadh clann na n-uasal teagasc ar gach ní a bhaineadh le gaisce na haimsire sin. I dteannta an ghnátheolais, mhúintí cluichí agus cleasa lúith is gaiscíochta dóibh, mar atá, iománaíocht, snámh, rith, léim, marcaíocht ar eacha, is beartú arm faobhair i dtreo go mbíodh neart is fuinneamh ina ngéaga is go mbeidís infheidhme inairm nuair a bheadh gá leo chun ceart a ndúiche a chosaint ar anfhorlann is ar ionsaí namhad. Scoil mar sin ba ea an scoil úd in Eamhain Mhacha, ní foláir. Céad go leith macaomh a bhíodh de ghnáth ann agus Éire go léir lán de chlú na scoile mar gheall ar an saol aoibhinn a bhíodh ag na mic óga ag foghlaim gníomhartha gaile is gaisce. Níorbh aon ionadh, mar sin, nár fhan Cú Chulainn le coimhdeacht laochra Uladh á thionlacan ann ach gur imigh sé i ngan fhios dá mháthair chun páirt a bheith aige i gcluichí macaomh uaisle Uladh.

Agus ina dhiaidh sin le linn an Chreidimh, chuirtí clann mhac agus clann iníonacha na n-uasal á n-oiliúint chun tí oide nó banoide éigin ba mhór clú i gcúrsaí oideachais, faoi mar a chuirtear macra agus iníonra an lae inniu i bhfad ó bhaile chun na meánscoileanna cónaithe. Thugtaí teagasc dóibh ansúd, ní hamháin ar litríocht a ndúiche féin agus na Róimhe agus na Gréige ach ar gach ní a d'oirfeadh dóibh bheith ar eolas acu ina dhiaidh sin, nuair a bheidís os cionn a bpobail féin sa bhaile. Ach d'fhaigheadh an iníonra oideas ar gach ní a bhain le gnóthaí ban, mar atá: fuáil, gearradh éadaigh agus gréasadh éadaigh agus obair shnáthaide i gcoitinne agus bantíos.

16.4. An daltachas in Éirinn

Lean na scoileanna san chomh fada agus a lean sean-nós an daltachais in Éirinn, is é sin, fad a mhair cumhacht sheanuaisle na hÉireann.

Bhí scoileanna na héigse ann go dtí lár an tseachtú haois déag go dtí gur cuireadh deireadh leo ar fad le daorsmacht Gall. Thosaíodh seisiún na scoile um Fhéile Mhichíl agus thagadh mic léinn as gach áit chun na scoileanna a bhíodh faoi stiúradh file éigin ba mhór cáil de chlann Dálaigh nó de chlann Uiginn nó de chlann éigin eile ba mhór le rá i gcúrsaí léinn.

Teach fada díon tuí ar imeall gleanna nó ag bun cnoic, mar a mbeadh teas ón ngrian agus fothain ón ngaoth, ba ea an scoil, agus gan ach fíorbheagán fuinneog ann. De réir mar a thagadh na mic léinn, thugtaí seomra faoi leith do gach duine acu, seomra beag cluthar gan aon fhuinneog ann agus gan de throscán ann ach leaba agus cathaoir agus bior sáite sa bhalla chun a chuid éadaigh a chrochadh de.

Nuair a bhíodh na mic léinn go léir bailithe, chruinnítí iad i bhfochair a chéile i seomra mór agus dhéantaí iad a cheistiú féachaint cad é an t-eolas a bhí ag gach duine acu chun go gcuirfí é isteach sa bhuíon ab fhearr a d'oirfeadh dó ar ball. Éinne ná bíodh eolas maith ar an nGaeilge a scríobh agus a léamh aige, chuirtí abhaile arís é, mar nár mhór iad a bheith oilte go maith ar an nGaeilge sula dtosaídís ar an gcúrsa filíochta. Ansan labhraíodh an t-ollamh leo agus chuireadh sé gach duine acu isteach sa bhuíon ab fhearr a d'oirfeadh dó agus bhíodh oide faoi leith i gcomhair gach buíne díobh.

16.5. Scoileanna na bhfilí sa seachtú haois déag

D'fhaighidís ceacht gach aon lá ar ghné éigin filíochta—ilghnéitheacht an dána dhírigh—agus ansan labhraíodh an t-oide lena bhuíon ar ábhar éigin chun go gceapfaidís dán air. Ansan théadh gach duine acu chun a sheomra féin agus gan aon ré sholais aige ann, agus d'fhanaidís ansúd ina luí ar a leapacha ag déanamh a machnaimh, ag cumadh na rann de réir riachtanais na gnéithe filíochta a dúradh leo. Is é cúis a ndéantaí an socrú san ná chun ná beadh aon ní ag teacht idir iad agus ábhar a machnaimh agus chun ná rachadh a smaointe ar fán uathu, agus chun gurbh fhearrde a chuirfidís a smaointe de mheabhair. Ansan nuair a bheadh aimsir áirithe caite acu ar an gcuma san, thugtaí coinnle timpeall chun na seomraí chun na mac léinn agus roinnt páipéir agus cóir scríofa chun go scríobhfaidís síos ar an bpáipéar an dán a bhíodh cumtha acu in uaigneas a seomraí i rith an lae. Nuair a bhíodh an méid sin déanta acu théidís ar ais chun a mbuíonta agus thaispeánaidís a n-iarrachtaí dá n-oidí agus cheartaíodh na hoidí na ceachtanna. Sin mar a chaití an aimsir sna scoileanna san ag foghlaim gach aon ní i dtaobh na filíochta féin, agus gach aon eolais eile nár mhór d'fhilí a bheith acu, mar atá: seanchas na hÉireann go hiomlán agus seanchas a ndúichí féin faoi leith ba dhual dóibh.

Ach, mar sin féin, ní bhíodh na mic léinn ag obair i gcónaí. Dála aon scoile eile, bhíodh lá saoire gach aon seachtain acu, seachas na domhnaí agus laethanta saoire na hEaglaise. Bhuailidís amach faoin tuath na laethanta san agus théidís ar cuairt chun tithe na n-uasal sa chomharsanacht, mar a mbíodh céad míle fáilte rompu.

Chuireadh muintir na comharsanachta lón bia agus dí chun ardollamh na scoile a chothú, agus ina theannta san, thugadh gach mac léinn ábhar maith bia leis nuair a thagadh sé ar scoil, d'éagmais a dtugaidís de thuarastal do na hollúna ar a dteagasc, i dtreo go mbíodh cuid de na hollúna saibhir go maith.

Ó lár an Fhómhair go dtí Lá Fhéile Muire san earrach a bhíodh na scoileanna san ar siúl. D'imíodh na mic léinn abhaile dóibh féin Lá Fhéile Muire agus ní fhillidís arís go ceann leathbhliana, mar cheaptaí nárbh fhearrde a sláinte iad a bheith istigh sna tithe beaga san le linn theas an tsamhraidh, go mór mór, nuair ná bíodh aon fhuinneoga sna seomraí ag na mic léinn.

16.6. Oideachas na mban

Ba dheacair do na Gaeil aon oideachas fónta a fháil le linn dhrochshaol an tseachtú haois déag agus an ochtú aois déag leis an gcruatan agus leis an ngéarleanúint a d'fhulaingídís sna laethanta san, ach d'ainneoin gach deacrachta, bhí an dúil sa léann chomh mór san acu gur chuma leo a bhfulaingídís de dhua na foghlama ach an fhoghlaim a bheith acu sa deireadh. Le linn na haoise sin bhí oideachas na mban ag déanamh buartha dá lán, más féidir breithiúnas a thabhairt ar an scéal ón leabhar úd "Parlaimint na mBan", ach is léir ó na filí nár tugadh aon fhaillí i múineadh obair shnáthaide dóibh. Féach mar a labhraíonn Eoghan Rua ar dheaslámhaí mná ina leithéid sin d'obair:

A bhánchrobh aolda leabhair
Is sámh do ríomhadh ar bhrataibh
Cáig is míolta gearra
Bánta 'gus éisg,
Cárnadh is coimheascar seabhac,
Gáir na gclaíomh á ngreadadh,
Bláth na gcraobh is ealta
I mbárr chluthmhar géag.

16.7. Na scoileanna atá in Éirinn inniu

Trí shaghas scoileanna atá in Éirinn inniu, mar atá: an bhunscoil, an mheánscoil, agus an ollscoil.

Sa bhunscoil, tugtar oiliúint tosaigh, léamh agus scríobh, uimhríocht, beagán eolais ar chéimseata agus ailgéabar, ar thíreolaíocht is ar theangacha iasachta. Téann an leanbh ar scoil in aois a ceathair nó a cúig de bhlianta agus fanann sé nó sí ar scoil go dtí an ceathrú bliain déag d'aois nó mar sin. Tugtar eolas ar theagasc Críostaí sna scoileanna san de réir mar a oireann do na leanaí ar scoil. Bíonn scoileanna faoi leith do na garsúin agus do na gearrchailí; ach in áiteanna, mar a mbíonn an pobal go scáinte agus go fánach, bíonn na garsúin is na gearrchailí ar aon scoil. Bíonn na scoileanna san ag obair gach aon lá den tseachtain ach amháin an Satharn agus an Domhnach, agus na laethanta saoire i rith na bliana. Bíonn laethanta scoir acu trí huaire sa bhliain, um Nollaig, um Cháisc, agus i lár an tsamhraidh.

Sa mheánscoil, mar is intuigthe ón ainm, tugtar oideachas agus oiliúint idir an bhunscoil agus an ollscoil. Múintear gach aon bhrainse eolais agus oideachais beagnach sna scoileanna san. Múintear iontu teangacha iasachta, mar atá: an Béarla, an Fhraincis, an Ghearmáinis, an Iodáilis, an Spáinnis; múintear an Laidin agus an Ghréigis, leis, iontu, mar téann a lán scoláirí ó na

151

meánscoileanna chun na hollscoile ina dhiaidh sin agus téann a lán acu leis an Eaglais. Múintear gach brainse den mhatamaitic iontu, leis, agus buneolas na n-ealaíon. Múintear ceol agus amhránaíocht agus líníocht, leis, agus i gcuid de na scoileanna, múintear eolas ar shaothrú na talún agus ar chúrsaí gnó agus tráchtála. Bíonn cuid de na scoileanna san agus scoileanna lae is ea iad, is é sin, téann na scoláirí abhaile gach aon tráthnóna tar éis obair na scoile a bheith ar leataobh, agus scoileanna eile díobh agus fanann na scoláirí ina gcónaí iontu ar feadh ráithe agus ansan téann siad abhaile ar a laethanta scoir um Nollaig agus um Cháisc. Bíonn saoire fhada acu sa samhradh. Tosaíonn obair na meánscoileanna de ghnáth um Meán Fómhair agus bíonn siad ar siúl go dtí an dara seachtain de Mheitheamh. Sna scoileanna cónaithe féin, tagann cuid de na scoláirí in aghaidh an lae agus imíonn siad abhaile um thráthnóna. Faoi chúram sagart eaglaise nó sagart pobail nó bráithre atá formhór na meánscoileanna i gcomhair garsún agus faoi chúram ban rialta atá formhór na meánscoileanna i gcomhair cailíní, ach mar sin féin, tá roinnt mhaith díobh faoi chúram tuata idir fhir agus mhná.

Is í an ollscoil an scoil is airde sa tír. Is inti a fhaigheann aos léinn eolas ar na gairmeacha uaisle, mar atá: an leigheas, an innealtóireacht, an ealaín, múineadh, agus teagasc i scoileanna. Trí ollscoil atá in Éirinn, an Ollscoil Náisiúnta, Ollscoil na Tríonóide i mBaile Átha Cliath, agus Ollscoil na Banríona i mBéal Feirste.

Tá trí chraobh ag an Ollscoil Náisiúnta, craobh i mBaile Átha Cliath, craobh i gCorcaigh, agus craobh eile i nGaillimh, agus fochraobh i gColáiste Phádraig do mhac-chléirigh i Má Nuad. Ollscoil lae is ea an Ollscoil Náisiúnta, is é sin, ní bhíonn na mic léinn ina gcónaí laistigh di, cé go bhfuil tithe aíochta ina gcónaíonn roinnt de na mic léinn ag baint le gach craobh di.

Ní mór do gach mac léinn oiread áirithe eolais a bheith aige sula ligtear isteach ina mhac léinn in aon ollscoil díobh san. Ní mór dó scrúdú ar a dtugtar máithreánach a chur de sula ligtear isteach é.

Tá scoileanna eile seachas na scoileanna san sa tír, scoileanna faoi leith do chlann na n-uasal agus do lucht gnó agus tráchtála, agus scoileanna a mhúineann ceirdeanna agus barr deaslámhaí i gceirdeanna áirithe. Bíonn na scoileanna san an Cheird-Oideachais ar siúl de ghnáth istoíche i dtreo go mbíonn sé d'uain ag lucht oibre dul chucu tar éis obair a ngnáthlae a chur díobh.

16.8. Aoibhinn beatha an scoláire

Aoibhinn beatha an scoláire
Bhíos ag déanamh a léighinn
Is follas daoibh, a dhaoine,
Gur dó is aoibhne i nÉirinn.

Gan smacht ríogh ná rúire,
Ná tighearna dá threise,
Gan chuid chíosa ag caibidil,
Gan mochéirghe gan méirse.

Mochéirghe ná aodhaireacht
Ní thabhair uaidh choidhche;
Is ní mó do bheir dá aire
Fear na faire 'san oidhche.

Is maith biseach a sheisrighe,
Ag teacht tosaigh an earraigh;
Is é is crannghail d'á sheisrigh
Lán a ghlaice de pheannaibh.

Do bheir sé greas ar tháiplis,
Is ar chláirsigh go mbinne,
Greas eile ar chuartaibh,
Is ar chumann charad uime.

16.9. Seanfhocail

16.9.1. Gach dalta mar a oiltear.
16.9.2. Is treise dúchas ná oiliúint.
16.9.3. Is fearr scoil ná máistir, ach i dteannta a chéile is fearr iad.
16.9.4. Riail de réir oideachais.
16.9.5. Rí mífhoghlamtha is asal corónta.

16.9.6. Is ualach éadrom an fhoghlaim ach is ábhar achrainn í go minic.

16.9.7. Nuair a bhíonn an leabhar agam ní bhíonn an léann agam.

16.9.8. Is fearr seachtain sa Phrióireacht ná bliain ar scoil.

Eagna an Ghaeil

Réamhrá

Seanfhocail

Tá a lán buanna ag seanfhocail na Gaeilge. Tá gontacht agus greann iontu. Tá ciall agus tuiscint iontu. Tá an t-eolas úd a fhaightear as taithí iontu; agus mar bharr ar na buanna san go léir, tá buanna na fírinne iontu, mar "ní sháródh an saol an seanfhocal". D'fhás siad as an eolas a fuarthas leis an cianta ar thréithe meoin agus aigne an duine agus ar dhúchas an bheithígh éigiallta. Mar sin is ea a tharla an fhírinne agus an chiall go léir a bheith iontu i dtreo gur sofheicthe do chách iad. Maidir le formhór na seanfhocal dá bhfuil againn, ní feasach cé a rinne ná cé a chum iad; ach, ní foláir nó bhí inchinn aibí léir agus éirim aigne thar na bearta agus teanga ghonta líofa ag na daoine a dúirt ar dtús iad. Tá eolas an tsaoil go léir iontu agus eagna an fhodhuine. Ceacht cumais eolais is ea gach ceann acu, agus sin í tuairim lucht feasa riamh ina dtaobh ó Sholamh go hArastatail agus ó Arastatail go Franklin Mheiriceá. Ag an am céanna tugann siad dúinn comharthaí meoin an phobail inar fhás siad ar a measc. Nochtann siad don saol tréithe agus béasa agus smaointe an treabhchais inar dúchais dóibh iad. Dá bhrí sin, is maith is fiú iad ionad ard i bhfealsúnacht dúchais gach cine iad. Tá cuid acu agus páirt ag gach náisiún faoin ngrian iontu; cuid eile acu agus iasachtaí anall is ea iad sa Ghaeilge, agus is minic is treiside an athinsint ná an insint bhunaidh. Ach tá a lán lán acu chomh gaelach le fraoch na gcloch agus chomh seanda leis an gceo os ár gcionn. Taispeánann siad tréithe meoin agus aigne, beatha agus béasa, eolas agus piseoga, greann agus gramhas, aiteas agus áiféis an Ghaeil, agus mar gheall air sin, ba chóir do gach éinne, idir sheanchaithe agus fhir léinn agus lucht scrúdaithe aigne an duine suim a chur iontu.

Tugann roinnt de na seanfhocail comhairle chóngarach chúntach dúinne, comhairle arbh fhearr dúinn í a leanúint agus a dhéanamh. Téann a dteagasc thar an ní a deir siad, thar an lomabairt a bhíonn iontu, gan dabht; ach ní gá do dhuine a bheith ina fhear léinn chun a gciall a bhaint amach agus a mbrí a thuiscint. Tá siad go soiléir sothuigthe an túisce a chloistear iad. Tá a lán eile seachas iad san ag tabhairt teagasc soiléir sothuigthe ar na suáilcí a sheolann duine ar bhealach a leasa agus a choimeádann slán amach é ó dhíogha na haimhleasa agus ó fhóid chaola chreatha a mhillte agus a bhasctha. Comhairlíonn siad don duine bheith fírinneach macánta dílis, srian a chur lena ainmhianta, meas a bheith aige air féin, an t-oineach a shaothrú agus an náire a sheachaint, an misneach agus an fhéile, an chneastacht agus an tsíocháin a chleachtadh agus an mheatacht agus an sprionlaitheacht, an bhoirbe agus an t-aighneas a sheachaint, an fhoighne agus an dícheall agus an luas chun gnímh a dhéanamh, an fhadaraí a thaithí agus an rabairne a chur uainn ar leataobh. Níl aon ní iontu a thaispeánfadh gur daoine sprionlaithe santacha ná gur gleacaithe slime sleamhaine ár sinsir, ná go raibh meas acu ar aon ní i bhfoirm duáilce ná meatachta. Ach moltar iontu i gcónaí gach ní a thabharfadh clú agus cáil don duine maith misniúil, agus déantar beagní de gach aon rud a chuirfeadh luisne na náire i ngruanna an dea-dhuine. Tá cuid acu searbh géar go maith, cuid acu magúil fonóideach; ach níl aon ní iontu barbartha ná drochmhúinte a bhainfeadh le drochthabhairt suas ná le huirísle aigne.

Tá a lán lán de sheanfhocail na nGael i gcló cheana féin, buíochas mór le Dia, i nuachtáin, in irisleabhair, agus i leabhair. Cuireadh a lán acu i gcló i bhFáinne an Lae agus sa Chlaidheamh Soluis agus in Irisleabhar na Gaedhilge agus sa Lóchrann agus i nuachtáin eile thall is abhus. Chuir Hardiman roinnt seanfhocal i gcló san *Irish Minstrelsy* (1831); agus bhí roinnt mhaith ag Seán Ó Dálaigh san *Irish Language Miscellany* (1876); chuir an tOllamh Tadhg Ó Donnchadha seanfhocail na Mumhan i bhfoirm leabhair sa bhliain 1902; agus rinne Énrí ua Muirgheasa *Seanfhocail Uladh* a chur i bhfoirm leabhair sa bhliain 1907; chuir an tOllamh Tomás Ó Raithille dhá leabhar de sheanfhocail i gcló, *Irish Proverbs*

(1922) agus *Dánfhocail* (1921). Bhí cnuasaigh bhreátha de shean-fhocail ag Seósamh Laoide, Tomás Ó hEidhin, Seán Ó Briain, Pádruig Ó Laoghaire, Seághan Ó Cadhlaigh, agus Tadhg Ó Donnchadha in Irisleabhar na Gaedhilge, agus cnuasach maith agus eagar maith orthu ag an Seabhac sa Lóchrann nua. Seachas na cnuasaigh sin, tá anso is ansúd sna hirisleabhair a bhaineann le foghlaim na Gaeilge, cnuasaigh de sheanfhocail is de sheanráite a fuarthas i seanleabhair na nGael. Bhí an tosach ag Gaeil na hAlban leis na seanfhocail a chur i gcló. Chuir Domhnall Mac an Taoisigh cnuasach maith mór i gcló sa bhliain 1785 agus aistriú ar *The Way of Wealth* a scríobh Franklin Mheiriceá, mar aguisín leo. Sa bhliain 1881 chuir Alastar Mac Niocaill an cnuasach san i gcló arís agus a lán eile ina dteannta. Tá cnuasach mór de sheanfhocail Alban sa dara leabhar de *Reliquiæ Celticæ* (a cuireadh i gcló sa bhliain 1894). Tá a lán de na seanfhocail sin ó Albain ar aon dul, ní nach ionadh, leis na seanfhocail againne.

Mar a dúirt mé cheana, téann fírinne na seanfhocal thar an ní a deir siad féin; mura dtéann, ní féidir seanfhocail a thabhairt orthu in aon chor. Mar sin is beag an chabhair d'éinne aistriú Béarla a fháil ar sheanfhocal Gaeilge, ní foláir a chur in iúl conas agus cathain a dhéantar úsáid díobh, agus cad dó a mbíonn siad ag tagairt. Is minic a bhíonn na briathra is an teagasc seacht n-acra ó chéile. Tá fírinne iontu go léir sa chaint bhunaidh féin, ach ní don ní sin amháin a dhéanann siad tagairt ach go han-annamh. Is ar ní eile ar fad seachas ar lombhrí an tseanfhocail a bhíonn aigne an duine nuair a deir sé an seanfhocal. Ní mar sin ar fad a bhíonn an scéal aige; ach is amhlaidh a dhéanann sé tagairt don ní a chreideann gach éinne a bheith go fíor dosháraithe chun fírinne a scéil féin, an scéal a bhíonn á phlé aige, a chur i bhfeidhm ar lucht éisteachta. Sin é a chúis a bhfuil a lán de na seanfhocail againn ag teacht thar bheithígh na feirme, mar ós le feirmeoireacht a tógadh ár sinsir thuig siad go dianmhaith a ndúchas san, agus chuir siad an t-eolas a fuarthas as taithí na n-ainmhithe chucu chun béasa agus nósanna an duine féin a chur in iúl. Agus ba mhar a chéile don eolas a fuair siad ó na nithe a mbídís ag gabháil dóibh de ghnáth.

Féach an seanfhocal so, cuir i gcás: "Ar mhaithe leis féin a dhéanann an cat crónán." Tá a fhios ag gach éinne an crónán binn a dhéanann an cat nuair a dhéantar cuimilt bhoise de nó nuair a thugtar bainne le hól dó. Mar an gcéanna don duine, bíonn sé go binn nuair a bhítear go cneasta leis, agus is searbh a bhíonn sé nuair ná bíonn súil le tairbhe aige.

"Is fearr suí i mbun na cruaiche ná suí ina hionad." Nuair a bhíonn duine ag gearán i dtaobh na hoibre a bhíonn le déanamh aige, an garsún óg, cuir i gcás, a ndeirtear leis fanacht i bhfeighil ghnó a athar, deirtear an seanfhocal san leis, agus b'fhéidir nach aon chruach ná aon ní den sórt a bheadh i gceist.

"Tart a níonn tart" agus "tart deireadh an óil", sin dhá shean-fhocal agus is don ólachán, gan dabht, a dhéanann siad tagairt, agus is i dtaobh lucht an óil is mó a deirtear iad; ach mar sin féin, is mó tart eile a bheadh ar dhuine seachas tart an leanna. Cad é siúd a dúirt Eoghan Rua? "Ó thosach mo shaol i léann mo thartsa níor bádh." Agus tá a fhios ag an saol gur tart domhúchta an tart san, an té a mbeadh sé air, agus "tart deireadh an óil", dá fhad í an deoch a gheofaí.

Tá cuid de na seanfhocail agus b'fhéidir nach é an míniú céanna a thabharfadh beirt orthu, ach dhá mhíniú a bheadh bun os cionn ar fad le chéile, agus uaireanta, b'fhéidir, míniú nár dhóigh in aon chor. An seanfhocal so, cuir i gcás: "An té a bhíonn síos buailtear cos air; an té a bhíonn suas óltar deoch air." Is é míniú is gnáth a thabhairt air sin, ná, nuair a bhíonn airgead is acmhainn ag duine bíonn gach éinne á mholadh agus ag plámás leis, ach má imíonn an spré, sin deireadh leis an moladh agus leis an bplámás, agus ní bhíonn le fáil ag an duine bocht mí-ámharach ach cáineadh agus cos ar bolg.

Ach féach, is é a chuala mé ag an Athair Peadar, beannacht Dé lena anam, ná gur searbhas críochnaithe a bhí ann, mar nuair a bhíonn an duine síos bíonn gach éinne á sheachaint agus á chur faoi chois, agus nuair a bhíonn saibhreas an tsaoil aige, bíonn gach éinne ag ól "air", is é sin, ag ól a choda.

"Pósadh an chairn aoiligh agus cairdeas Chríost i bhfad ó bhaile." Sin seanfhocal eile a bhfuil dhá mhíniú air. Deirtear gur ceart dul i bhfad ag iarraidh mná pósta, mar bíonn an iomad eolais ag na comharsana ar a chéile agus toisc an t-eolas san, is fearr na cairdis Chríost a fhágáil i mbéal an dorais. Ach ar an taobh eile, ina choinne sin, deirtear gurb é ba cheart a dhéanamh ná bean ar d'aitheantas a thoghadh, mar go "mbíonn adharca fada ar na buaibh thar lear", agus rud eile, nár rathúil an rud cairdeas Chríost a shárú, agus nuair a bheidís i bhfad uait gur lú caidreamh a bheadh agat leo agus mar sin gur róbheag an chaoi a bheadh agat ar an sárú, agus mar sin gur chóra déanamh díreach de réir an tseanfhocail agus gan an searbhas, ba dhóigh leat a bheadh ann, a bhac. "Rith madra an dá cháis." De réir an Athar Peadar, tá an seanfhocal san ar aon dul le seanfhocal an Bhéarla "madra an dá chnámh". Duine a ligfeadh rud uaidh ar an rud eile a mheasfadh sé a bheadh ní b'fhearr ná é, agus ná beadh ann ach mar a bheadh scáil. Ach de réir Sheághain Uí Chadhlaigh in Irisleabhar na Gaedhilge (Samhain 1906, lch 234), "rith madra an dá chás" an seanfhocal, agus gur mar a chéile é agus "ní thagann an dá thrá leis an ngobadán"; mar is amhlaidh a bhí an madra ag rith idir dhá theach ag iarraidh a dhinnéir agus ní bhfuair sé in aon teach acu é.

"Ní lia tír ná nós" agus "ní lia duine ná meon", dar ndóigh, agus sin é a chúis a mbíonn malairt brí le seanfhocal ag duine go minic seachas a chéile.

Tá roinnt scéilíní anso agam a bhaineann leis na seanfhocail; tá a lán eile acu ann, ní foláir, seachas iad san. Tá roinnt scéalta scríofa ag an Seabhac agus ag Cú Uladh ag míniú na seanfhocal leis, scéalta a cheap siad féin agus iad inste go maith acu.

Tá iarracht déanta anso agam ar mhíniú a thabhairt ar fhormhór na seanfhocal atá in *Slí an Eolais* agus ar thuilleadh ná fuil ann. Tá míniú déanta agam leis ar na seanráite atá i mbéala Gael go coitianta agus ina dteannta san go léir aiste nó dhó ar aithris ar *The Way to Wealth* a scríobh Franklin Mheiriceá fadó. Níl sna haistí aithrise sin ach *tour de force*, agus tá iarracht de shean-mhóireacht ag baint leo, ach cuirim anso iad le súil go dtabharfaidís taitneamh do lucht léite an leabhair, agus b'fhéidir, leis, go mbainfí tairbhe as an gcomhairle atá iontu.

B'fhéidir a sheacht n-oiread so de sheanfhocal a chur le chéile, ach le cúnamh Dé agus sinn slán, b'fhéidir go bhfillfinn arís ar an scéal agus tuilleadh a chur lena bhfuil agam díobh.

Cormac Ó Cadhlaigh

I
Míniú na Seanfhocal atá in *Slí an Eolais*

3
Sláinte, Breoiteacht, Galair, Leigheas, Bás

3.2.1. Is fearr an tsláinte ná na táinte.

Is mó duine saibhir ná bíonn an tsláinte rómhaith aige, agus b'fhearr leis an tsláinte a bheith aige ná a bhfuil de shaibhreas aige, ná na táinte (tréada) bó. "Níl sonas gan an donas ina órlaí tríd."

3.2.2. Tosach sláinte codladh—deireadh sláinte osna.

Is é céadchomhartha na sláinte a bheith ag dul i bhfeabhas ag duine tar éis fiabhrais a chur de ná é a bheith ag codladh go maith. I ndeireadh na sláinte, is é sin, nuair a bhíonn an tsláinte caillte aige, ní bhíonn ag an duine breoite ach osna an dobróin nó osna an bháis.

3.2.3. Is lia gach othar tar éis a leighis.

Tar éis a leighis, tuigeann gach othar, dar leis, comharthaí an ghalair a bhí air agus conas a cuireadh chun é a leigheas; agus, mar sin, bíonn sé ag comhairliú daoine eile a mbíonn an galar céanna orthu, agus á gcur amú go minic! Bíonn an oiread san cainte aige gur dhóigh le duine gur lia críochnaithe é.

3.2.4. Caitheann gach éinne deachú na sláinte a íoc.

"Níl aon sólás ná leanann a dhólás féin é."

"Ní bhíonn sonas gan donas ina orlaí tríd."

Má bhíonn an tsláinte againn, caithfimid bheith sásta, agus ár dtoil a chur le toil Dé, má thagann aon donas orainn; níl san fhulaingt fhoighneach san ach díolaíocht as an tsláinte, mar a dhíoltaí an deachú—an deichiú cuid de thoradh shaothar an duine sa tseanaimsir leis an Stát mar dhíolaíocht as cosaint Phobal an Stáit.

3.2.5. Is fadsaolach iad lucht múchta.

Ba dhóigh le duine a chífeadh an té a mbíonn an múchadh de ghnáth air, nach mairfeadh sé i bhfad; ach, mar sin féin, bíonn a leithéidí fadsaolach, bíonn saol fada acu. Mar an gcéanna don duine a bhíonn faoi mhúchadh na hainnise. Féach Éire, cé a mheasfadh go dtiocfadh sí slán ón ngalar múchta a bhí uirthi. An crann creathach.

3.2.6. Is measa an t-athiompú ná an chéad fhiabhras.

Toisc go mbíonn an tsláinte go lag ag duine atá tar éis breoiteacht a chur de, ní féidir dó a chur i gcoinne an ghalair chéanna go grod tar éis a théarnaimh, agus mar sin is contúirtí go mór an dara taom ná an chéad taom. Mar an gcéanna, nuair a éiríonn duine as peaca éigin, is dhá dheacra dó éirí as tar éis titim ann arís.

3.2.7. Níl luibh ná leigheas in aghaidh an bháis.

Níl aon dul ón rud nach féidir a sheachaint.

3.2.9. Deartháir don bhás an codladh.

Ach codladh buan is ea an bás.

3.2.10. Breitheamh ceart cothrom an t-éag.

"Ní ghabhann le tréan ná le trua,
Ní ghabhann airgead ná ór,
Ní théann óg ná ársa uaidh."

3.2.11. Is fearr súil le béal an chuain (ghlais) ná súil le béal na huaighe.

An té a imíonn thar farraige uait, pé stoirm nó anfa a bheadh ann, tiocfaidh sé abhaile chugat slán arís, le cúnamh Dé; ach ní fhillidh an marbh go brách ón uaigh. Mar an gcéanna don té a bhíonn faoi ghlas sa phríosún.

Is fearr don té a bhíonn cois farraige bheith ag súil le fáltas éigin ón bhfarraige ná bheith ag súil le fáltas ón "seanduine sa chúinne" nuair a fhaigheann sé bás. B'fhéidir gur ag duine éigin eile ar fad a d'fhágfadh sé a chuid. "Fan le bróga an tseanduine agus b'fhéidir go gcaithfidh sé féin iad."

Deir an tAlbanach "bíonn súil le fear feacht [fear cogaidh] ach ní bhíonn súil le fear leacht [marbh]".

3.2.12. I dtosach na haicíde is fusa í a leigheas.

Mar ní bhíonn greim daingean aici ar an tsláinte an uair sin, agus is féidir a gréim a scaoileadh agus an t-othar a leigheas; ach, má théann an aicíd in achrann sa duine breoite, is deacair dó teacht uaithi slán. Mar an gcéanna do gach olc eile. Mar "is fusa an t-olc a chosc in am ná é a leigheas in antráth".

3.2.13. Maireann an chraobh ar an bhfál, ach ní mhaireann an lámh a chuir.

Chuirfeadh fear a mhac ar a bhoinn le spré a thabhairt dó chun gnó a dhéanamh, agus nuair a d'éireodh go maith leis an mac b'fhéidir go mbeadh thiar ar fad ar an athar.

4
Am agus Aimsir

4.8.1. Amárach an Domhnach 7rl.

Seanrann leanbaí é sin.

4.8.2. Ná déan imirce an Domhnaigh uainn 7rl.

Mar dhea nár theastaigh ó mhuintir an tí an té a bhí ar cuairt acu imeacht uathu in aon chor. Le searbhas a dúradh é.

4.8.3. Dhá lá soininne is saoire 7rl.

Buachaill aimsire a dúirt an chaint sin. D'fhágfadh seachtain mar sin díomhaoin ar fad é.

4.8.4. Níochán an tSathairn bíonn sé geal Dé Domhnaigh.

Leithscéal na mná tí leisciúla, nuair a d'fhág sí an níochán gan déanamh go deireadh na seachtaine.

4.8.8. Gionbhair gruama dorcha duairc 7rl.

Rann i dtaobh na haimsire i rith na bliana.

Bíonn an aimsir go hálainn in Aibreán agus déanann na ceathanna boga gach ní ar an tuath go glas úr; i mBealtaine bíonn laonna ag na ba agus iad á lí; i Meitheamh (mí Mheáin an tSamhraidh) bíonn na dathanna deasa go léir le feiceáil sna páirceanna agus sna gairdíní; bíonn teas mór in Iúil agus ganntanas bia, mar ní bhíonn cur an earraigh ullamh chun bainte, Iúil an chabáiste; i Lúnasa bíonn an bia go flúirseach; i Meán Fómhair (féile Mhichíl—an naoú lá fichead den mhí) bíonn an t-arbhar buailte agus ina stácaí; i nDeireadh Fómhair (fuíoll—deireadh) baintear na prátaí; bíonn an aimsir fliuch i mí na Samhna; agus bíonn sí fuar oighreata i mí na Nollag agus daoine ar céilí ag a chéile ag ól go meidhreach i gcuibhreann a chéile.

4.8.11. Mura líona na faoillí na fuarlaigh 7rl.

Mura dtiteann puinn báistí i bhFeabhra titfidh breis is a chion féin le linn an Mhárta. Thaispeánfadh sin ná fuil puinn idir aimsir na hÉireann agus aimsir Shasana, mar deir muintir Shasana *February fill dyke*.

4.8.13. Is mó cor a chuireann lá Márta de.

Ní hiontaoibh an aimsir an mhí sin, bíonn sé athraitheach.

4.8.14. Chomh corrthónach leis an ngaoth Mhárta.

Déarfaí sin le duine ná fanfadh socair, mar bíonn an ghaoth Mhárta ag athrú go minic, ag séideadh ó gach aird.

4.15.4. Ní anfa go gaoth aneas.

Is fíor san in áiteanna sa Mhumhain, in áiteanna eile is í an ghaoth aniar a bheireann an stoirm léi.

4.15.5. Is teo aon phuth amháin den ghaoth aneas ná tinte ceap an domhain.

Nuair a thagann teas an tsamhraidh, ní bhítear ag brath a thuilleadh ar theas na tine.

4.15.6. Cuirfidh an ghaoth aduaidh an bháisteach ar gcúl.

"An ghaoth aneas, bíonn sí tais"; ní bhíonn aon bháisteach le linn na gaoithe aduaidh.

4.15.7. Is maith an bhean cháite an ghaoth.

Is cumhachtaí de chóir oibre dúil de dhúile Dé, mar an ghaoth nó an t-uisce, ná aon chóir oibre a cheap an duine.

4.15.8. Is olc an ghaoth ná séideann do dhuine éigin.

"Níor tháinig olc riamh i dtír nárbh fhearrde duine éigin é."
"An rud a bheathódh duine is é a mharódh duine eile."
Deirtear an seanfhocal san nuair a thagann an rath ar dhuine de bharr mí-ádh éigin a thitim ar a chomharsa.

167

4.15.9. An té a mbíonn long is lón aige gheobhaidh sé cóir uair éigin.

Cóir, sin cóir ghaoithe, gaoth lenar féidir don long seoladh.

Éinne a mbíonn aon mhaitheas ann, gheobhaidh sé uain ar an maitheas san a chur in iúl uair éigin, ach foighne bheith aige. Ach is minic ná faigheann, mar "níl brí sa luibh ná faightear in am". Is minic a bhíonn "gaoth ag fear loinge gan lón".

4.15.10. Is mairg a bháitear in am an anfa, 7rl.

Déarfaí sin i dtaobh duine a mharófaí an lá deireanach de chogadh.

Is minic a bheadh duine ag "sracadh leis an saol" ar feadh i bhfad agus díreach nuair a thosódh ar bheith ag éirí leis, gheobhadh sé bás.

4.15.11. Ní hé lá na gaoithe lá na scolb.

Cuirtear na scoilb sa díon chun an tuí a dhaingniú; bheadh an tuí go léir beirthe chun siúil ag an ngaoth sula mbeadh sé d'uain ag an bhfear na scoilb a chur ann lá na gaoithe.

Tá sé ródhéanach ag an scoláire bheith ag iarraidh foghlaim a dhéanamh lá an scrúdaithe.

4.22.4. Ní bheidh sé ag báisteach i gcónaí.

Tiocfaidh aimsir bhreá arís. Imeoidh an donas tharainn, le cúnamh Dé.

4.22.7. Aithrí thoirní.

Eagla roimh an toirneach faoi deara an saghas san aithrí.

Déarfaí sin le duine a gheobhadh a leithscéal tar éis an dlí a bhagairt air mar gheall ar chúlchaint a dhéanamh ar chomharsa.

Chuir an toirneach an oiread san scanraidh ar Liútar gur ghearr ina dhiaidh sin gur iarr sé é a ligean isteach i mainistir ina bhráthair.

An diabhal nuair a bhíos go cloíte tréithlag fann
Achainíonn guí chomh binn le bráthair ceall;
An diabhal arís nuair a bhíos ina shláinte teann
An diabhal a mbíonn de ghníomhartha bráthar ann.

4.24.5. Is iomaí cor a chuireann lá earraigh de.

Bíonn an aimsir ag athrú go minic san earrach.

4.24.6. Ní bhíonn aon iontaoibh as lá fómhair.

Mar bíonn an aimsir briste.

4.24.8. Scríob liath an earraigh.

Ainm a thugtar ar aimsir fhuar sheaca an earraigh.

4.24.10. Stoirm shamhraidh nó calm geimhridh.

Rudaí nach gnáth agus nuair a thagann siad ní bhíonn siad buan.

4.24.13. Nollaig ghrianmhar a dhéanann reilig bhuach mhéith.

Cailltear a lán daoine má bhíonn an Nollaig cneasta, mar bíonn éadaí geimhridh umpu agus má bhíonn siad ag cur allais díobh ní thugann siad aireachas dóibh féin nuair a éiríonn siad as obair, nó nuair a shuíonn siad istigh. Mar sin faigheann siad slaghdáin agus is minic is trúig bháis dóibh iad. Is fearrde don duine an aimsir a bheith den réir chéanna, fuar sa gheimhreadh agus brothallach sa samhradh. Mar sin is dóichí le daoine iad a bheith agus mar sin beidh siad ullamh ina gcomhair. Rud eile, is mó a thugtar bás duine faoi deara le linn na Nollag toisc gach éinne bheith somheanmnach an uair sin.

5
Clann agus Muintir

5.2.1. Is báúil iad lucht aonchine.
Cabhraíonn siad le chéile in am an ghá. Ach—

5.2.2. Is maol gualainn gan bhráthar agus is mairg a bheadh gan deartháir.
Is fearr dhá ghualainn leis an ualach ná an ghualainn aonair, mar sin don duine is fearrde dó an chabhair. Is mar a chéile bráthair agus gaol. Ba mhó de dhíol trua an duine gan bhráthair ná an duine gan deartháir, de mo dhóighse.

5.2.3. Níl gaol ag aon le saoi gan séan.
Séanann lucht an tsaibhris a ngaolta bochta agus seachnaíonn siad iad; ach tugann siad urraim agus aithne dóibh go minic nuair a fhaigheann siad clú an léinn.

5.2.4. Iomadúlacht gaoil ar bheagán carad.
Is minic ná bíonn gaolta maith dá chéile.

5.2.5. Mairg a thréigeas a dhuine gnáith ar dhuine dhá thráth nó trí.
"Ná tabhair an t-aitheantas ar aon rud." Cé gur "geal gach nua agus searbh gach gnáth", níl aon chara chomh maith ná chomh dílis leis na seanchairde. Is iad is fearr a thuigeann a chéile.

5.2.6. Ní grá go clann.
Níl aon ghrá chomh dílis le grá an linbh dá athair, nó dá mháthair.

Deirtear, leis, "ní crá go clann". Agus is fíor san, gan dabht, mar níl aon ní ar domhan a dhéanann oiread buartha don athair ná don mháthair agus a dhéanann cúram na clainne, Dia á mbeannú.

5.2.7. Is mac duit do mhac go bpóstar, ach is iníon duit d'iníon go dté sí sa chré.
Deirtear go ndearmadann an mac a athair is a mháthair le cúram a chlainne féin, ach ní mar sin don iníon.

5.2.8. Bean mhic is máthair chéile mar a bheadh cat is luch ar aghaidh a chéile.
Ag faire ar a chéile ag iarraidh faill a fháil ar a chéile.

5.2.12. Cleamhnas an chairn aoiligh agus cairdeas Críost i bhfad amach.
A mhalairt sin ba cheart a dhéanamh, deirtear. Ach "is mór-thaibhseach iad adharca na mbó thar lear".

5.2.14. Pós bean ón iarthar is pósfair an t-iarthar ar fad.
Mar mhagadh a deirtear san, mar dhea go mbíonn cóngas idir muintir an iarthair ar fad.

5.2.17. Ceann gach mná a fear.
Tugann sé comhairle mhaith di. Ach, "is mairg nach comhairlí dó bean" agus "is maith comhairle dea-mhná".

Aois agus óige

5.3.1. Fiche bliain ag teacht; fiche bliain ar stad; fiche bliain ar meath; fiche bliain gur cuma ann nó as.
Sin mar a bhíonn aois an duine. Bíonn gach aon rud eile, seachas an duine, ag dul i bhfeabhas go ceann tamaill agus ansan i gceann tamaill eile ag dul in olcas. "Ag dul in aois ag dul in olcas."

5.3.2. Is breá an ní an óige an té a chuirfeadh ar fónamh í.
Le linn na hóige is ea is féidir dul i dtaithí na ndea-bhéas a chuirfidh duine ar a leas go lá a bháis; mar "nuair a chruann an tslat is deacair a shníomh ina gad".

5.3.3. Ní thagann ciall roimh aois.

"Is deacair ceann críonna a chur ar cholainn óg."
Bíonn an duine óg go baoth aerach de ghnáth. Ní dhéanann buaireamh an tsaoil aon chúram dó. Agus dar ndóigh, ní beag dó a luaithe a thiocfaidh an aois agus anacraí an tsaoil air.

5.3.4. Is mó craiceann a chuireann an óige di.

Is mó athrú a thagann ar mheon agus ar thréithe an linbh.

5.3.5. Ní bhíonn an rath ach mar a mbíonn an smacht.

Ní foláir an leanbh a smachtú i dtús óige ar eagla go bhfásfadh drochnósanna aige agus gurbh iad na drochnósanna san a dhéanfadh a aimhleas ar ball.

5.3.6. Mol an óige agus tiocfaidh sí.

Nuair a mholtar an leanbh bíonn oiread eile croí agus dúthracht chun na hoibre ina dhiaidh sin aige.

5.3.8. Nuair a chruann an tslat is deacair a sníomh ina gad.

Dála na slaite, bíonn aigne an linbh go bog nuair a bhíonn sé óg agus is furasta é a lúbadh agus é a chasadh ar bhealach a leasa, ach tagann cruas san aigne leis an aois agus is ródheacair droch-chlaonadh nó fiaradh a bhaint as.

6
Ar an Tuath

An fheirm

6.12.2. Is beag é toradh na bó aonair.
An té ná bíonn ach an t-aon sreang amháin ar a bhogha aige, ní bhíonn puinn caoi aige ar shaibhreas a bhailiú.

6.12.3. Fear na bó féin faoina heireaball.
Nuair a théann bó i bpoll, caitear í a thógáil, agus is d'fhear na bó is ceart an obair is déine a dhéanamh. Mar an gcéanna, an té is mó a bhaineann de thairbhe as gnó is dó san ba cheart aireachas a thabhairt agus gan a bheith ag brath ar dhaoine eile chun a ghnó a dhéanamh.

6.12.4. Téann an bainne sa gheimhreadh go hadharca na mbó.
Shamhlódh an scéal a bheith mar sin, bíonn sé chomh deacair sin aon bhainne a fháil uathu.

6.12.5. Ní féidir é a bheith ina ghruth is ina mheadhg agat.
Ní féidir an scéal a bheith mar seo is mar siúd agat. Ach is greannmhar san de, mar ní féidir é a bheith ar a mhalairt de chuma, mar bíonn an gruth is an mheadhg ann i dteannta a chéile.

6.12.6. An té ná bíonn bólacht ar chnoc aige bíonn suaimhneas ar shop aige.
Mar ní bhíonn an saibhreas ag déanamh cúraim don fhear bocht.

6.12.7. Is mórthaibhseach iad adharca na mbó thar lear.
"Is glas iad na cnoic i bhfad uainn, ach ní féarmhar".
Na daoine a théann thar farraige anonn d'fhonn fortún a dhéanamh is gearr go bhfaigheann siad amach "nach cathair mar

a tuairisc í". Agus an té ná téann ag feiceáil "na mbó" thall, ní féidir dó an scéal a bhréagnú.

6.12.8. Bíonn gach duine go lách go dtéann bó ina gharraí.
Is deacair breithiúnas a thabhairt ar mheanma an duine a mbaintear triail as le cur isteach air agus iarracht de dhíobháil a dhéanamh dá chuid.

6.12.9. An lao ite i mbolg na mbó.
Sin é an dála ag na daoine a théann i bhfiacha ag caitheamh a dtuarastail sula mbíonn sé tuillte acu.

6.12.11. Mair a chapaill is gheobhair féar.
Le searbhas a deirtear an chaint sin, nuair a ghealltar rud a thabhairt do dhuine lá éigin. Mar "faigheann an capall bás a fhad a bhíonn an féar ag fás".

6.12.13. Is minic a rinne bramaichín gioblach capaillín cumasach.
Is minic a d'iompaigh leanbh lag leice amach go leathan láidir.

6.12.14. An capall is mó marc is é is airde a chaitheann a thóin.
"An bhó is airde géim is í is lú bleán (crú)."
"Glór leoin is croí loin"
"An focal mór agus an gníomh beag."
"Soitheach folamh is mó torann."

6.12.15. Chomh dána le muc.
Sin é barr na dánachta.

6.12.16. Is cuma nó muc fear gan seift.
Bíonn sé chomh beag tuiscint, agus is chomhdheacair dó teacht as ponc.

6.12.17. Na muca ciúine a itheann an triosc.
"D'íosfadh cat ciúin féin fáideog."
"Ní hiad na fir mhóra a bhaineann an fómhar."

Ní gá fothram a dhéanamh chun béilí a ithe ná chun gnó a dhéanamh.

6.12.18. Is deacair toghadh idir dhá ghabhar dhalla (chaocha).
"Rogha dhá dhíogha"
Is bocht an rogha é.

6.12.19. Olann a bhaint de ghabhar nó iarraidh abhrais ar phocán.
"Fuil a bhaint as tornapa."
Ní féidir rud a fháil san áit ná bíonn sé ann le fáil.

6.12.20. Bíonn dhá cheann ar gach caora aige.
Deirtear sin i dtaobh duine a bhíonn ag moladh a choda féin thar chuid cách. Mar a deir lucht an Bhéarla " Is eala gach gé aige".

6.12.22. Caora mhór an t-uan i bhfad.
An beart is éadroime ar domhan, déanann bóthar fada ualach trom de.

6.12.23. An t-uan ag múineadh méilí dá mháthair.
Leanbh ag tabhairt comhairle dá mháthair nó dá athair.

6.12.24. Is olc an chearc ná scríobann di féin.
Le scríobadh a fhaigheann an chearc a cuid bia, agus mura scríobann sí beidh sí gan bhia. Mar an gcéanna don duine, mura n-oibríonn sé chun a bheatha a thuilleamh, ní haon mhaith dó a bheith ag brath ar dhaoine eile.

6.12.25. Léim coiligh ar charn aoiligh.
Comhartha dánachta.

6.12.26. Cearca samhraidh nó coiligh fómhair.
Is beag an mhaith iad.

6.12.28. Ní sia gob an ghé ná gob an ghandail.
Is ceart an dlí céanna a chur i bhfeidhm ar gach éinne.

6.12.29. Nuair a luíonn gé luíonn siad go léir.

Is mar sin do na daoine, leis. Ní túisce a fheiceann siad rud á dhéanamh ag a gcomharsana ná siúd iad féin á dhéanamh. Ach mar sin féin "ná déan nós agus ná bris nós", is é sin, ná bí ar an gcéad duine chun an sean-nós a chur ar leataobh ná ar an duine deireanach chun an nós nua a chur i dtaithí.

6.12.30. Borradh an éin ghé.

Borradh (fás) mór mar ní deacair an t-éan gé a chothú.

Tuilleadh

Ní moill faobhar ach is moill mhór a bheith gan é.

Dála an spealadóra, is fearrde don scoláire rinn ghéar a bheith ar a pheann luaidhe chun an t-eolas a chur chuige (chuici) ar scoil. Agus is rómhairg don fhear ná déanfadh an rásúr a chuimilt den éillín faobhair sula mbearrfaidh sé é féin ar maidin!

Is gairid a bhíonn an scál ag iompú agus an lóchán ag imeacht.

Deirtear an seanfhocal san i dtaobh duine a fhaigheann sparán mór airgid le huacht agus a thugann gaoth dó, ag baint ceoil as.

Ag ithe na gcreachán agus ag díol na bhfadhbán.

Duine bocht (a bheadh bocht ina dhiaidh) a dhéanfadh é. Níl aon chríochnúlacht ag baint leis an saghas san oibre, mar "is é capall na hoibre an bia".

Tiocfaidh an lá fós a mbeidh gnó ag an mbó dá heireaball.

Níl aon rud dá shuaraí é ná faighfear gnó éigin dó lá éigin.

Troid na mbó maol.

Ní féidir dóibh a chéile a ghortú. Mar sin, deirtear an focal san i dtaobh troda nach dáiríre.

Is fearr greim de choinín ná dhá ghreim de chat.

Is fearr beagán maith ná mórán olc.

Ní fiú mórán beagán d'aon rud, ach is fiú mórán beagán céille.

176

Coinnigh an cnámh is leanfaidh an madra thú.
Dála an mhadra, bíonn a lán daoine agus gan acu ach "mo ghrá thú an rud agat".
"Gabháil de thua ar bhac a mhuiníl an té a thabharfadh a chuid ar fad do mhac nó d'iníon."

Is maith an rud eagla a chur ar an madra.
Bíonn a lán daoine agus ní féidir dóibh a bheith go humhal dea-bhéasach go dtí go gcuirtear eagla orthu. "An bata mór" a bhagairt orthu!

Ag lorg a mhadra is gan fios a dhatha aige.
Ba dheacair an madra a aimsiú mar sin. Sin mar a bhíonn ag daoine ag lorg ruda agus gan a fhios acu i gceart cad a bhíonn uathu. A fhios ag duine go bhfuil eolas ar rud áirithe le fáil i leabhar éigin ach gan ainm an leabhair aige.

Is minic a bhí cú mhall sona.
"I gcosa con a bhíonn a gcuid." Ach mar sin féin, is minic nach é an chú mhear, a dhéanann an giorria a chasadh, a dhéanann é a mharú. Mar sin "is minic a rug an chú mhall ar a chuid".
"Sroicheann each mall muileann."
"Is minic a bhí rath ar mhalltriallach."
Ach "ní hé lá na gaoithe lá na scolb",
Agus "am go leor a chaill na tonóga (lachain)".

I ndeireadh a gcoda is ea a throideann na coileáin.
Nuair a bhíonn a ndóthain go léir ann bíonn siad go léir sásta ach nuair a bhíonn an bia caite éiríonn eatarthu. Sin mar a bhíonn ag daoine ina lán cúrsaí seachas cúrsaí bia.

Is maith an capall ná faigheann barrthuisle.
"Ní bhíonn saoi gan locht."
"Imíonn rith focail ar shagart na paróiste."

Cuir an tsrathair ar an gcapall cóir.
Cuir an milleán ar an té a bhfuil an locht air.

177

Troscadh an chait cheannainn: ithim feoil ach ní ólaim bainne.
Troscadh bréige. Bíonn daoine ann agus is beag acu an peaca mór agus bíonn siad ag lochtú daoine eile toisc peacaí beaga a dhéanamh.

Is ait leis an gcat an t-iasc ach ní háil leis a chosa a fhliuchadh.
Dua na hoibre ag daoine eile agus toradh na hoibre aige féin.

An madra rua i mbun na gcearc.
Ba ghreannmhar an coimeádaí é, agus gan rud ar domhan ba mhilse leis an madra rua ná feoil bhog mhaoth shóil (shobhlasta) na gcearc.

An madra rua i gcraiceann na fóisce.
Chuir sé craiceann na fóisce uime chun na caoirigh a mhealladh chuige chun iad a ithe ar a shástacht. Déanann an feallaire bithiúnaigh an rud céanna chun na daoine macánta a mhealladh agus a ithe.

8
An Teach Cónaithe

8.2.1. Níl aon tinteán mar do thinteán féin.
Is mian le gach éinne a bheith ina bhaile dúchais féin.

8.2.2. Ní haitheantas go haontíos.
Ní féidir aithne cheart a chur ar dhuine go mbítear in aontíos ag maireachtáil in aon teach leis.

8.2.4. Bíonn leaca sleamhna i dtithe daoine uaisle.
Mar sin, is furasta titim iontu, is é sin, is furasta éagóir agus díobháil a dhéanamh ann.

8.2.5. Is fuar an teach ná gnáthaíonn na fir.
Bean a dúirt an chaint sin, is dócha. Déanann siad cuideachta mhaith mheidhreach. "Is bocht an teach ná fuil bean tí ann."

8.2.6. Is teann gach madra ar urlár a thí féin.
Mar ní ligfeadh muintir an tí aon díobháil a dhéanamh dó. "Is buan fear ina dhúiche féin."

9
Tithe Bia

9.3.1. Ní feoil putóg is ní bia bainne agus ní bainne bláthach.
Tá a maitheasaí féin iontu, ámh; ach, nuair a theastaíonn rud ó dhuine is é an rud sin is fearr leis a fháil.

9.3.2. Níor mhothaigh an sách sámh an t-ocrach riamh.
"Ní thuigeann an sách don seang—nuair a bhíonn a bholg féin teann." Is minic, faraor, nach cás leis an duine sách saibhir an duine bocht ocrach. Ní measa leis éinne ná é féin.

9.3.6. Ní chuimhnítear ar an arán tar éis é a ithe.
Dála an aráin, ní fada a fhanann cuimhne na dea-chomaoine ag an duine neamaitheach.

9.3.7. Bíonn blas milis ar phraiseach na gcomharsan.
Sin mar a deir an bhean tí lena fear nuair a bhíonn sé ag moladh na gcácaí milse a fuair sé i dteach na gcomharsan! Is mar sin don leanbh leis. An rud nach maith linn nuair is linn féin é, is dóigh linn gur sólaiste mór é nuair a fhaighimid ó dhuine eile é.

9.3.8. Bíonn blas ar an mbeagán.
Ní féidir dó masmas a chur orainn.
"Beagán agus é a rá go maith."—dea-chomhairle don té a bhíonn ag caint leis an bpobal.

9.3.9. An té a bhíonn amuigh fuaraíonn a chuid
Bí in am chun do bhéilí agus ní gearánta duit.

9.3.10. Blais an bia agus tiocfaidh dúil agat ann.
As a bhlaiseadh is fearr é.
Nuair a théann blas an bhia faoin gcogansach ag duine bíonn dúil aige ann nár cheap sé a bheadh aige in aon chor. Mar an

gcéanna dá lán nithe eile seachas an bia. Féach mar a labhraíonn Seathrún Céitinn in *Trí Bhior-ghaoithe an Bháis*:

Tig don mhilse bhréige a bhíos san bpeacadh, an tan théid a bhlas fá chúlaibh an choguais, gurab usa leis an duine a chlú agus a chonách saolta a thréigean ná dealú ris.

Is d'á chur so i gcéill atá an finn-sgéal filidheachta, a chumas ughdar d'áirithe ar an mathghamhain mór; mar atá go raibhe 'na pheata ag duine uasal; agus gur chuir an duine uasal, tré iomad ceana air, ós cionn coire meala é. Níor bh'áil leis sin an mhil do fhromhadh; agus gabhais an duine uasal ag a bhrodadh agus ag a choimhéigniughad ré hól na meala. Gideadh níor bh'fheirrde dhó; leis sin, beiris an duine uasal ar chluasaibh air, ag a tharraing go heasaontach ré fromhadh na meala; agus tré iomad déistine rés an mil, thug an mathghamhain súghadh foirtill foiréigneach ar a chúlaibh, gur leig a chluasa uaidh i lámhaibh an duine uasail. Leathais ansan an duine uasal a lámha timchioll a chuirp, agus tógbais ós cionn an choire é agus tumtar leis a cheann 'san gcoire go cúláiribh. Gideadh, mar do chuaigh an mhil faoi chúláirbh an mhathúin, ghabh ag a hól go hainmheasardha, agus an t-an a mhothuigh an duine uasal é go híotmhar iomarcach ag a hól, do ghabh ag a bhrodadh uaithe; agus níor ghluais sé sin leis sin. Cuiris annsin an duine uasal a dhá lámh i neireaball an mhathghamhna, agus dobheir tarraingt thar ais air, agus ligis an mathghamhain an t-eireaball leis, mar gurab usa leis é a chaill ná an mhil do thréigean iar n-a fromhadh dhó.[2]

---

2   Teach don mhilseacht bhréige a bhíonn sa pheaca, agus nuair a théann a bhlas i gcúl an bhéil, is fusa le duine a chlú agus a chonách saolta a thréigean ná scaradh leis.

   Is chun é sin a chur in iúl atá an finscéal filíochta, a chum údar áirithe faoi bhéar mór a bhí ina pheata ag duine uasal. Chuir an duine uasal in aice le coire meala é, toisc gur mhór a chion air. Níorbh áil leis an mbéar an mhil a bhlaiseadh, agus thosaigh an duine uasal á bhroideadh agus á bhrú chun an mhil a ól. Ní raibh aon mhaith bheith leis, mar sin féin. Ansan rug an duine uasal ar a chluasa, á tharraingt in aghaidh a thola chun an mhil a bhlaiseadh. Agus chuir an mhil an oiread sin déistine ar an mbéar gur léim sé go foréigneach ar gcúl agus d'fhág sé a chluasa i lámha an duine uasail. Ansan leath an duine uasal a lámha timpeall a choirp, agus thug sé in aice an choire é, agus thum sé ceann an bhéir go scornach sa choire. Agus nuair a chuaigh

9.3.13. An té ná faigheann an fheoil is mór an só leis an t-anraith.

"Is furasta duine bocht a shásamh i dtaobh bia."

9.3.16. Is fearr leathbhuilín ná a bheith gan arán.

"Is fearr leath ná meath."

9.3.17. Is fearr boighreán agus bainne gabhair ná a bheith ag brath ar chabhair ó neach dá mhéad a mhaoin.

Is fearr an tsaoirse agus a bheith go neamhspleách ná a bheith ag brath ar éinne.

9.3.18. Feoil a thabhairt do leanbh feoil a bhaint ó leanbh.

Ní réitíonn an fheoil le goile an linbh.
An rud is fearr linn a fháil, ní hé is fearr dúinn i gcónaí.

9.3.20. Capall na hoibre an bia.

An té a bhíonn ag obair go dian dícheallach, ní mór dó bia maith folláin a chaitheamh. "An cothú a dhéanann é!"

---

an mhil i scornach an bhéir, thosaigh sé á hól go hainmheasartha. Nuair a thug an duine uasal faoi deara go raibh sé á hól le tart mór, thosaigh sé á bhrú uaidh, ach níor bhog an béar. Ansan rug an duine uasal greim ar eireaball an bhéir, agus tharraing sé siar é, agus lig an béar a eireaball leis, toisc gurbh fhusa leis é a chailliúint ná an mhil a thréigean tar éis í a bhlaiseadh.

11
Éadaí, 7rl

11.2.1. Is é an duine an t-éadach.
Is fíor uaireanta; ach, "cuir síoda ar ghabhar agus beidh sé ina ghabhar i gcónaí", agus "bíonn borb faoi scéimh".

Agus is minic a bhíonn "an madra rua i gcraiceann na fóisce" agus "bíonn cluanaí i ndea-chulaith".

11.2.2. Glan is slán a dhealraíonn éadach táir.
Is mór an mhaise an glanachar agus an tslachtmhaireacht.

11.2.3. Stocaí bána ar shála dóite.
"Bó ar aonach is cailín Domhnaigh."
Is minic a cheileann "na stocaí bána" ainimh is locht.

11.2.4. Síoda ar Shiobhán is na preabáin ar a hathair.
An t-athair bocht ar chaolchuid d'fhonn an iníon a shásamh i gcúrsaí éadaí.
"Uaisleacht bhréige."

11.2.5. Is mór an mhaise ar sheanbhróg búcla.
Ceileann maise an bhúcla seandacht is ainnise na bróige.
Deirtear sin go minic nuair a phósann an seanduine liath cailín óg maisiúil.

11.2.6. Is fearr paiste ná poll; ach níl ann ach san.
Is bocht an maisiúchán é.

12
Gairmeacha Beatha agus Ceirdeanna

12.3.1. Is fearr saor síorbhuailteach ná saor sárbhuailteach.
Is fearr an saor a bhíonn ag obair i gcónaí ná an saor leisciúil ná leanann den obair de ghnáth, ach, nuair a chíonn sé an máistir chuige, buaileann sé sárbhuille trom thall is abhus mar dhea gur togha fir é. Is fearr an scoláire a leanann den fhoghlaim ó thosach go deireadh na bliana ná an té ná déanann aon obair ach anois agus arís agus ansan ní foláir dó breis a dhéanamh ag iarraidh teacht suas leis an scoláire ciallmhar, rud nach féidir.

12.3.2. Gach file is fáidh ag trácht ar a ealaín féin.
"A scéal féin scéal gach éinne."
Ní haon díobháil san, leis, b'fhéidir, mar is ar a cheird féin is fearr a bhíonn eolas aige, agus is í is mó a bhíonn ag déanamh cúraim dó, ach ní bhíonn puinn measa ar "phíobaire an aon phoirt".

12.3.3. Is báúil lucht iad lucht aoncheirde.
Mar bíonn na cúraim chéanna orthu agus cúrsaí cainte a thugann taitneamh dóibh araon. Bíonn tuiscint acu dá chéile.

12.3.4. Is namhaid an cheird gan a foghlaim.
Mar is as a cheird a chaitheann duine a bheatha a thuilleamh, agus mura mbíonn eolas maith aige uirthi, bíonn sé ar chaolchuid.

12.3.5. Na trí bhuille atá ag coinneáil Éireann
Buille tua ar bhloc—siúinéireacht;
Buille oird ar inneoin—gaibhneacht;
Buille súiste ar lár—feirmeoireacht.

Tuilleadh

"Fill orm," a deir an drochghnó.
Mura mbíonn sé déanta go maith, caithfear é a dhéanamh arís.

Is geall le sos malairt oibre.
Baineann sé an aigne de bheith ag cuimhneamh uirthi. Más obair scoláire í, léamh in ionad scríobh nó a mhalairt. Agus más obair saoir, tabharfar sos do na baill agus do na cuislí a bhí ag gabháil don chéad ghnó.

Molann an obair an fear.
Má bhíonn an obair déanta go maith is fiú an fear é a mholadh.

Ní bhíonn tréan buan.
Is mó duine a chuireann go fonnmhar agus go gusmhar chun obair a dhéanamh ach ná fanann an dícheall i bhfad aige. Ní bhíonn sa chéad dúthracht ach "gal soip", fonn sealadach agus díograis nár dháiríre. Ach, mar sin féin, deirtear gur "tosach maith leath na hoibre"; ach ina choinne sin arís tá seanfhocal eile a deir "mol a dheireadh" agus "mol gort agus ná mol geamhar" is é sin, ní féidir toradh an ghoirt a mheas ar an ngeamhar, ní foláir fanacht go bhfeictear an t-arbhar ina dhiasa. "Bíonn gach tosú (dá thréine) go lag."

Is maith an fear é an fonn.
Mar an té a mbíonn an fonn agus an flosc ceart aige chun na hoibre is é is fearr agus is sia agus is déine a leanfaidh di.

Má tá céad gnó againn, tá céad ló againn.
Tá a uain féin i gcomhair gach aon rud, is fíor; ach mar sin féin, "ná cuir do leas ar cairde".

Ar scáth a chéile a mhaireann na daoine.
Is maith é comhar na gcomharsan. Ba cheart dúinn cabhrú le chéile.

Imíonn an tuirse agus fanann an tairbhe.

Is mór an sólás don té a bhíonn ag saothar go dian dícheallach go bhfanann tairbhe an tsaothair aige mar luach saothair.

Tá balcaisí a ghnó air.

Tá sé ullamh chun an obair a dhéanamh.

Leithscéal chun mine.

Ní le fonn chun na hoibre atá sé ag obair ach le dúil san airgead a gheobhaidh sé aisti, agus mar sin ní hé a dhícheall atá aige á dhéanamh.

Tuirse na nGaibhne

Sa tseanaimsir, na mná bochta a bhíodh ag siúl rompu ag iarraidh déirce, thugaidís beart éadaí ar a ndroim aniar, i dtreo nuair a d'iarraidís bheith istigh i gcomhair na hoíche ná beadh aon doicheall rompu.

Tharla go raibh bean bhocht ag siúl roimpi mar sin uair agus an beart éadaí aniar ar a droim aici, ach ar mhí-ámharaí an tsaoil, an biorán nó an dealg a bhí aici ag ceangal na n-éadaí ar a brollach, chaill sé a ghreim agus cailleadh ar an mbóthar é. Rinne sin ciotaí mhór don bhean bhocht, mar nár bheag di a raibh á fháil aici de dhua an aistir, gan dua na n-éadaí a chur leis.

Aimsir earraigh a bhí ann, agus bhí an t-ádh léi, an bhean bhocht, ní rófhada a shiúil sí faoi mhíchothrom na n-éadaí, go bhfaca sí uaithi istigh i ngort an feirmeoir agus é ag treabhadh. Dhruid sí le claí an ghoirt agus chuaigh in airde mar ab fhearr ab fhéidir léi faoin ualach a bhí á iompar aici, agus ghlaoigh sí i leith ar an bhfeirmeoir.

Ní ró-éasca a d'fhreagair an feirmeoir an glao san; ach d'fhan sé ag treabhadh roimhe gur thug cúrsa na seisrí láimh leis an mbean é. D'fhiafraigh sé ansin den bhean cad a bhí ag déanamh buartha di gur chuir sí isteach air agus é i lár a chuid oibre. D'inis an bhean bhocht dó ansan conas mar a bhí biorán aici ag coimeád na n-éadaí go daingean ar a brollach, ach gur chaill sí an biorán sa siúl.

"Agus," ar sise, ag taispeáint sceach gheal dó a bhí ag fás ar an gcuid ab airde den chlaí, "dá mb'áil leat píosa beag den sceach gheal san a bhriseadh agus dealg a dhéanamh di, dhéanfadh sé mo ghnó go hálainn, agus bheinn go han-bhuíoch ar fad díot."

Ní dhearna an feirmeoir ach buille den fhuip a thabhairt dá chapaill agus tiomáint leis ag treabhadh.

Tháinig an bhean bhocht anuas den chlaí go dubhach díomách agus ghluais léi sa siúl.

Níorbh fhada gur tháinig sí go baile beag; agus is é an chéad teach a chonaic sí ná teach táilliúra. Siúd léi isteach sa teach. Bhí an táilliúir istigh agus é ina shuí ar an mbord is é ag obair go dian dícheallach.

"Bail ó Dhia anso isteach," arsa an bhean déirce.

Ní dhearna an táilliúir ach féachaint uirthi agus leanúint gan stad dá chuid oibre. D'fhéach an bhean go truamhéalach air, agus an bhean bhocht chomh hainnis chomh hatuirseach san nárbh fhearrde thú í a fheiceáil. Ach níor chuir an táilliúir aon suim dá laghad inti.

Sa deireadh labhair an bhean.

"Ar son Dé," ar sise, "agus le hanamacha do mharbh, tabhair biorán dom a dhéanfaidh na balcaisí éadaí seo ar mo dhroim a cheangal, mar chailleas an biorán, a bhí agam, sa siúl inniu."

Sprionlóir d'fhear doicheallach dothíosach ba ea an táilliúir agus ní dhearna sé ach éirí agus an bhean bhocht a chur an doras amach agus í a fhógairt ar an tsráid ar fad nó gur di ba mheasa.

D'imigh an t-ainniseoir mná gan focal a rá. I gceann na sráide, chonaic sí ceárta agus a lán feirmeoirí bailithe lasmuigh di is iad ag déanamh uainíochta ar a chéile, á iarraidh ar an ngabha a gcéachtaí agus a mbrácaí a chur i gcóir chun oibre an earraigh.

Rinne an bhean bhocht ceann ar aghaidh ar an gceárta, agus nuair a chonaic na feirmeoirí chucu í, cheapadar í a chur amach ón doras. Bhí an gabha istigh agus é ag iarraidh teacht ar an obair a bhí aige le déanamh. Nuair a d'airigh sé an t-aighneas lasmuigh dá dhoras agus glór cneasta na mná ag míniú a cáis do na daoine amuigh, chaith sé a cheapord uaidh ar leataobh, chuimil sé a lámha ina naprún agus bhain sé an t-allas dá éadan, agus siúd amach é chun na mná boichte.

Ní túisce a d'airigh sé scéal na mná agus an cruachás ina raibh sí d'easpa an bhioráin ná siúd isteach arís é sa cheárta. Agus ní túisce istigh ná seo amach arís é agus an biorán ba dheise agus ba ghleoite dá bhfaca éinne riamh ar chroí a dhearnan aige.

Shín sé an biorán chun na mná boichte agus ní túisce a chonaic sí é ná tháinig luisne ina ceannaithe le barr áthais. Thóg sí an biorán ina lámh chuici agus shocraigh sí ina brollach é ag ceangal na n-éadaí a bhí aici ar a droim aniar. Ansan d'fhéach sí go buíoch beannachtach ar an ngabha agus lasair iontach ina súile mar a bheadh i súile aingil i láthair Dé na Glóire, agus dúirt sí de ghuth caoin cneasta: Ná raibh oiread an bhioráin sin de thuirse go deo ort, a dhuine mhaith mhacánta; agus leis sin d'imigh sí chun bóthair arís.

Agus sin é an chúis ná bíonn tuirse in aon chor ar na gaibhne; ach go mbíonn tuirse na ngaibhne ar na buachaillí bó.

14
An Éanlaith

14.3.1. Is olc an t-éan a shalaíonn a nead féin.
Beag an mhaith éinne a lochtaíonn a mhuintir ná a bhaile ná a thír dhúchais féin.

14.3.2. Is fearr dreoilín ar dorn ná corr ar cairde
Is fearr glacadh leis an ní atá láimh leat ná súil a bheith agat le ní ab fhearr nó ba mhó ná é teacht chugat ar ball. B'fhéidir dá ligfeá uait an ní atá i do lámh agat ná faighfeá an ní eile go deo. Sin mar a rinne "madra an dá cháis" nuair a lig sé uaidh an cháis a bhí ina bhéal aige chun breith ar an scáil san uisce faoi. D'fhág san gan so gan súd é.

14.3.3. "Is mór an ní an neart," arsa an dreoilín, nuair a chaith sé ciaróg leis an aill.
Deirtear san nuair a dhéanann duine lag maíomh as gníomh beag.

14.3.4. Fad ó bhaile a labhraíonn an pilibín míog.
Is é dúchas an philibín a nead a cheilt go han-aireach. Dá bhrí sin ní baol dó a rún a nochtadh le glaoch ina aice. Mar an gcéanna don duine suarach, ní baol go labhródh sé go teann in áit a mbeadh aithne ar a shuaraíocht.
Deirtear, leis, go ndeirtear é i dtaobh duine a théann ag iarraidh cleamhnas a dhéanamh le daoine is uaisle go mór ná é.

Tuilleadh

Is geal leis an bhfiach dubh a ghearrcach féin.
Is dóigh le gach máthair gurb é a leanbh féin is fearr ar domhan, mar "ceileann searc ainimh is locht". Molaimid go léir an ní a dhéanaimid féin pé acu olc maith é. "Amal asned as moam serc linnai adchotatsam triar saithar saindiles."[3]

Ní thagann leis an ngobadán an dá thrá a fhreastal.
Ní féidir d'éinne a bheith in dhá áit ag an am céanna ná dhá ghnó a dhéanamh d'aon am amháin.

---

3 "Amhail an ceol is fearr, is aoibhinn linn go bhfuair an triúr againn saothar dár gcuid féin."

15
Caitheamh Aimsire, Cluichí, agus Spóirt

15.8.1. Ní dhéanfadh an saol capall rása d'asal.

Síoda, ór agus airgead,
Ceol agus Laidin na tíre,
A thabhairt do choileán den chuaine
Ní dhéanfadh sé uasal choíche é.

"Cuir síoda ar ghabhar is beidh sé ina ghabhar i gcónaí." Deirtear san i dtaobh duine ná féadfadh an gníomh fónta a dhéanamh dá bhfaigheadh sé Éire air.

15.8.2. Is mairg a bhíonn thíos ag an gcéad bhearna.

An capall a thiteann ag an gcéad bhearna ní bhíonn aon bhreith aige ar an rás a bhuachan. Mar an gcéanna don duine, má bhaineann an chéad chonstaic, a bhuaileann uime, dá bhoinn é is róbhaolach ná héireoidh leis ina dhiaidh sin.

An scoláire nach foláir dó roinnt scrúduithe a chur de chun céim áirithe a rochtain, is bocht an cás aige má theipeann air ag an gcéad scrúdú.

15.8.3. Ar iompáil na n-each tig atharach na scéal.

Mar is minic ná bíonn duine ar a dhícheall i dtosach, mar "bíonn gach tosú lag agus ní bhíonn tréan buan", agus b'fhéidir gurb é an duine a bhí ar deireadh i dtosach an rása a bheadh ar tosach sa deireadh.

Is minic a bhíonn an chéad scéal bun os cionn ar fad le fírinne an scéil. "Bíonn dhá thaobh ar gach scéal", agus "is maith an scéalaí an aimsir".

15.8.5. Is minic nach é an capall is fearr a thógann an rás.

Deirtear é sin nuair ná tugtar cothrom na Féinne do dhuine.

15.8.6. Is maith an capall ná faigheann barrthuisle.
An duine is fearr dár mhair riamh dhéanfadh sé dearmad.
"Imíonn rith focal ar shagart na paróiste."
"Níl saoi gan locht."

15.8.7. Is olc an chú nach fiú fead a ligean uirthi.
Más fiú rud a fháil is fiú é a iarraidh, go mór mór más féidir é a fháil go bog.

15.8.8. Is fearr an chú a bhíonn sa tsiúl ná an chú a bhíonn i lúib.
"I gcosa con a bhíonn a gcuid", agus is fearr an cú a thuilleann a chothú le fiach ná an cú a fhanann ina luí i lúb. Is fearr an duine dícheallach ná an duine díomhaoin leisciúil.

15.8.9. Is é an t-iománaí is fearr an fear atá ar an gclaí.
Le searbhas a deirtear an focal san le daoine a fhanann ar leataobh gan aon pháirt a ghabháil san obair ach ná stadann ach ag lochtú na ndaoine a bhíonn ag obair ar a ndícheall. Mar sin féin, chíonn "an fear ar an gclaí" an "cluiche" go léir, agus mura féidir dó féin "iománaíocht", bíonn roinnt eolais aige ar an "gcluiche" nó ní rachadh sé á fheiceáil. Agus is fusa dó san ná do na daoine a bhíonn ag "bualadh báire", is fusa dó na lochtanna a fheiceáil, mar ní bhíonn aon ní ag cur isteach air agus radharc maith aige ar an "gcluiche" go léir. Dá bhrí sin ba neamhghá do na hiománaithe an searbhas.

Cluiche cártaí

15.11.1. Súil le breith a chailleann an cearrbhach.
Deirtear é sin nuair a leantar d'imirt cártaí chun airgead caillte a fháil ar ais; nó le duine a ghlaonn "neamh-mhámh" ag brath ar a pháirtí nó ar an mbalbhán. Is minic ná bítear mar a shíltear. "Ná déan deimhin de do dhóchas."

15.11.2. Mura ndéana sé lá prátaí a bhaint, déanfaidh sé lá cártaí a imirt.
Ní bheimid díomhaoin ar fad, gheobhaimid rud éigin le déanamh. Deirtear sin nuair a tharlaíonn rud éigin a chuireann daoine bun os cionn leis an rud a bhí socair acu a dhéanamh roimhe sin.

15.11.3. Nuair is crua don chailleach caitheann sí rith.
Deir cearrbhach an focal san nuair a bhíonn cuireata aonair nó aon mhámh mór eile ina aonar aige agus eagla air go mbéarfadh an cíoná uaidh é. Nuair a chruann a chás ar dhuine ní foláir dó rith ón mbaol á sheachaint.

15.11.4. Caithfidh duine géilleadh dá bhacaí.
Ní foláir don bhacach an fód a sheasamh mar ní féidir dó rith. Caithfidh sé géilleadh don ní nach féidir dó a sheachaint. Caithfidh an cearrbhach éirí as glaoch ag imirt "droichead" mura mbíonn cártaí maithe ina lámh aige.

15.11.5. Tá gach duine go lách go dtéann bó ina gharraí.
Ní maith le haon chearrbhach, dá chneastaí, é a chrosadh.

15.11.6. Slat dá thomhas féin.
Má bhíonn duine dian i dtaobh na rialacha agus é ag imirt chártaí, níl le déanamh ach an déine chéanna a chur i bhfeidhm air. Mar an gcéanna i dtaobh nithe eile.

15.11.7. Ná haltaigh do chuid go mbeidh sé i do mhála.
Ná bí ag maíomh go mbeidh an cluiche buaite agat. Fear déirce a thug an chomhairle sin ar dtús. Labhair sé róluath ag gabháil bhuíochas na déirce ná fuair sé. "Fan go bhfeice tú."

15.11.8. Ceart dom ceart duit.
Is cóir an dlí céanna a chur i bhfeidhm ar chách.

15.11.9. Is geall le haincheart lomcheart.
Ní foláir don bhreitheamh cóir féin trócaire a bheith aige. Má bhítear ródhian i dtaobh na rialacha le linn cártaí a imirt, is baolach go ndéanfar éagóir ar dhuine éigin.

15.11.11. Ní théann rogha ón réiteach.
Ní fearr cogadh ná síocháin, aon uair. Is mó mioscais ab fhéidir a chosc ach ábhar na mioscaise a réiteach le comhrá síochánta.

15.11.12. Níl ann ach an dá mhar a chéile.
"Is ionann sé cinn agus leathdhosaen."
"Beirt ag troid is iad ar aon scéal."
Deirtear sin nuair a éiríonn idir beirt toisc ná ligeann a gceanndánacht araon dóibh a fheiceáil go bhfuil siad ar aon fhocal.

15.11.13. Déanfad spúnóg nó millfidh mé adharc.
Déanfaidh mé iarracht bháis agus bheatha ar rud éigin a dhéanamh.

15.11.14. Pé olc maith an ealaín is taithí a dhéanann máistreacht.
Ní féidir eolas iomlán a fháil ar aon ní ach tar éis a lán foghlama.

15.11.15. Ní den abhras an chéad snáth.
Ní haon chomhartha ar an gcuid eile den obair a tosach. Deir an cearrbhach san nuair a chailleann sé an chéad chluiche.

15.11.16. An luibh ná faightear is í a fhóireann.
Le searbhas a deirtear an focal san nuair a deir duine go n-éireodh go maith leis dá mbeadh a leithéid seo nó a leithéid siúd de rud aige.

15.11.19. Tar éis a thuigtear gach beart.
Dá bhfaigheadh duine dhá iarracht ar gach aon rud, ní baol go ndéanfadh sé an botún céanna an dara huair a rinne sé an chéad uair. Deirtear leis "Tar éis a chítear gach beart." Rinneadh an

seanfhocal san a shárú mar seo. D'imigh fear ag baint brosna, agus nuair a bhí sé á thabhairt abhaile thit a bheart uaidh, agus siúd leis roimhe amach an cnoc síos. "Romham amach a chím mo bheart!" ar seisean.

15.11.20. Is é an sop in ionad na scuaibe é.
Is beag an scuabadh a dhéanfadh sop i gcomórtas le scuab. Mar sin, deirtear an focal san nuair a bhíonn duine suarach in ionad an duine mhaith, nó uirlis gan mhaith in ionad na huirlise is gnách a úsáid ag déanamh na hoibre nach foláir a dhéanamh.

15.11.21. Tuigeann gach éinne a bhalbhán féin.
Is fearr a thuigeann muintir an bhalbháin é ná éinne ná bíonn aon taithí aige air. Tuigeann fear imeartha "droichid" conas is fearr an balbhán a láimhseáil.

15.11.22. Tá cead cainte ag fear caillte na himeartha riamh.
Sin mar a deirtear nuair a bhítear ag cur cúrsaí cluiche trí chéile tar éis an cluiche a chailleadh. Ní deir lucht buaite aon rud, ní gá dóibh sin labhairt; cuimhníonn siad ar an seanfhocal eile úd "focal mór agus gníomh beag". Bíonn an chaint chéanna ag daoine eile seachas cearrbhaigh. Lucht iománaíochta agus lucht peile agus lucht imeartha cluichí eile, ní stadann siad ach ag iarraidh a chur ina luí ar chách go mbeadh an bua acu, mura mbeadh go raibh an pháirc rófhliuch, nó go raibh réiteoir rópháirteach, nó mura mbeadh rud éigin eile. Tugann lucht buaite an chluiche an cead san dóibh agus fáilte.

15.11.23. Is fearr mac le himirt ná mac le hól.
Dá olcas an cearrbhachas is fearr é ná an t-ól.

16
Oideachas in Éirinn

16.9.1. Gach dalta mar a oiltear.

"Mar a chíonn an leanbh a níonn an leanbh", agus mura dtugtar oiliúint mhaith don leanbh, is beag an mhaith an dúchas fónta a bheith ann, mar bíonn aigne an duine claon.

Mar an gcéanna, b'fhéidir an mhaith dhúchais a bheadh i nduine a chur ar ceal trí dhrochoiliúint.

Mura bhfuil feidhm chun maitheasa san oiliúint mhaith, níl aon bhrí inár ngnó go léir.

16.9.2. Is treise dúchas ná oiliúint.

Ní fírinne bhuan dhosháraithe an seanfhocal san, mar is beag duine atá chomh dúr chomh dána chomh claon san ó dhúchas nach féidir é a fheabhsú le dea-oiliúint. Agus is féidir, mar an gcéanna, an dúchas maith a chur ar neamhní le drochoiliúint. Mar sin féin, ní fhágann san ná gur mór í feidhm an dúchais agus gur deacair cur ina choinne uaireanta.

16.9.3. Is fearr scoil ná máistir ach i dteannta a chéile is fearr iad.

Is fearrde leanbh a bheith ar scoil i measc leanaí eile ag foghlaim, mar "formad a dhéanann treabhadh", ná a bheith sa bhaile ina theach féin ag foghlaim; ach nuair a fhaigheann an leanbh aireachas faoi leith ar scoil i dteannta na ngnáthcheachtanna, sin mar is fearr an scéal, dar ndóigh.

16.9.4. Riail de réir oideachais.

Ní haon tairbhe don duine oilte a rá nár thuig sé an scéal mar leithscéal chun dul ó phionós an dlí.

16.9.5. Rí mífhoghlamtha is asal corónta.
Ní bhíonn aon mheas ar dhuine ag lucht eolais toisc ainm na huaisle a bheith air.

Sa tseanaimsir dhéantaí ríthe a thoghadh chun tír a rialú toisc na ndea-thréithe faoi leith a bhíodh acu, ach ní cóir meas rí a bheith ar bhodach ach an oiread agus ba chóir urraim a thaispeáint d'asal toisc coróin a bheith ar a cheann.

16.9.6. Is uasal éadrom an fhoghlaim ach is ábhar achrainn í go minic.
Níl aon ní dá fheabhas ná beadh locht éigin le fáil air.

16.9.7. Nuair a bhíonn an leabhar agam ní bhíonn an léann agam.
Máistir a dúirt sin le scoláire leisciúil ná raibh a cheacht aige "toisc a leabhar a chailleadh". Is minic, leis, a bhíonn an t-eolas sa leabhar ag duine agus ná bíonn sé sa cheann aige.

16.9.8. Is fearr seachtain sa Phrióireacht ná bliain ar scoil.
Seanrá i dtaobh na Prióireachta, paróiste in Uíbh Ráthach i gCiarraí, é sin.
Tá clú an léinn ar an bPrióireacht. Gura fada a mhairfidh sí é!

II
Seanráite

1. Bheadh an tseamróg agat. Chreidtí an té a gheobhadh seamróg na gceithre chluas go mbeadh fios aige agus go mbeadh gach rath agus séan air. Mar sin nuair a thugann duine faoi rud thar a chumas, deirtear leis "níor mhór an tseamróg a bheith agat chun é sin a dhéanamh".

2. Rug sé an chraobh leis (tá an chraobh aige). An chraobh labhrais a thugtaí sa tseanaimsir mar luach a bhua don laoch mar chomhartha feabhais.

3. Conchúr mór sa chúinne acu. Gátar agus uireasa bia acu.

4. Tadhg an dá thaobh. Teanga liom leat. Duine a bheadh ag iarraidh "an dá thrá a fhreastal" chun dul ó fhearg an dá thaobh.

5. Is é gáire Sheáin Dóite a rinne sé. Gáire leamh nach ó chroí—ar nós an gháire úd a rinne Seán nuair a dódh é is é á ligean air "nárbh aon ní é, arú!"

6. Ceangal na gcúig gcaol. Ceangal ar chaol an mhuiníl, ar chaol an dá lámh, agus ar chaol an dá chos. Ceangal cos agus lámh, ceangal docht daingean doscaoilte.

7. Lá Philib an Chleite. Lá an Luain, lá éigin éiginnte, nár tháinig riamh agus gur fada go dtiocfaidh.

8. An chú is an cat is an giorria ar aon urlár acu. Roinnt buartha is scléipe sa teach acu mar a bheadh i dteach nuair a bheadh cú agus cat agus giorria ar aon urlár ann.

198

9. Ina bhruíon chaorthainn. Teach buartha suaite mar a bhí an Bhruíon Chaorthainn an uair úd a chuir Míodach mac Colgáin draíocht ar an bhFiann agus ceanglaíodh iad go léir d'úir thalún na bruíne.

10. Réabadh reilige. An-scaipeadh is an-chur trí chéile, mar a dhéanadh lucht réabtha reilige sa tseanaimsir nuair a dhéanaidís coirp na marbh a fhuadach as na huaigheanna.

11. Teach amhas. An teach ina gcoimeádtaí na hamhais, agus de réir na seanscéalta Fiannaíochta, abhaic ghránna éigiallta agus lucht ite feola duine ba ea iad siúd; ag liúireach is ag béiceadh is ag troid le chéile, ag déanamh fothraim is callóide a bhídís i gcónaí. Mar sin is ionann teach amhas agus teach garbh borb callóideach.

12. A mhéar ina bhéal aige. Go dubhach díomách, mar is é nós an duine a mhéar a bheith ina bhéal aige le linn díomá.

13. Cosaint an bhroic a dhéanamh. Cur i gcoinne corraí go daingean ceanndána. Is ródheacair broc a chorraí ná a tharraingt as poll, mar cuireann sé a dhá chos tosaigh agus a dhá chos deiridh i dtalamh agus is tréan an gadhar a dhéanfadh é a tharraingt ná é a chorraí féin.

14. Cos a chur i dtalamh. A bheith dána ceanntréan i gcoinne rud a dhéanamh, mar a dhéanann an t-asal nuair a thagann stailc ann.

15. A lámha faoina gcrios acu. Go dearg díomhaoin. Mar ar eagla go ndéanfadh a lámha aon obair dá mbeidís lena dtaobh, is amhlaidh a chuireann an lucht díomhaoin faoina gcrios iad.

16. Gan phaidir gan chré—gan aon phaidreacha in aon chor acu. Gan aon eolas ar an gCreideamh acu ná aon suim acu ann.

17 An dubh a chur ina gheal ar dhuine. Dealramh na gile a chur ar an dubh (an bhréag a chur i riocht na fírinne) d'fhonn duine a mhealladh.

18. Beidh gan treabhadh. Beidh thiar orainn. Ní thiocfaidh aon tairbhe as an obair go léir.

19. Breith a bhéil féin. É féin breithiúnais a thabhairt ar a scéal féin nó ar a phionós féin. Mar, sna seanscéalta fiannaíochta, nuair a thagtaí suas leis an mbithiúnach fola d'fhiafraítí de cad ba cheart a dhéanamh leis an té a rinne an bithiúntas go léir a dhéantaí sa scéal, agus gan a fhios ag an mbithiúnach fola gurbh fheasach cérbh é an bithiúnach. Mholadh sé siúd anbhás a imirt air agus ansan thugtaí "breith a bhéil féin" don bhithiúnach féin. Nó is é brí a bheadh leis ná pé rud a d'iarrfadh duine as obair a dhéanamh nó ar rud a dhíol, an méid sin a thabhairt dó.

20. Greim an fhir bháite. Greim docht daingean doscaoilte. Beireann an fear báite (atá á bhá) greim ar aon ní dá laghad nó dá laige chun é féin a shábháil agus coimeádann sé greim docht air ag súil lena theacht slán.

21. Gan bun cleite isteach ná barr cleite amach. Gan aon ní ach faoi mar ba cheart é a bheith, go slachtmhar. Díon cleití a bhíodh ar thithe na n-uasal de réir na seanscéalta fiannaíochta, agus bhíodh na cleití socair go slachtmhar agus iad fite fuaite ina chéile i dtreo nárbh fhios gur cleití a bhíodh sa díon in aon chor.

22. Scéal ó Shamhain go Bealtaine. Scéal fada fánach leadránach. Um Shamhain is ea a thosaíodh na scoraíochtaí i dtithe comharsan sa tseanaimsir agus d'insítí scéalta cois tine gach aon oíche le linn na n-oícheanta fada ó Shamhain go Bealtaine; b'fhada liosta leadránach tuirsiúil an scéal a bheadh á insint ó Shamhain go Bealtaine nuair a thagadh an aimsir bhreá arís agus na laethanta fada chun coisíochta in ionad a bheith istigh i dtithe agus ag scoraíocht.

23. Chuaigh sé isteach sa mhuileann orm.

Ridire na gCleas a mhúin ceird na draíochta do mhac na baintrí de réir an tseanscéil fiannaíochta go dtí gur sháraigh an printíseach an máistir le feabhas a chleas. Ansan d'éirigh idir an ridire agus an printíseach agus d'imigh an printíseach ar fad uaidh. Lean an Ridire agus a chuallacht é.

Sa tóraíocht dóibh, rinne an ridire agus an printíseach gach saghas ainmhí ar domhan díobh féin ag imirt na gcleas draíochta ar a chéile. Rinne an printíseach eascann de féin agus rinne siad siúd dobharchúnna díobh féin; rinne sé sin éan de féin nuair a bhí an tóir róthe, agus rinne siad siúd seabhaic díobh féin; ansan rinne an printíseach gráinne arbhair de féin i muileann—"chuaigh sé isteach sa mhuileann orthu"—agus rinne siad súd coileach agus cearca díobh féin. Níor tháinig leo é a aimsiú in aon chor; ach nuair a bhí breis agus a ndóthain arbhair ite acu, rinne an printíseach sionnach de féin agus d'ith sé iad go léir!

Mar sin, is ionann "dul isteach sa mhuileann ar dhuine" agus "dul ó réiteach" nó "dul ó aimsiú".

24. Lá an Luain. Luan an tSléibhe, lá an bhreithiúnais. Lá deiridh an tsaoil.

25. Ná codail ar an gcluas sin. Ná ceap i d'aigne gur mar sin atá an scéal. Ná beir leat gur mar sin atá an scéal agus tú ag dul a chodladh.

26 Fóidín an ocrais. Deirtear go mbíonn fód ar thaobh cnoic agus má shatlaíonn duine air go dtagann ocras tobann agus gorta géar air. Féarghort a thugtar ar fhéar an fhóidín sin. Mar sin, nuair a thagann ocras tobann ar dhuine agus é amuigh, deirtear gurb amhlaidh a shatail sé ar fhóidín an ocrais.

27. Fóidín an mhearbhaill. Deirtear go mbíonn fód ann agus má shatlaítear air go dtagann mearbhall agus seachrán ar an duine. Tharlódh do dhuine, trí dhíth cuimhne, go rachadh sé amú ar bhóthar a mbeadh togha an eolais aige air. Deirtear gurb é fóidín an mhearbhaill a chuir amú é.

28. Fód do bháis. Deirtear go bhfuil áit faoi leith i ndán do gach éinne ag Dia chun bás a fháil ann, agus má bhaineann droch-thionóisc do dhuine agus ná maraítear é, deirtear leis an duine ansan "ní ann a bhí fód do bháis".

29. An biorán suain. Tá insint sna seanscéalta fiannaíochta ar bhiorán a sháití i gcúl an duine nó faoina ionga agus chuirtí toirchim suain agus sámhchodlata air leis; agus níorbh fhéidir don duine dúiseacht go mbainfí an biorán suain as.

30. Duine a dhul ar a chliathaibh fis. Duine a dhícheall a dhéanamh ar scéala a fháil. Mar nuair a theipeadh gach cleas draíochta ar na draoithe fadó, dhéanaidís cruinnchliatha caorthainn agus leathaidís seithí na dtarbh íobartha orthu agus chuiridís an taobh a bhíodh leis an bhfeoil in uachtar, agus théidís mar sin i muinín a ngeas (a ndraíochta) ag gairm na ndeamhan, ag baint scéala díobh. (Céitinn, Foras Feasa).

31. Is í **"ríocht Chinn Bhearraí"** a iarrann neach nuair a chuireann sé roimhe go huaillmhianach céim a rochtain is airde ná mar a d'fhéadfadh sé a ghreamú. Mar nuair a thit Conchúr rí Uladh marbh, tairgeadh ríocht Uladh don té a bhéarfadh corp Chonchúir leis gan scíth go hEamhain. Tharla giolla do Chonchúr ar an láthair darbh ainm Ceann Bearraí, agus le hionchas go bhfaigheadh sé féin an ríocht, thóg sé an corp go calma agus rug leis go hArd Achadh Sléibhe Fuad é, gur bhris a chroí ina chliabh agus go bhfuair bás mar sin. (Céitinn, Foras Feasa).

32. Cothrom na Féinne. Ceart imeartha, gach ceart a thabhairt don chéile comhraic.

33. Uair na hachainí. Bíonn uair na hachainí ann. B'fhéidir go dtiocfadh toil Dé agus toil an duine chomh cruinn sin le chéile go n-éistfí leis an achainí an uair díreach a d'iarrfaí í. Is í sin uair na hachainí.

34. Píobaire an aonphoirt. Drochphíobaire ná raibh aige ar eolas ach an t-aon phort amháin agus bhodhradh sé cách leis sin. Tugtar an t-ainm sin ar dhaoine ná bíonn acu ach an t-aon chúrsa amháin cainte.

35. Scéal an chaipín deirg. Scéal fada liosta leadránach.

36. Seanmóir Domhnaigh. Seanmóir fhada fhánach agus go minic gan puinn céille léi.

37. Sparán na scillinge (sparán na pingine). Chreidtí má bhéarfaí ar leipreachán go dtabharfadh sé sparán uaidh don té a bhéarfadh air, agus go bhfaighfí scilling (i sparán na scillinge) nó pingin (i sparán na pingine) ann i gcónaí, agus dála an sparáin úd a thug an fear dubh do Shéadna, go mbeadh sé chomh teann an lá déanach agus a bhí sé an chéad lá. Mar sin deir daoine "níor mhór do dhuine sparán na scillinge a bheith aige nó chreachfaí é lena leithéid sin d'obair".

38. Gal soip. An ghal a éiríonn as sop féir nuair a bhíonn sé tais, .i. gal nach aon tine faoi deara é. Mar sin deirtear ná bíonn in obair nó i saothar a lán daoine ach gal soip, nuair ná bíonn aon tine (aon dúthracht) leis an obair nó leis an saothar agus mar sin ní leanann an obair i bhfad.

39. Anso atá an gabhar á dhó. Sa tseanaimsir nuair a bhíodh aon tabhairt amach mór ag na daoine dhéanaidís ábhar na fleá a róstadh i bhfianaise na ndaoine go léir, agus mar sin, bhíodh slua mór daoine bailithe i bhfochair a chéile ag féachaint ar an bhfleá á hullmhú. Deirtear an focal san inniu nuair a chítear slua mór daoine i dteannta a chéile agus iad ag déanamh ionaidh d'aon rud nó nuair a bhíonn siad suaite trí chéile mar gheall ar rud éigin a chíonn siad.

40. An gabhar a ghoid.
Tadhg: Caithfidh sé rud éigin a dhéanamh chun an t-airgead a fháil le díol as an deoch. Imeoidh sé agus goidfidh sé gabhar. An bhfuil a fhios agat, a Dhonncha, cad é an rud é an gabhar? Donncha: Im briathar go bhfuil a fhios agam go maith cad é an rud é. Mála coirce nó mála cruithneachta, nó rud éigin den sórt san, a ghoid óna mhuintir agus a thabhairt do dhuine éigin a cheannóidh uaidh é ar leath an méid is fiú é.[4]

41. Uisce faoi thalamh. Obair mhillte a dhéanamh gan fhios gan aireachtáil d'éinne—faoi mar a dhéanann uisce na habhann faoi phort na habhann, ag baint de i gcónaí go dtiteann sé isteach san abhainn.

42. Clocha ceangailte agus madraí scaoilte. Cead bithiúntas a dhéanamh ag cladhairí agus gan aon smacht ag daoine macánta orthu.

Is amhlaidh a bhí bean ag dul ar margadh go dtí an baile mór, lá crua seaca, agus sa tslí ann di, tháinig madraí na gcomharsan roimpi ar an mbóthar ag amhastrach is ag drannadh chuici, an bhean bhocht. Lig sí leo ar feadh tamaill, ach, sa deireadh, ar eagla go mbeadh sí déanach don mhargadh, agus ná faigheadh sí an t-airgead ar na huibheacha, chuir sí chun clocha a chaitheamh leo ("is maith an rud eagla a chur ar an madra") ach nuair a chrom sí chun na clocha a thógáil, bhí siad ceangailte den talamh leis an sioc! "Is crua an saol é," ar sise, "clocha ceangailte agus madraí scaoilte!"

43.An tabhartas a thug Feoras go Baoi. An rud a mheasfaí a bheadh go tairbheach, é a bheith go díobhálach.

Fear ón mBaoi a bhí ag filleadh abhaile ón tír, tar éis a ghnó a dhéanamh agus nuair a tháinig sé chun an bháid, chonaic sé madra rua sínte in aice na trá, agus é marbh gan tapa, dar leis.

Ní raibh madra rua riamh i mBaoi Bhéara roimhe sin agus mheas an fear bocht gur mhór an fáltas é an madra rua san a bheith aige le taispeáint do mhuintir an oileáin. Chuir sé chuige sa bhád é, agus nuair a shroich sé an t-oileán, rith sé leis suas chun

---

4 *Comhairle Ár Leasa*, lch. 118, an tAthair Peadar Ó Laoghaire.

an tí á insint dóibh cad a bhí aige thíos sa bhád. Nuair a d'fhill muintir an tí leis, bhí an madra rua imithe leis san oileán isteach. B'olc an tabhartas é, mhuise, mar nár fhág sé cearc ná coileach, gé ná lacha, ag muintir an oileáin gan mharú. Sa deireadh, b'éigean dóibh fios a chur ar lucht fiaigh ón tír chun an madra rua a mharú, nó "ní bheadh lacha go ramhar ag Séamus".

44. Ag tabhairt misnigh dóibh, mar a thug an Corcaíoch dá mháthair. Ag gríosú daoine eile chun dul i gcontúirt chun gníomh a dhéanamh, ach lucht na comhairle a thabhairt ag fanacht amach ón gcontúirt.

Tuile a bhí in abhainn agus d'éirigh sí chomh tobann san gur scuab sí gach a raibh i dteach cois na habhann léi agus an bhean bhocht a bhí istigh sa teach, ní raibh dul ó bhá aici ach greim dúide a bhreith ar an mbord le linn a scuabtha leis an tuile. Ar ball, tháinig a mac go bruach na habhann agus in ionad iarracht a thabhairt ar a mháthair a theasargan, ní dhearna sé ach liúireach in ard a chinn is a ghutha "Coinnigh do ghreim, a mham! Coinnigh do ghreim, a mham!", ag tabhairt misnigh di.

45. Mura bhfuil sé ina bhriolla agam tá sé ina bhreall agam. Bean a bhí ag déanamh an ime, cupán i ngach lámh léi agus í ag caitheamh an ime ó chupán go chéile ag déanamh briolla. Ní raibh an t-aireachas ceart aici á thabhairt don ghnó, agus thit an t-im ar an urlár. Ní dhearna sí ach féachaint ar an im agus a rá: "Mura bhfuil sé ina bhriolla agam tá sé ina bhreall agam." Sin mar a bhíonn an scéal go minic ag na daoine a deir: "Déanfad spúnóg nó millfidh mé adharc."

46. Fáilte Uí Cheallaigh. Annála Chluain Mhic Nóis (1351).

Uilliam Ó Donnchadha Muimhneach Ó Ceallaigh a thug cuireadh d'fhilí, do bhreithiúna, do chruitirí, do chearrbhaigh, d'fhuirseoirí agus do gach aicme eile dá sórt in Éirinn chun a thí um Nollaig an bhliain sin. Agus cuireadh gach cóir dá fheabhas orthu, nua gach bia agus sean gach dí, agus d'imigh gach duine acu uaidh go buíoch beannachtach, agus scríobh Gofraidh Fionn Ó Dálaigh dán molta dó de bharr a fhéile is a fhlaithiúlachta.

III
Cosán na hEagna

1
Muinín as Dia

De mholadh Dé ná bí tuirseach,
Bíonn a ghrása ag triall go mall.

Má tá aon tréith seachas a chéile de thréithe an Ghaeil is inmholta, is í tréith í ná an mhuinín agus an iontaoibh a bhíonn aige i gcónaí as Dia na Glóire, moladh go deo Leis. Pé anacair nó pé buairt a luíonn anuas air, bíonn an dóchas go láidir ina chroí, mar tuigeann sé go mbíonn Rí na gCumhacht os a chionn á chumhdach is á choimeád. Ní haon ionadh, mar sin, go bhfuil a lán seanfhocal againn ag cur an chreidimh sin aige in iúl do chách.

Imeoidh a dtiocfaidh is a dtáinig riamh;
Ach ní imeoidh na grása go deo ó Dhia.

Mar, "níl tuile ná tránn ach tuile na ngrás".

"In am an ghá is ea a bhraitear an cúnamh" agus "nuair is mó an t-anfa is ea is giorra an chabhair", mar "is giorra cabhair Dé ná an doras". Mar sin, ní mór an dea-mhuinín as Dia, mar ní thiteann rudaí amach i gcónaí faoi mar a ceapadh a thitfeadh. "Ní mar a shíltear a bhítear", mar "labhraíonn duine agus insíonn Dia" agus, mar sin, nuair a chuireann duine roimhe rud éigin a dhéanamh, ba cheart dó a rá i gcónaí "le cúnamh Dé" nó "le cúnamh Dé agus sinn slán".

"Is mairg a bhíonn dronn roimh dheacair" in ionad aghaidh a thabhairt go dána neamheaglach uirthi agus an fód a sheasamh go

206

fearúil; ach tagann anacraí orainn uaireanta ar deacair foighneamh leo, níl againn ach ár dtoil a chur le toil Dé, mar "níor dhún Dia bearna riamh nár oscail Sé ceann eile", agus "níor loit Dia aon ní riamh ná leigheasfadh Sé". A fhad ar a ghiorracht, "má tá Dia i gcabhair duit, déanadh an diabhal a dhícheall". Ach, más ea, "is maith le Dia cabhair a fháil" mar "d'ordaigh Dia cúnamh, leis" agus "an anachain a sheachaint".

"Bíodh d'eagla roimh Dhia agus coimeád a aitheanta", mar "is é tús na heagna uamhan Dé", agus "stiúir gach maitheasa grá Dé". "Bíonn Dia foighneach", ach más ea, "más mall is díreach díoltas Dé" agus "meileann muilte Dé go mall ach meileann siad mion mín".

"Roinneann Dia na suáilcí". Má thugann Sé saibhreas do dhuine, tugann Sé an tsláinte do dhuine eile. Pé slí ina roinneann Sé iad, ná bíodh eagla ort ná go ndéanann Sé an ceart, mar "is ag Dia is fearr a fhios", agus "níor thug Dia fios dá mháthair féin", a rá go dtuigfimisne an chúis a bhíonn aige leis seo ná leis siúd a dhéanamh.

2
An sonas agus an donas

Mar gheall ar an muinín sin ag an nGael as Dia na Glóire is ea a fhulaingíonn sé go fada foighneach na hanacraí agus na buarthaí a chastar air ó lá go lá. "Ar uairibh a thagann na hanacraí", a deir sé, "is fearr san ná iad a theacht in éineacht"; nó mar a dúirt fear na coise briste, "ní gearánta dom", mar "beart gan leigheas, foighne is fearr air", agus ó "ná fuil leigheas ar an gcathú ach é a mharú le foighne", "ní haon mhaith a bheith ag seanchas agus an anachain déanta", mar, tar éis an tsaoil, "an rud ba mheasa le duine ná a bhás, ní fheadair sé ná gurb é lár a leasa é". "Buann an fhoighne ar an gcinniúint", mar "is ceirín do gach uile chréacht í".

Tagann ón dá rud san, ón iontaoibh as Dia agus ón bhfoighne le linn buartha, an géilleadh úd don chinniúint, is dócha, nach féidir a sheachaint. Bhainfeadh san go mór ó neart aigne an duine chun dícheall a dhéanamh, mura mbeadh go gcreideann sé go diongbháilte gur "ordaigh Dia cúnamh leis", agus mura dtugann an duine féin iarracht ar chuid den obair a dhéanamh ní féidir dó aon súil a bheith aige le cabhair ó Dhia.

Ach, mar sin féin, ráiníonn go minic, nuair ná héiríonn le duine, gur treise ar an dóchas ná ar an dícheall aige, agus go bhfanann sé leis an ngaoth úd a shéideann maith do dhuine éigin. Mar, "aithníonn an donas a dhuine féin"; agus ní taise don sonas, "an té a mbíonn an rath ar maidin air, bíonn sé air um thráthnóna"; agus "an té a mbíonn an rath air féin, bíonn sé ar a chuid cabáiste"; mar "is deacair a rath féin a bhaint d'éinne". Ach ó "ghabhann an donas baile agus leath Éireann", "ní chuireann an chinniúint a cos fúithi", agus, mar sin, "ní féidir dul uaithi".

Mar gheall air sin, "moladh gach éinne an t-ádh mar a gheobhaidh" agus "cuir an donas ar cairde", agus "bain den donas a bhféadfaidh tú", mar "ní híseal ná huasal ach thíos seal agus thuas seal", agus "a té a bhíonn síos inniu, bíonn sé suas amárach".

Níor cheart do dhuine buairt a bheith air i dtaobh an lae amárach, mar "tiocfaidh an lá amárach agus a chuid lena chois". Ach, ina thaobh san is uile, "ná déan deimhin de do dhóchas", mar "is minic a cailleadh long láimh le cuan", ach, ar an taobh eile, más í "srathar na hainnise ar chapall na tubaiste" agat é, "ní fál go haer é", mar "níor chaill riamh ar fhear an mhisnigh".

3
Dícheall agus dúthracht

"Breithnigh an abhainn sula dtéann tú ina cuilithe" nó b'fhéidir ná cuirfidh tú díot anonn í go bráth. Ní mór aireachas a thabhairt nuair a bhíonn seantaithí agat uirthi, cárbh fháth nár chóra duit, mar sin, togha an aireachais a thabhairt, nuair is abhainn í nár chuir tú díot riamh roimhe sin. Dá bhrí sin, aon ghnó dá ngabhfaidh tú idir lámha, féach romhat go haireach, mar "is fearr féachaint romhat ná dhá fhéachaint i do dhiaidh". "Ní haon mhaith bheith ag seanchas nuair a bhíonn an anachain déanta", agus má "bhíonn cead cainte ag lucht caillte na himeartha riamh", ní thugtar aon toradh ar an gcaint, agus más á chásamh féin a bheidh tú, mo thrua thú, a dhuine gan chéill, mar ní bheidh agat ach "ag déanamh do ghearáin leis an té nach trua leis do chás".

An t-aireachas agus an fhadaraí ar dtús, mar sin, agus, ansan an fonn agus an flosc agus an fhíordhúthracht chun na hoibre, mar "is maith an fear é an fonn" agus "tosach maith leath na hoibre". Ach, "ós geal gach nua" agus ós í "an scuab nua is fearr a scuabann an teach", bíonn an-fhonn oibre orainn go léir i dtosach báire, ach imíonn an fonn san go minic leis an liostacht, is dóigh linn, a bhíonn san obair, mar "is searbh gach gnáth". Ach ná bíodh aon dúthracht bhréige den saghas san agatsa. Ná bac leis an tine dhíograise úd ná bíonn inti ach "gal soip", mar is minic "nach den abhras an chéad snáth", nó is baolach "ná beidh tréan buan" agat.

Ach, má bhíonn an dúthracht cheart agat agus an éirim cheart ionat chun oibre agus saothair, ní chuimhneoidh tú in aon chor ar dheacracht na hoibre ná ar dhéine an tsaothair, mar "imíonn an tuirse agus fanann an tairbhe", agus más ciotaí duit uaireanta roinnt de do shaoire a chailleadh mar gheall ar do ghnó, cuimhnigh gur "fearr suí i mbun na cruaiche ná suí ina hionad".

"Is namhaid an cheird gan a foghlaim" agus b'fhéidir, i dtosach, toisc gan an iomarca eolais a bheith agat ar an obair gur throm leat an saothar go léir agus go mbeifeá bréan de mar ghnó. Ach "as an obair a fhaightear an fhoghlaim" agus "gnáthamh na hoibre an t-eolas" agus "i ndiaidh a chéile a dhéantar na caisleáin".

Oibrigh go seasmhach. Ná bíodh an-saothar agat á dhéanamh inniu, agus tú "ar do chúilín teamhrach" amárach, mar "is fearr saor síorbhuailteach ná saor sárbhuailteach"; agus dá laghad é do shaothar, má bhíonn sé buan éireoidh leat sa deireadh, má bhíonn tú "ag obair i gcónaí". Ach, ag an am céanna, ná bíodh "ualach ghiolla na leisce" agat á iompar. Mar is amhlaidh a bheireann sé siúd ualach mór d'aon ualach chun ná beidh air dul siar arís ag iarraidh ualaigh eile, agus chun go mbeidh saoire sa bhreis aige thar éinne eile; ach, is minice a bhíonn thiar air ná a mhalairt, mar titeann cuid den ualach uaidh agus sin é an t-am go léir agus an saothar go léir, a mheas sé a shábháil, imithe gan mhaith gan tairbhe ag iarraidh an t-ualach a chur chuige mar "ní théann luas is léire le chéile".

Pé obair a bhíonn agat le déanamh, déan go maith é; mar, más fiú é a dhéanamh in aon chor, is fiú é a dhéanamh go maith. Agus "fill orm" a deir an drochghnó i gcónaí, agus, ar ndóigh, "drochghnó athghnó".

"Tá trí shaghas fear ann: fear grafa, fear gaoithe agus fear fiaigh." Bíonn an chaint go léir ag an bhfear gaoithe—"an focal mór agus an gníomh beag". Bíonn an obair go léir ag an bhfear grafa, agus an caitheamh aimsire go léir ag an bhfear fiaigh. Is breá an saol aige é, gan amhras, ach cá bhfios ná gur déirc is deireadh dó. Ná bíodh aon dúil agatsa sa díomhaointeas, mar is é "mian an amadáin" é, agus "fear díomhaoin is buairt é"; mar "b'fhusa leis bás den fhuacht a fháil ná é féin a théamh lena ghnó". Ach, mar sin féin, ní háil leis an fuacht, ach b'fhearr leis fanacht cois tine ag breacadh a lorga, agus ar ball, "déanann breaclorgaireacht earraigh formadacht fómhair" mar "an té ná cuireann san earrach ní bhainfidh san fhómhar", agus "is annamh iasc ag liairní díomhaoine" agus "bíonn bolg le gréin folamh go minic". Má dhéanann lucht na leisce aon obair in aon chor ní bhíonn inti ach "leithscéal chun mine": ní chuireann siad an dúthracht úd inti a thuilleann an moladh ina dhiaidh sin. Ach b'fhearr leo go mór fanacht deargdíomhaoin agus "a lámha faoina gcrios acu". "Is fearr bheith díomhaoin ná drochghnóthach" a deir siad. Ach, seachain, a mhic ó, agus ná déan aithris orthu, mar "is iomaí ní a mheabhraíonn an díomhaointeas" agus ní ar mhaithe lena chomharsa ná leis féin an meabhrú céanna go minic.

"Ná cuir do leas ar cairde" mar "cairde go lá cairde go bráth" go minic. "Is éasca nóin ná maidin", mar is fearr a thiocfadh leat leanúint den obair nuair a bheadh do lámh istigh ná cromadh arís uirthi tar éis í a chur ar leataoibh uait ar cairde. Bhíodh muintir Mhúrnáin cois teallaigh istoíche ag caint is ag cur síos ar an ngaisce go léir a dhéanfaidís lá arna mhárach, ach ar maidin lá arna mhárach bhíodh caint na hoíche aréir dearmadta acu leis an leisce chodlata a bhíodh orthu, i dtreo go ndearnadh seanfhocal dá ngnó: "Treabhadh mhuintir Mhúrnáin"! Is iomaí duine mar iad a bhíonn "ina suí go meán oíche agus ina luí go meán lae", "ag caitheamh an tsolais istoíche agus ag caitheamh an tsúsa sa lá".

Ach bíodh a mhalairt de chiall agatsa. "Luigh leis an éan agus éirigh leis an uan" mar "déanann gach moch a ghnó".

"Má tá céad gnó againn tá céad ló againn" a deir an duine leisciúil go minic mar leithscéal ar an ní ba cheart a dhéanamh láithreach a chur siar nó a chur ar an méar fhada, mar a deir sé, "gach aon ní ina uain féin". Ach, ná gabhsa aon leithscéal mar sin.

"Ní fhanann tuile tráth ná glaoch ó Dhia le héinne"; agus ar a shon go ndeirtear "fear a mbíonn long is lón aige gheobhaidh sé cóir uair éigin", mar sin féin, "ní fhanann muir le fear ualaigh" má bhíonn sé ullamh féin chun bóthair "ná trá le fear mall". Agus ar ndóigh, "dá mbeadh soineann go Samhain bheadh breall ar dhuine éigin".

Is é dála an mhadra rua a bhíonn ag na daoine sin. "Nuair a thiocfaidh an samhradh, déanfaidh mé teach" arsa an madra rua, nuair a bhí an dúluachair ann; ach, nuair a tháinig an aimsir bhreá bhrothallach. "Arú!" ar seisean, "cé bheadh á bhodhrú féin le teach an aimsir seo!" Agus mura am chun teach a dhéanamh an aimsir bhreá, dar leis an madra rua, tuigeann gach éinne "nach é lá na gaoithe lá na scolb", mar, má fhanann tú go mbeidh an ghaoth ag scuabadh an tuí de do theach, beidh thiar ort is baolach. Dá bhrí sin, cuimhnigh ar an seanfhocal a deir: "I dtús an ghalair, ná bí mall; níl brí sa luibh ná faightear in am."

"Cuir do cheann i gcúinne an iarta agus gheobhaidh tú pé fortún a gheall Dia duit", agus "is fearr aon ghaoth fortúin amháin ná dá mbeifeá ag briseadh do chroí go deo". Ach, más ea, tá seanfhocal eile á sárú san araon: "D'ordaigh Dia cúnamh leis". Agus an té ar mian leis a ghnó a éirí leis, ní foláir dó gach dícheall a dhéanamh go moch déanach, ó cheann ceann den bhliain, chun a ghnó a chur chun cinn.

"Trí nithe a líonann iothlainn" a deir an seanfhocal, "tnúth, soláthar agus síorchaithis, óir mura mbeidh tú ina chaithis, beidh tú ina aithis." Ní haon mhaith don fhear gnó bheith ag brath ar an bhfear thall, mar "is dall súil i gcúil duine eile", mar fad a bhíonn súil an mháistir orthu bíonn na seirbhísigh ag obair; agus is cuma nó súil dhall acu súil éinne eile ina mbun, mar "fad a bhíonn an cat amuigh bíonn na lucha ag rince". Agus ó ná fuil éinne is fearr a thuigeann a ghnó ná fear an ghnó féin, ní bhíonn san fhear

211

ionaid go minic ach "sop in ionad scuaibe" nó "sceach i mbéal bearna", agus gur "seasamh ar mhaide lofa" bheith ag brath air.

"Is fearr a fhios ag fear na bróige cá luíonn sí ar a chois", gan aon agó, agus ní haon dóithín luí na bróige, mar "nuair is crua le duine a bhróg is cúng leis an saol", agus, ar ndóigh, "an té a mbíonn an bhróg ag luí air, is dó is cirte í a scaoileadh". "Fear na bó féin faoina heireaball", nuair a thiteann sí i bpoll móna, "mar is é a ólann an bainne beirthe". Agus tá seanfhocal eile a deir: "A anam féin ar ghualainn gach éinne, beireadh leis nó fágadh."

"Ní bhfuair cúl-chearrbhach riamh a dhóthain de stáca ar an mbord." Ba mhian leis na geallta a bheith go hard, mar is mó caitheamh aimsire a bhainfeadh sé as déine an chluiche. Ní bheadh aon ní le cailleadh aige féin, agus bheadh an baol go léir ar an lucht imeartha. Má fhágann duine a ghnó i gcúram duine eile, cá bhfios ná go ndéanfadh an fear ionaid an rud céanna nuair a bheadh sé féin ó bhaol.

"Is fearr suaimhneas ar shop ná táinte ar chnoc." Ach, mar sin féin, "an té a mbíonn airgead aige, bíonn codladh éadrom aige". Agus, mar sin, ós iomaí slí ina n-oirfeadh pingin d'fhear bocht, bí ag cur chugat go cruinn, agus cuimhnigh gur "leathphingin cloch bhoinn puint", agus go "líontar an sac le póiríní", agus mar a deir an seanfhocal: "Bailíonn brobh beart."

"Éire le fáil ar phingin—ach cá bhfuil an phingin le fáil?" Nárab é sin do dhálasa, nuair a theastaíonn uait leabhar maith a cheannach, nó aon ní luachmhar eile mar sin; ach, "cuir sa chófra é is gheofar gnó de" lá éigin, mar "tiocfaidh lá fós a mbeidh gnó ag an mbó dá heireaball".

"Chaithfeadh aon neach airgead" a deirtear, " ach is fear gasta a chnuasaíonn é". "An rud a fhaightear go bog, imíonn sé go bog" agus ó "ná faightear maith le amú", nach mór an trua é fear a fheiceáil a thug na blianta fada ag tuilleamh is ag cnuasach, nach mór an trua é a fheiceáil ina dhiaidh sin "ag imeacht le haer an tsaoil" ag caitheamh a choda ar a chiall a bhreith uaidh i dtithe tábhairne.

Chuirfeadh an saghas san díchéille "soláthar an phréacháin" i gcuimhne duit. Mar is é nós an phréacháin an lá fada samhraidh a chaitheamh faoin mbrothall agus faoin ngealán ag lorg an phráta bhig shuaraigh; agus, sa deireadh, nuair a aimsíonn sé é, beireann sé leis ina ghob é in airde sa spéir. Ach ní fada a imíonn sé go dtiteann an práta uaidh, agus siúd leis gan a thuilleadh suime a chur ann.

An té ná bíonn coimeádach bíonn "an lao ite i mbolg na bó aige"; "ní bheireann an gruth ar an meadhg aige"; "bíonn an taos leis an iarta aige" i gcónaí, i dtreo ná fuil dul aige as a bheith múchta i bhfiacha. Agus cuimhnigh "ná glanann fiacha fiacha eile". Ní haon mhaith airgead a fháil ar iasacht ó dhuine muinteartha ná ó éinne eile, mar "tagann an cairde agus caitear na fiacha a íoc".

Dá bhrí sin "ar eagla na heaspa, is maith a bheith coimeádach; ach ní deirim leat a bheith leamh ná spadánta".

4
Caint agus tost

"Cé ná bíonn aon chnámh sa teanga is minic a bhris sí ceann duine" agus mar sin níor mhiste do dhuine aireachas a thabhairt chun "ná gearrfadh a theanga a scornach". Dá bhrí sin, "ná bí luath chun labhartha ná leasc chun éisteachta", ach "cuimhnigh sula labhróidh tú agus féach sula léimfidh tú", mar "is minic a cheanglódh do theanga rud ná scaoilfeadh d'fhiacla".

Is maith an labhairt agus an tost in aimsirí áirithe, mar "is binn béal ina chónaí", agus "ní dhearna béal ina chónaí aon aimhleas riamh". Ach tagann mórán olc ón gcaint agus ní thagann ó bheith i do thost.

"Is gnách an rud is giorra don chroí gurb é is giorra don bhéal", agus ar eagla ná féadfaidh tú do theanga a smachtú, "ná feic a bhfeicfidh tú agus ná clois a gcloisfidh tú", is é sin, ná bí scéalach i dtaobh a bhfeicidh tú ná a gcloisfidh tú, mar "déanann ceann ciallmhar béal iata".

"Tá caint saor agus airgead ar tobac", agus "ní bhíonn aon chustam ar chaint". Dá mbeadh, b'fhéidir ná déanfaí an oiread agus a dhéantar. Ach, tá a fhios ag an saol ná bíonn puinn measa ar an té a bhíonn ag caint go hard i gcónaí. "Is ard fuaim na n-uiscí éadroma", agus "soitheach folamh is mó torann". Go mór mór ní bhíonn aon mheas ar an té a mbíonn "an focal mór agus an gníomh beag" aige, an té úd a mbíonn "guth leoin is croí loin" aige, "dhá cheann ar gach caora aige", "seacht sraith ar gach iomaire aige", "dhá lomra ar gach caora aige". Dhéanfadh a leithéid sin "cat is dhá eireaball", nó "chuirfeadh sé cosa maide faoi na cearca". Ach, "is fada ón stuaim an stocaireacht". Caint gan éifeacht a thugtar ar a leithéid sin de chaint. Raiméis ainm eile air. De réir an Athar Peadar, beannacht Dé lena anam, tá dhá shaghas déag ráiméise ann, mar atá, claibínteacht, glaigínteacht, dradaireacht, bladhmann, plámás, plubaireacht chainte, baothaireacht chainte, breallántacht chainte, glugar, fiannaíocht agus gaoth! (Claibínteacht agus dradaireacht, luathbhéalach go maith, ach tá faobhar ar an draid, agus searbhas ann, ná fuil sa chlaibínteacht. "Chin" is ea a thabharfadh an yank ar chaint an dradaire").[5]

Dá olcas gach saghas raiméise díobhsan maidir le ciall agus le tuiscint, is mó an díobháil a dhéanann an plámás ná aon saghas eile acu. Déanann sé díobháil don té a dhéanann é agus don té lena ndéantar é. Is é arm nimhe an dá fhaobhar é, mar baineann sé ó neamhspleáchas agus ó mhisneach agus ó mheas an duine a dhéanann é, agus cuireann sé díomas nach cóir ar an duine eile. Bíonn "béal eidhinn agus croí cuilinn" ag an bplámásaí sleamhain.

> Seachain an gleacaí milis sleamhain
> Is an teanga liom leat;
> Feallfaidh siad ort má fhaigheann siad an chaoi,
> Mar is dual gur claon a mbeart.

Bíonn contúirt sa chaint leis mar "an té a bhéarfadh scéal chugat bhéarfadh sé dhá scéal uait". Agus féach Séadna féin, dá laghad a dúirt sé, agus dá mhéad aireachais a thug sé dá ndúirt sé, féach, go raibh "trí réiteach agus trí chur amach ar gach aon fhocal" dá ndúirt sé. Agus "bíonn cluasa ar na claíocha", i dtreo, go bhfóire Dia orainn, gur beag áit a mbímid ó bhaol.

Mar sin féin, "ná coinnigh do theanga i do phóca", mar "an té nach eol dó labhairt ní heol dó éisteacht", agus "seachain an duine

---

4 *Sgothbhualadh*, lch. 128, an tAthair Peadar Ó Laoghaire.

ná labhraíonn mórán", mar "ciúin ciontach", agus deirtear gurb iad "na muca ciúine a itheann an triosc", agus "go n-íosfadh cat ciúin féin fáideog", agus "ritheann uiscí doimhne ciúin".

"Ní fearr a rá ná cuimhneamh air", ach más ea, is "múchadh feirge sofhreagra", agus má fhéadann tú tairbhe a dhéanamh do do chomharsa le labhairt ar a shon, mar, "ní ghlactar duine ar a thuairisc féin", abair an focal maith molta, mar "níor bhris focal maith fiacail riamh" agus "is fearr focal sa chúirt ná punt sa sparán".

5
Na mná

Tá trí shaghas fear ann a dteipeann orthu bean a thuiscint—fir óga, fir aosta, agus fir mheánaosta, agus ó chuaigh d'Arastatail féin intleacht na mban a thuiscint, ní tógtha ar an seanchaí má dhéanann sé dea-thréithe na mban a cheilt agus a ligean thairis i ndearmad agus má dhéanann sé a ndrochthréithe a nochtadh don saol.

Níl de leithscéal agamsa le gabháil i dtaobh na seanfhala san ag na fir chun na mban ach an seanfhocal úd "is fada siar iarsma an drochbhirt", mar:

> De dheasca mná tháinig peaca an tsinsir;
> De dheasca mná breátha cailleadh Naoise;
> De dheasca mná tháinig lasair ar Thraoi thoir;
> Is de dheasca mná táimse seal om dhíbirt.

agus mar a dúirt file eile:

> Ridire an Chéime, ní háirimh níos mó
> Mar do cailleadh na céadta de dheasca ban óg,
> Herculés éachtach is Solamh i gcoróin
> Is Samson ba thréine cheap Dia na gcumhacht.

Agus riamh ó shin tá na mná bochta ina gceap magaidh ag na fir. Cad é an díobháil dom, ach is minic, na fir a dhéanann magadh agus fonóid fúthu, nach fiú iad iallacha a mbróg a scaoileadh. Cuireann siad ina leith bheith baoth, béalscaoilte, gangaideach, mínáireach, mírialta, fealltach, neamhdhílis; ach ina thaobh san is uile, ní féidir dóibh uaireanta gan an fhírinne a sceitheadh orthu, nuair a deir siad "is mairg ná comhairleoidh tú dó bean" agus "is bocht an teach ná fuil bean tí ann".

"Ná bac éinne ná bíonn buíochas na mban air", arsa an seanfhocal; agus déarfaidh mé an rud úd a dúirt an file fadó le file eile a bhí ag cáineadh na mban:

Annscrios namhad ort, a fháidh bhuidhe gan chiall,
Do labhair ar mhnáibh i gcás nár thuill a dtrian;
Is ceannsa páirteach grádhmhar muinnteardha iad;
'S gur le greann ar Mháire a tharla Críost 'na cliabh.

Gluais

achrannach (coill) tiubh, craobhach.
adhmaint cloch agus cumas tarraingthe aici, maighnéad.
aeraíocht siúl faoin aer.
aiceanta ó dhúchas, nádúrtha.
áilteoir duine a bheadh ag imirt cleas nó ag grealltóireacht, buachaill báire.
ainnise míshuaimhneas ó mháchail éigin, droch-chaoi, truamhéala.
aithis ainimh, easpa, cúis náire.
anfhorlann rialú nó smachtú gan trua gan taise, tíorántacht.
angar gátar, uireasa.
aothú teacht tríd an gcuid is dainséaraí de ghalar.
banrach gort d'ainmhithe agus fál timpeall air.
barrthuisle titim nó truip bheag trí bharr coise a bhualadh ar rud éigin.
bárthainn drochthionóisc.
bascadh gortú olc ar bhaill duine.
beann (croise) géag.
beannach (fia) leathan-adharcach.
bíogach anamúil.
bóbhreith aimsir na mbó a theacht.
boighreán praiseach, manglam de mhias le n-ithe.
bólacht beithígh feirme, eallach, stoc.
brath (tíre) iniúchadh, féachaint ghéar.
breith aithrí pionós faoistine.
brobh tráithnín, ribe féir.
brocais áit chónaithe broic.
cabhur brat.
caidhséar béal draenach.
caillichín caille a theacht ar an súil á dalladh.
cáiréiseach beadaí, deacair a shásamh.
ceap bloc mór adhmaid.
ceirín meall bog aráin, síol rois agus araile, déanta le huisce fiuchta agus leata ar mhuislín le cur ar neascóid nó ar chneá.
clais poll idir dhá iomaire.
coiliceam treighid, saighead péine.

coimhdeacht tionlacan, cuideachta.
coinmheadh (ar coinmheadh) ar ceathrúin, ar lóistín.
cóineas cóngaracht.
coirceog teach beach.
cuachach dualach, búclach.
cuas spás oscailte idir charraigeacha.
cúilín (ar a chúilín seamhrach) go socair suaimhneach.
dathúil dath maith (luisne) sna gruanna.
déasmhar le diasa arbhair.
deilgneach déanta de dhealga.
diamhair dorcha.
dianmhoch an-mhoch.
díogha an chuid nó an ceann is measa.
do-eolais deacair a ghabháil.
dóithín rud nach furasta a dhéanamh, duine nach furasta a mhealladh.
dorú corda iascaigh.
drámh cárta ná fuil ina mhámh.
dúileamh Dia an Cruthaitheoir.
ealta scata éan.
éigse léann, filíocht.
éillín faobhair stiall leathair dá gcuimlítear rásúr ag cur faobhair air.
fadaraí féach roimhe do dhuine, fad-cheannaí.
fánghleann gleann le fána ann.
faoillí Feabhra.
fearsaid an bior ar a gcasann roth 7rl.
fiarlaoid fánaíocht, seachrán slí.
fiodh coill.
fóisc caora bhaineann bhliana.
fordorcha an-dorcha.
fothar coill, foraois.
fothragadh snámh.
fras cith.
frithbhualadh bualadh mar tic tic an chloig.
fuarlach corrach cois locha nó abhann.
fuirseadh talamh a bhriseadh le cliath.
gáifeach, contúirteach.
garrán, coill bheag scáinte.

217

gealán gile lonrach na gréine, tréimhse gheal.

geamhoíche oíche fhada gheimhridh.

gor teas lasánta.

grafadh briseadh talún le grafán.

gramhas gnúis mhíthaitneamhach, pus, cár.

grodmhear mear minic.

guaire ribe láidir clúimh (mar a bhíonn ar mhuc).

gubha caoineadh.

guch aithis.

inairm in ann airm a bheartú.

inneoin ceap nó bloc iarainn a n-oibríonn gabha air.

iníor ithe féir atá ag fás (mar a dhéanann ainmhithe i bpáirc).

iomramh rámhaíocht.

lathach cré bhog fhliuch, láib, pluda.

liach spúnóg mhór dhomhain chun leacht a thógáil, ladar.

locar plána adhmaid.

lóchán crotal gráinne tar éis a bhuailte.

losaid clár fuinte aráin.

lútáil ag taispeáint ceana agus áthais le croitheadh eireabaill, cromadh síos, lí lámh, agus araile.

mámh an cárta is fearr i gcluiche cártaí.

maoileann mullach cnoic.

meacan ainm ar phlandaí de chineál an tornapa nó an chairéid a bhfuil fréamh fhada shocach acu.

meall rud cruinn cosúil le liathróid.

meana uirlis bheag bhiorach a bhíonn ag gréasaí le leathar a pholladh.

meas (crainn) toradh mar chnó.

meascán (ime) cnap, goblach ime.

meirgeach stoirmeach.

méirscre scoilt, gág.

meirse daoirse.

míchuibheasach thar meán, millteach.

míogarnach sámhántacht, fonn codlata.

mothaolach saonta, simplí.

muince slabhra ornáideach muiníl.

neamaiteach nach bhfuil sásta maitheamh.

oineach dea-chlú.

oirirc cáiliúil, clúiteach.

osán cos bríste nó treabhsair; stoca.

pinniúr balla ard ag binn tí.

racaid gúna do pháiste.

rágach garbh.

riasc móinteán, corrach, talamh bog ar chliathán cnoic.

rón fionnadh garbh ar eireaball na bó as a ndéantar éadach.

ruithne gile lasrach.

ruthag ruathar.

saighneán splanc sholais nó thintrí.

scailp spás istigh faoi bhun aille.

scáinte fánach, scaipthe ó chéile.

scairt sceach tiubh i bhfál.

scáthán (glúine) gealacán nó plaitín glúine.

scléip spórt callóideach.

seascair compordach.

seastánach callóideach, fothramach.

séis cheoil binneas ceoil.

seisreach na capaill a bhíonn faoi chéachta.

siamsa caitheamh aimsire aoibhinn.

síreachtach síorbhinn thar barr.

sleán cineál de spád, agus sciathán air, chun móin a bhaint.

smúit salachar, teimheal.

sobhéasach le béasa maithe sibhialta.

spadánta marbh, righin, gan anam, mall.

spól (feola) píosa maith mór feola.

spól (snátha) sorcóir adhmaid nó miotail nó plaistigh ar a gcastar snáth.

táir suarach, gránna, uiríseal.

teanús áit a leasaítear craicne ainmhithe le leathar a dhéanamh díobh.

tinneall (ar tinneall) ar faire, ar seachaint.

tláthfholt folt breá bog mín.

tochras casadh.

tonach nigh.

tormán fothram mór.

tráth na paidreacha a léitear i rith an lae as an bportús.

treabhchas treibh, náisiún.

triopallach néata.

tuairgnín uirlis adhmaid cosúil le hord chun tuargana.

ursain leataobh, leathlaí, an dorais.

www.ingramcontent.com/pod-product-compliance
Lightning Source LLC
Chambersburg PA
CBHW022016090426
42739CB00006BA/158